DISCURSO DAS MÍDIAS

Patrick Charaudeau

DISCURSO DAS MÍDIAS

Angela M. S. Corrêa
Tradução

Patrick CHARAUDEAU
Les médias et l'information
L'impossible transparence du discours
Copyright © De Boeck & Larcier 5.2.2005 1ᵉ édition
Editions De Boeck Université
Rue des Minimes 39, B-1000 Bruxelles

Todos os direitos desta edição reservados à
Editora Contexto (Editora Pinsky Ltda.)

Montagem de capa e diagramação
Gustavo S. Vilas Boas

Revisão
Celso de Campos Jr.
Lilian Aquino

Dados Internacionais de Catalogação na Publicação (CIP)
(Câmara Brasileira do Livro, SP, Brasil)

Charaudeau, Patrick
Discurso das mídias / Patrick Charaudeau; tradução Angela M.
S. Corrêa. 2. ed., 4ª reimpressão. – São Paulo : Contexto, 2019.

Título original: Les médias et l'information:
l'impossible transparence du discours.

Bibliografia.
ISBN 978-85-7244-323-4

1. Análise do discurso 2. Comunicação de massa – Aspectos
morais e éticos 3. Comunicação de massa – Aspectos sociais 4.
Comunicação de massa e linguagem 5. Serviços de informação
I. Título.

06-1605   CDD-302.23

Índices para catálogo sistemático:
1. Informação e mídias : Sociologia   302.23
2. Mídias e informação : Sociologia   302.23

2019

Editora Contexto
Diretor editorial: *Jaime Pinsky*

Rua Dr. José Elias, 520 – Alto da Lapa
05083-030 – São Paulo – SP
PABX: (11) 3832 5838
contato@editoracontexto.com.br
www.editoracontexto.com.br

Proibida a reprodução total ou parcial.
Os infratores serão processados na forma da lei.

Aos meus

Sumário

ADVERTÊNCIA..11

INTRODUÇÃO..15

    Sobre algumas ideias preconcebidas..17

    As mídias sob o olhar das ciências humanas...20

O QUE QUER DIZER INFORMAR

Dos efeitos de poder sob a máscara do saber...31

  INFORMAÇÃO COMO ATO DE COMUNICAÇÃO...33

    Um ponto de vista ingênuo..34

    Verdadeiros problemas..36

  INFORMAÇÃO COMO DISCURSO...40

    Mecânica de construção do sentido: um duplo processo............................41

    Natureza do saber..43

    Efeitos de verdade..48

  AS MÍDIAS DIANTE DO DISCURSO DA INFORMAÇÃO....................................57

    Uma finalidade ambígua..58

    A informação na multiplicidade dos discursos...60

O CONTRATO DE INFORMAÇÃO MIDIÁTICO...65

DO CONTRATO DE COMUNICAÇÃO EM GERAL.................................67

Dados externos 68

Dados internos..70

QUEM INFORMA QUEM?
A IDENTIDADE DAS INSTÂNCIAS DE INFORMAÇÃO 72

Instância de produção...73

Instância de recepção 78

INFORMAR PARA QUÊ? A FINALIDADE DO CONTRATO............................86

Visada de informação: desafio da credibilidade..............................87

Visada de captação: desafio da dramatização....................·.............91

INFORMAR SOBRE O QUÊ?
O ACONTECIMENTO COMO VISÃO SOCIAL DO MUNDO..........................94

O acontecimento é sempre construído 95

Do acontecimento ao "processo evenemencial"................................98

Operadores da construção do acontecimento midiático 101

INFORMAR EM QUE CIRCUNSTÂNCIAS?
OS DISPOSITIVOS DE ENCENAÇÃO...104

Rádio, um dispositivo sonoro e "a magia da voz"...........................106

Televisão, um dispositivo visual e o "choque das imagens"..............109

Imprensa, um dispositivo
de legibilidade e o "peso das palavras" 113

Conclusão: contrato midiático,
máquina de construir espaço público e opinião pública.........................114

Do espaço público 115

Da opinião à opinião pública..120

AS ESTRATÉGIAS DE ENCENAÇÃO DA INFORMAÇÃO 127

A CONSTRUÇÃO DA NOTÍCIA: UM MUNDO FILTRADO 131

Do acontecimento à notícia..131

Estratégias de seleção dos fatos 133

Estruturação midiática do espaço social..142

Identificação das fontes..147

Modos de organização do discurso de informação..............................150

RELATAR O ACONTECIMENTO 152

Fato relatado (FR) 152

Dito relatado (DR)..161

COMENTAR O ACONTECIMENTO 175

    O que é comentar o acontecimento nas mídias............................176

    Problemas do comentário midiático 182

PROVOCAR O ACONTECIMENTO 188

    Dispositivo e encenação do debate..189

    Problemas relativos ao acontecimento provocado.......................191

OS GÊNEROS DO DISCURSO DE INFORMAÇÃO 201

    GÊNEROS E TIPOLOGIAS..203

        Gênero..204

        Uma tipologia dos textos de informação midiática...............208

    SOBRE ALGUNS GÊNEROS E VARIANTES DE GÊNEROS 212

        Entrevista: palavra da interioridade.....................................213

        Debate: uma espetacularização do conflito verbal................218

        Reportagem: garantia de autenticidade

        ou armadilha da falsa imparcialidade?..................................221

        Gêneros da televisão: um desafio de espetacularização..........222

        Gêneros da imprensa escrita: entre visibilidade e legibilidade..............232

BALANÇO CRÍTICO

Mídias e democracia..239

    GRANDEZA E MISÉRIA DA PALAVRA JORNALÍSTICA..........................241

        Máquina de informar complexa e incontrolável...................242

        O 11 de setembro de 2001:

        um exemplo de pluralidade de efeitos de sentidos.................243

    AS MÍDIAS SÃO MANIPULADORAS?...251

        Instância midiática, um manipulador manipulado 252

        Da deontologia: uma questão de responsabilidade.................262

REFERÊNCIAS BIBLIOGRÁFICAS 279

A TRADUTORA 285

Advertência

Este livro seria a nova edição, revista e aumentada, do *Discurso de informação midiática: a construção do espelho social.* Graças a uma mudança de editor, tenho a oportunidade de apresentá-lo numa nova versão. A releitura com sete anos de intervalo fez com que este livro, apesar de continuar o mesmo em certos aspectos, se tornasse um outro.

O mesmo porque os resultados de uma pesquisa e a reflexão teórica não mudam ao sabor da moda – a mudança que fosse efetuada sob o pretexto de seguir novas tendências seria preocupante. Os conceitos de base são os mesmos, o procedimento de análise é o mesmo, a interpretação, a mesma. Tanto mais que, de 1997 para cá, foram publicados e apresentados numerosos trabalhos, monografias e teses que vieram a confirmar e sustentar os pontos de vista expostos nos diferentes capítulos deste livro. Como o essencial se mantém, não há contradição.

Mas este livro é um outro porque mudou sua razão demonstrativa. Com a passagem do tempo e a continuidade da reflexão, pode-se expor as coisas de outra maneira, com mais clareza, simplificando-as em alguns pontos, ou enriquecendo-as com novas explicações. Como tive a oportunidade de explicitar vários aspectos do livro em encontros e bate-papos, e como me foi possível detalhar, em diversos colóquios ou em artigos, algumas das questões tratadas nos diferentes capítulos, produziu-se um efeito de retorno que me estimulou a retrabalhar o livro.

É por isso que este é um livro novo: recomposto em seu conjunto, alguns dos capítulos continuam os mesmos, mas numa ordem diferente de apresentação – o que evidencia uma nova coerência; profundamente modificado, algumas partes foram totalmente reescritas para que a demonstração se tornasse mais clara e eficaz, e algumas descrições metodológicas foram suprimidas, visto que atualmente são consideradas já conhecidas; além disso, foi enriquecido com exemplos novos e até mesmo com estudos recentes.

Seu fio condutor é o seguinte:

- o discurso de informação é uma atividade de linguagem que permite que se estabeleça nas sociedades o vínculo social sem o qual não haveria reconhecimento identitário; deve pois ser o objeto de um estudo para se compreender quais são suas características gerais (capítulos "A informação como ato de comunicação", "A informação como discurso" e "As mídias diante do discurso da informação");

- as mídias são parte interessada nessa prática social, mas de maneira organizada, instituindo-se em empresa de fabricar informação através do que se pode chamar de "máquina midiática"; convém pois descrevê-la para pôr em evidência o contrato comunicacional que ela nos propõe (capítulos "Do contrato de comunicação em geral", "Quem informa quem? A identidade das instâncias de informação", "Informar para quê? A finalidade do contrato", "Informar sobre o quê? O acontecimento como visão social do mundo" e "Informar em que circunstâncias? Os dispositivos de *mise-en-scène* ou encenação");

- mas tais empresas de fabricar informação acham-se em concorrência num mercado que as leva a procurar distinguir-se umas das outras, acionar certas estratégias quanto à maneira de reportar os acontecimentos, comentá-los, ou mesmo provocá-los, o que determina uma tipologia dos gêneros midiáticos (capítulos "A construção da notícia: um mundo filtrado", "Relatar o acontecimento", "Comentar o acontecimento" e "Provocar o acontecimento");

- disso resulta que, por um efeito de retorno, as mídias são levadas a tomar posição sobre o que deve ser a informação, sobre a maneira de tratá-la; é aqui que aparece um problema deontológico que convém passar pelo crivo de um discurso crítico (capítulos "Gêneros e tipologias", "Sobre alguns gêneros e variantes de gêneros", "Grandeza e miséria da palavra jornalística" e "As mídias são manipuladoras?").

Desse modo, com o aprofundamento das questões, este livro tornou-se mais radical com relação ao que deveria ser a ética da informação midiática. Um trabalho científico não tem por vocação pôr em julgamento as instâncias responsáveis pelas organizações sociais. Entretanto, cabe destacar as contradições de certas práticas e as transgressões a regras que, se fossem acatadas, contribuiriam para um melhor convívio social.

Introdução

> "Não ir do discurso em direção a um núcleo interior e oculto,
> em direção a um pensamento ou a uma significação
> que se manifestariam nele; mas, a partir do próprio discurso
> de sua aparição e de sua regularidade,
> chegar a suas condições externas de possibilidade [...]."
> Michel Foucault, *L'ordre du discours,* Gallimard, 1971.

Informação, comunicação, mídias, eis as palavras de ordem do discurso da modernidade. Cada vez que as palavras ficam na moda, passam a funcionar como emblema, criando a ilusão de que têm um grande poder explicativo, quando, na verdade, o que domina muitas vezes é a confusão, isto é, a ausência de discriminação dos fenômenos, a falta de distinção entre os termos empregados, o déficit na explicação.

Uma primeira distinção se impõe se quisermos tratar dessas questões: "informação" e "comunicação" são noções que remetem a fenômenos sociais; as mídias são um suporte organizacional que se apossa dessas noções para integrá-las em suas diversas lógicas – econômica (fazer viver uma empresa), tecnológica (estender a qualidade e a quantidade de sua difusão) e simbólica (servir à democracia cidadã). É justamente neste ponto que se tornam objeto de todas as atenções: do mundo político, que precisa delas para sua própria "visibilidade social" e as utiliza com desenvoltura (e mesmo com certa dose de perversidade) para gerir o espaço público – apesar da desconfiança que as mídias suscitam, por serem um potente produtor de imagens deformantes; do mundo financeiro, que vê nas mídias uma fonte de lucro em razão de suas ligações com a tecnologia e o *marketing* em escala mundial; do mundo das ciências e da tecnologia, que vê aí a ocasião de aperfeiçoar os meios de transmissão dos sinais e desenvolver suas próprias atividades de pesquisa; do mundo das ciências humanas e sociais, dentre as quais, a Sociologia, que se interessa pelo impacto das mídias sobre a opinião pública, a Semiologia, que estuda os jogos de *mise-en-scène* (encenação) da informação, a Filosofia e a Antropologia Social que se interrogam sobre a constituição dos vínculos sociais nas comunidades modernas sob a influência das mídias; do mundo educativo que se pergunta sobre o lugar que as mídias devem ocupar nas instituições escolares e de formação profissional, de modo a formar um cidadão consciente e crítico com relação às mensagens que os rodeiam; enfim, do próprio mundo midiático que, preso a um jogo de espelhos (ele reflete o espaço social e é refletido por este), é levado a observar-se, estudar-se e autojustificar-se.

Lógica econômica e lógica tecnológica são certamente incontornáveis, mas é a lógica simbólica que nos interessa aqui: trata-se da maneira pela qual os indivíduos regulam as trocas sociais, constroem as representações dos valores que subjazem a suas práticas, criando e manipulando signos e, por conseguinte, produzindo sentido. Não deixa de ser paradoxal, no final das contas, que seja essa lógica que governe as demais.

O estudo do sentido social através do funcionamento dos signos é algo complexo, pois o sentido "põe em jogo a mistura, a pluralidade, o fato de que vivemos em muitas esferas ao mesmo tempo, de que circulamos de uma esfera para outra".[1] Justamente, os meios utilizados para analisar o sentido social não se limitam a uma única disciplina: embora as ciências humanas e sociais, na época atual, caracterizem-se por uma forte especialização (tornando-se cada vez mais "duras"*), caracterizam-se, ao mesmo tempo,

---

[1] Judith Schangler, filósofa, *Le Monde*, 30 abril de 1996.

*N. T.: Tradução de *dures*, versão francesa do inglês *hard* que se opõe a *soft*.

por uma tentativa de conexão[2] entre disciplinas para tentar dar conta da complexidade de seu objeto. É por isso que, mesmo que nosso estudo tenha uma dominância semiodiscursiva, sua reflexão se estende a outras disciplinas para propor interpretações plurais.

SOBRE ALGUMAS IDEIAS PRECONCEBIDAS

Abordar as mídias para tentar analisar o discurso de informação não é uma tarefa fácil. É mesmo mais difícil do que abordar o discurso político. Isso porque, enquanto se admite no mundo político, de maneira geral, que o discurso aí manifestado está intimamente ligado ao poder e, por conseguinte, à manipulação, o mundo das mídias tem a pretensão de se definir contra o poder e contra a manipulação. Entretanto, as mídias são utilizadas pelos políticos como um meio de manipulação da opinião pública – ainda que o sejam para o bem-estar do cidadão; as mídias são criticadas por constituírem um quarto poder; entretanto, o cidadão aparece com frequência como refém delas, tanto pela maneira como é representado, quanto pelos efeitos passionais provocados, efeitos que se acham muito distantes de qualquer pretensão à informação.

Sendo assim, por que analisar o discurso midiático, se as mídias parecem viver uma lógica comercial onde só haveria lugar para estudos econômicos, tecnológicos ou de *marketing*? Seria para torná-las mais performáticas e mais rentáveis nos mercados mundiais? É claro que a resposta é negativa para quem acredita que, para além da economia e da tecnologia, há o simbólico, essa máquina de fazer viver as comunidades sociais, que manifesta a maneira como os indivíduos, seres coletivos, regulam o sentido social ao construir sistemas de valores. Sendo o papel do pesquisador em ciências humanas e sociais o de descrever os mecanismos que presidem a esse simbólico e as diferentes configurações que o tornam visível, estudos como o que ora apresentamos se justificam sob a condição precisamente de não cair na armadilha das falsas aparências. Isso porque é próprio de uma comunidade social produzir

---

[2] Algumas pessoas dirão que, nessa tentativa, as disciplinas tendem a "amolecer-se" mas não as seguiremos nesta obsessão de pseudocientificidade.

discursos para justificar seus atos, mas não está dito que tais discursos revelam o verdadeiro teor simbólico desses atos: muitas vezes o mascaram (de maneira inconsciente, até mesmo de boa-fé), por vezes o pervertem, ou mesmo o revelam em parte. É, pois, com a prudência, com a incredulidade de um São Tomé, que é necessário prosseguir na exploração do discurso de informação midiática e começar talvez por colocar alguns pontos nos is.

As mídias não são uma instância de poder. Não dizemos que são estranhas aos diferentes jogos do poder social, dizemos que não são uma "instância de poder". O poder nunca depende de um único indivíduo, mas da instância na qual se encontra o indivíduo e da qual ele tira sua força. Essa instância deve ter a capacidade de gerir e influenciar os comportamentos dos indivíduos que vivem em sociedade e, para isso, deve dotar-se de meios restritivos: regras de comportamento, normas, sanções. Para a justiça, serão os códigos das leis, para o exército, regras disciplinares e táticas, para a Igreja, leis universais de moralidade. É preciso, pois, para que haja poder, que exista da parte da instância em questão uma vontade coletiva de guiar ou orientar os comportamentos, em nome de valores compartilhados (assim, o fim justifica os meios), vontade que é representada por autoridades (o legislador e seus mandatários, a hierarquia militar ou eclesiástica) e que é tanto mais eficaz quanto mais aceita exercer seu direito à sanção.

As mídias constituem uma instância que não promulga nenhuma regra de comportamento, nenhuma norma, nenhuma sanção. Mais que isso, as mídias e a figura do jornalista não têm nenhuma intenção de orientação nem de imposição, declarando-se, ao contrário, instância de denúncia do poder. Sendo assim, de onde vem a designação de "quarto poder"? Seria porque se presta, sem querer, a uma manipulação das consciências?

As mídias manipulam tanto quanto manipulam a si mesmas. Para manipular, é preciso um agente da manipulação que tenha um projeto e uma tática, mas é preciso também um manipulado. Como o manipulador não tem interesse em declarar sua intenção, é somente através da vítima do engodo que se pode concluir que existe uma manipulação. A questão, então, é saber quem é o manipulado, fato que, para as mídias, remete à questão de saber quem é o alvo da informação. Para quem fala ou escreve o jornalista?

Se, numa primeira aproximação, informar é transmitir um saber a quem não o possui, pode-se dizer que a informação é tanto mais forte quanto maior é o grau de ignorância, por parte do alvo, a respeito do saber que lhe é transmitido. Assim sendo, a informação midiática está diante de uma contradição: se escolhe dirigir-se a um alvo constituído pelo maior número de receptores possível, deve basear-se no que se chama de "hipótese fraca" sobre o grau de saber desse alvo e, logo, considerar que ele é pouco esclarecido. Mas como o que caracteriza "o maior número" é uma heterogeneidade qualitativa, sendo constituído de pessoas diversamente esclarecidas (entre o mais e o menos, a maioria se encontra num nível médio), a informação será talvez "forte" para alguns, que poderão considerar-se satisfeitos, mas será fraca para os demais. Como fazer então para atingir a maioria? Se a instância midiática escolhesse fornecer uma informação com alto teor de saber, partiria de uma hipótese forte sobre o grau de saber do alvo. Este, já sendo bastante esclarecido, seria quantitativamente reduzido. Se agisse assim, a mídia estaria às voltas com um problema de ordem econômica: sustentar-se com um número reduzido de receptores.

As mídias acham-se, pois, na contingência de dirigir-se a um grande número de pessoas, ao maior número, a um número planetário, se possível. Como fazê-lo a não ser despertando o interesse e tocando a afetividade do destinatário da informação? A não ser distribuindo "no mundo inteiro as mesmas simplificações e os mesmos clichês"?[3] As mídias estariam se violentando e, sem se darem conta disso, tornando-se manipuladoras. Daí que, num efeito de retorno, tornam-se automanipuladas, formando um círculo vicioso, "o da mídia pela mídia, tal como outrora o foi o da arte pela arte".[4]

As mídias não transmitem o que ocorre na realidade social, elas impõem o que constroem do espaço público.

A informação é essencialmente uma questão de linguagem, e a linguagem não é transparente ao mundo, ela apresenta sua própria opacidade através da qual se constrói uma visão, um sentido particular do mundo. Mesmo a imagem, que se acreditava ser mais apta a refletir o mundo como ele é, tem sua própria opacidade, que se descobre de forma patente quando produz efeitos perversos

---

[3] Milan Kundera, *A arte do romance,* que continua assim: "E pouco importa que em seus diferentes organismos os diferentes interesses políticos se manifestem [...], eles possuem todos a mesma visão de vida que se reflete na mesma ordem segundo a qual é composto o seu sumário, com as mesmas rubricas, as mesmas formas jornalísticas [...]".

[4] Jean Baudrillard, *Libération* 3/06/96.

(imagens espetaculares da miséria humana)* ou se coloca a serviço de notícias falsas (Timisoara, o cormorão da Guerra do Golfo).** A ideologia do "mostrar a qualquer preço", do "tornar visível o invisível" e do "selecionar o que é o mais surpreendente" (as notícias ruins) faz com que se construa uma imagem fragmentada do espaço público, uma visão adequada aos objetivos das mídias, mas bem afastada de um reflexo fiel. Se são um espelho, as mídias não são mais do que um espelho deformante, ou mais ainda, são vários espelhos deformantes ao mesmo tempo, daqueles que se encontram nos parques de diversões e que, mesmo deformando, mostram, cada um à sua maneira, um fragmento amplificado, simplificado, estereotipado do mundo.

Com isso, as mídias não são a própria democracia, mas são o espetáculo da democracia, o que talvez seja, paradoxalmente, uma necessidade. Com efeito, o espaço público como realidade empírica é compósito: desdobram-se, aí, práticas diversas, sendo umas de linguagem, outras de ação, outras de trocas e de organização em grupos de influência. Isso ocorre no âmbito de cada uma das três esferas que constituem as sociedades democráticas: a do político, a do civil e a das mídias. Tais esferas interferem umas nas outras sem que se possa dizer qual delas domina. Assim, os atores de cada uma delas constroem para si sua própria visão do espaço público, como uma representação que tomaria o lugar da realidade.

AS MÍDIAS SOB O OLHAR DAS CIÊNCIAS HUMANAS

Com relação aos fenômenos sociais, quaisquer que sejam, há sempre várias análises possíveis que dependem do ponto de vista que se escolhe e da disciplina que lhe serve de apoio.

---

*N. T.: Tradução da expressão *images de l'humanitaire*, que se refere às imagens que causam impacto e elevam a audiência por exporem a crueza de massacres, os horrores da guerra, a situação de populações miseráveis que morrem de fome etc.

**N. T.: Trata-se, aqui, da referência a dois diferentes casos de falsidade de notícias veiculadas pela imprensa. Timisoara é uma cidade da Romênia onde houve um massacre durante a guerra civil em 1989. O número de pessoas mortas que a imprensa difundiu na verdade era uma estimativa fantasiosa, cem vezes superior ao que realmente ocorrera, caracterizando-se assim a falsidade das notícias ligadas ao episódio. Fonte de informação: http://www.acrimed.org/article1.html, texto de Serge Halimi. O "cormorão da Guerra do Golfo" refere-se à difusão da foto de uma ave besuntada de óleo, publicada como prova de que teria havido um vazamento proposital de petróleo, por ocasião dessa guerra. Cf. "Poder da imagem", pp. 255 e 256 deste livro.

De um ponto de vista empírico, pode-se dizer que as mídias de informação[5] funcionam segundo uma dupla lógica: uma lógica *econômica* que faz com que todo organismo de informação aja como uma empresa, tendo por finalidade fabricar um produto que se define pelo lugar que ocupa no mercado de troca dos bens de consumo (os meios tecnológicos acionados para fabricá-lo fazendo parte dessa lógica); e uma lógica *simbólica* que faz com que todo organismo de informação tenha por vocação participar da construção da opinião pública.

Considerar essas duas lógicas implica uma série de questões. Existe ou não uma forte relação entre elas? Afinal, talvez essa relação seja apenas de coincidência, pelo fato de coexistirem no seio da mesma instância social (a empresa), funcionando cada uma de maneira independente. Se existe tal relação, qual é a sua natureza? Há um ou vários tipos de correlações? Essas correlações são apenas circunstanciais? São de causalidade ou de reciprocidade? Em outras palavras, pode-se afirmar e provar que tal sistema de hierarquização do trabalho no âmbito de uma cadeia de televisão, tal modo de contratação nessas empresas, tal tipo de contrato de emprego ou tal procedimento na fabricação de um jornal (por exemplo, a passagem da fotocomposição à publicação assistida por computador, e depois à digitalização) têm uma incidência sobre o sentido social inerente à informação midiática? Pode-se concluir que haja uma influência da lógica econômica sobre a lógica simbólica? Sendo assim, essa influência é direta ou indireta?

Mas falar de "mercado" é falar de um público consumidor, logo, da possibilidade de atingi-lo num sistema econômico de livre concorrência. Assim sendo, coloca-se a questão, para cada organismo de informação, de *como capturar esse público*, o que não é fácil determinar. Por isso, ao mesmo tempo, recoloca-se a questão – mas dessa vez de maneira inversa – da relação que se estabelece entre as duas lógicas: a lógica simbólica pode ajudar a lógica econômica? Correlativamente, que garantia pode-se ter de que o *input* da máquina de informar produzirá como *output* o efeito pretendido? Esse efeito, em si, em que se baseia? Em outros termos, o que garante à instância midiática que o tratamento da informação que ela propõe corresponde

---

[5] Entendidas aqui de maneira restrita como o conjunto dos suportes tecnológicos que têm o papel social de difundir as informações relativas aos acontecimentos que se produzem no mundo-espaço público: imprensa, rádio e televisão.

realmente ao que o público espera? E mais ainda: o que garante, em todo ato de comunicação, que haja correspondência – sem falar em coincidência – entre os efeitos que a instância de enunciação almeja produzir na instância de recepção e os efeitos realmente produzidos?

De um ponto de vista analítico, pode-se constatar que as mídias de informação são objeto de estudos diferentes. Uns, de filiação mais especulativa, como os estudos filosóficos e antropológicos, inserem-nas numa problemática geral que se interroga a respeito do valor simbólico dos signos, seu lugar na sociedade, as semelhanças e diferenças que as mídias apresentam ao se inscreverem em espaços culturais diversos, sua perenidade ou sua transformação quando observadas através do tempo; outros estudos, de filiação mais experimental, como os estudos psicossociológicos, destacam alguns componentes desse objeto, para estudar as operações psicossociocognitivas necessárias para que os sujeitos produzam ou consumam os signos de informação; outros, enfim, de filiação empírico-dedutiva, como os estudos sociológicos e semiológicos que partem de uma teoria do recorte do objeto empírico (*corpus*), valem-se de instrumentos de análise que lhes permitem explicar os efeitos de significância que tal objeto produz em situação de troca social.

Nenhum desses tipos de abordagem exclui os demais, sendo que toda abordagem disciplinar, por definição, é parcial. Mas uma das características das ciências humanas é a possível e necessária articulação entre diferentes abordagens, o que caracteriza a interdisciplinaridade.

Há alguns anos, Bernard Miège, constatando os diferentes tipos de estudos que se desenvolviam a respeito das mídias e que ele classificava como "análises da conjuntura", "abordagens monodisciplinares" e aplicações de "teorias gerais baseadas num paradigma dominante",[6] apontava o "impasse" dessa situação e estimava que só há lugar para "problemáticas transversais e parciais que permitam articular a necessidade de elaboração teórica [...], e os dados empíricos [...], único meio de dar conta da complexidade das situações de comunicação".[7] E propunha uma problemática das "lógicas sociais", seguindo o modelo da teoria dos campos definida por Pierre Bourdieu. Concordamos com essa conclusão, sem, no entanto, considerar que haja um

---

[6] "Logiques sociales et information télévisée", bulletin du Certeic n. 10, Université de Lille, 1989.

[7] Idem, p. 62.

impasse. Propomos um outro ponto de vista interdisciplinar que exige que se distinga, de início, os diferentes lugares de construção do sentido da máquina midiática – para melhor definir a pertinência dos diferentes estudos a respeito das mídias e pensar melhor uma possível articulação entre eles.

A máquina midiática e seus três lugares de construção do sentido

Figura 1
Os três lugares da máquina midiática

Produção		Produto	Recepção	
Lugar das condições de produção		Lugar de construção do produto	Lugar das condições de interpretação	
[Externo-Externo]	[Externo-Interno]	[Interno]	[Interno-Externo]	[Externo-externo]
Práticas de organização socioprofissonais	**Práticas** de realização do produto	**Organização estrutural** semiodiscursiva segundo hipóteses sobre a cointencionalidade	**Alvo** imaginado pela instância midiática	**Público** como instância de consumo do produto
Representações por discursos de justificativa da **intencionalidade** dos "efeitos econômicos"	**Representações** por discursos de justificativa da **intencionalidade** dos "efeitos visados"	Enunciador-destinatário "efeitos possíveis"	"efeitos supostos"	"efeitos produzidos"

influência recíproca

(intencionalidade e coconstrução do sentido)

Retorno de imagens

Nosso quadro de referência teórica é um modelo de análise de discurso que se baseia no funcionamento do ato de comunicação,[8] que consiste numa troca entre duas instâncias: de produção e de recepção. Assim, o sentido resultante do ato comunicativo depende da relação de intencionalidade que se

---

[8] Ver nosso "Une analyse sémiolinguistique du discours", revista *Langages* n. 117, Larousse, Paris, março, 1995.

instaura entre essas duas instâncias. Isso determina três lugares de pertinência: o da instância de produção, submetida a certas condições de produção; o da instância de recepção, submetida a condições de interpretação; o do texto como produto, que se acha, enquanto tal, submetido a certas condições de construção (ver figura 1).

No que tange à máquina midiática, a primeira instância é representada pelo produtor de informação (o organismo de informação e seus atores), a instância de recepção pelo consumidor da informação (diferentes públicos: leitores, ouvintes, telespectadores) e o produto pelo texto midiático (artigo de jornal, boletim radiofônico, telejornal etc.).

Lugar das condições de produção

Esse lugar comporta dois espaços: um que qualificamos como "externo-externo", o outro como "externo-interno".

O espaço externo-externo compreende as *condições socioeconômicas* da máquina midiática enquanto empresa: sua organização é regulada por um certo número de práticas mais ou menos institucionalizadas, cujos atores possuem *status* e funções a elas relacionados. Mas, ao mesmo tempo, os atores dessa empresa precisam pensar e justificar suas práticas, produzindo discursos de representação que circunscrevem uma intencionalidade orientada por efeitos econômicos. É o espaço de hierarquização do modo de trabalho de cada organismo midiático, seus modos de funcionamento e de contratação,[9] suas escolhas de programação.

Um exemplo, entre outros, nesse domínio é "a aliança selada entre dois antigos irmãos inimigos, *Le Point* e *L'Express*, por meio de uma participação de capital e uma parceria industrial".[10] Essa aliança entre dois semanários, de orientações ideológicas diversas, prova que, nesse espaço, o alvo (o público) não é considerado por seu saber ou por seu desejo de saber, mas, confundindo todos os saberes e desejos, por comportamentos comerciais para os quais "são investidas somas colossais e inventados numerosos objetos de sedução para conquistar os leitores, não enquanto tais, mas como consumidores". O que

---

[9] O caso, na França, de contratos considerados exorbitantes pela administração do canal de TV mantido pelo governo, inclui-se neste espaço.

[10] *Le Monde*, 17/09/93.

conta, no caso, é que os dois semanários totalizam oitocentos mil exemplares que atingem um público de aproximadamente quatro milhões de leitores.

A análise das práticas e das representações desse espaço depende de uma problemática sociológica. Daí a grande quantidade de estudos: uns, de orientação econômica, sobre os preços, a difusão, os circuitos de distribuição e as operações de fusões financeiras buscando uma eficácia maior para os organismos de informação; outros, sobre os modos de organização da profissão, que permitem observar, por exemplo, "a diminuição do número de especialistas nas redações, e mesmo seu desaparecimento nas redações da mídia audiovisual",[11] o que tem grande influência sobre o tratamento da informação; outros, ainda, sobre os discursos que definem as intenções e justificam as práticas organizacionais (ver as declarações dos diretores e dos chefes de redação dos jornais e dos canais de televisão).

O segundo espaço, o externo-interno, compreende as *condições semiológicas* da produção – aquelas que presidem à própria realização do produto midiático (o artigo de jornal, a paginação, o telejornal, o programa de rádio). Para tal realização, um jornalista, um diretor e um chefe de redação conceitualizam o que vão "pôr em discurso" com a ajuda dos meios técnicos de que dispõem, buscando atender a certas questões: o que pode incitar os indivíduos a se interessar pelas informações difundidas pelas mídias? É possível determinar a natureza de seu interesse (segundo a razão) ou de seu desejo (segundo a afetividade)? Pode-se eventualmente medir os graus desse interesse ou desse desejo? Como levar em conta, nesse espaço de motivações sociais, as diferenças entre um alvo dito "esclarecido" – que já dispõe de informações e meios intelectuais para tratá-las e que terá exigências maiores quanto à confiabilidade da informação fornecida e quanto à validade dos comentários que a acompanham – e um alvo dito "de massas", que terá exigências de confiabilidade e de validade menores e se prenderá mais a efeitos de dramatização e a discursos estereotipados? Esse segundo espaço constitui um lugar de práticas, e também se acha pensado e justificado por discursos de representação sobre o "como fazer e em função de qual visada" – para um destinatário que pode ser cogitado apenas como alvo ideal, receptivo, embora impossível de dominar totalmente. Eis porque se dirá que tais práticas e tais discursos circunscrevem uma intencionalidade orientada por "efeitos de sentidos visados", pois a instância de produção não tem

---

[11] Charon J. M. (2004), "Information dévoyée et responsabilité du journaliste", *Les cahiers du Credam* n. 4, outubro 2004, Clemi-Université de Paris 3.

uma garantia de que os efeitos pretendidos corresponderão àqueles realmente produzidos no receptor.

Analisar as condições de produção desse espaço depende de uma problemática sociodiscursiva que permite estudar as práticas da máquina informativa relacionando-as aos discursos que as justificam. Objetiva-se discernir como é acionada uma "semiologia da produção", isto é, uma semiologia do fazer da instância de enunciação cuja busca não diz respeito nem aos efeitos possíveis da construção do produto, nem aos efeitos realmente produzidos sobre o receptor; o que esta semiologia da produção busca são os "efeitos esperados" por tal instância.

Pode-se avançar a hipótese de que, entre os espaços externo-externo e externo-interno do lugar das condições de produção, se estabelece certo jogo de influência recíproca sem que se possa determinar *a priori* em que ele consiste.[12]

Lugar das condições de recepção

Esse lugar, como o primeiro, se estrutura em dois espaços "interno-externo" e "externo-externo". No primeiro se encontra o destinatário ideal – aquele que em comunicação se designa como *alvo* – que é imaginado pela instância midiática como suscetível de perceber os efeitos visados por ela. Esse espaço não é mais do que o lugar dos "efeitos esperados" que mencionamos anteriormente. No segundo se encontra o receptor real, o público, a instância de consumo da informação midiática, que interpreta as mensagens que lhe são dirigidas segundo suas próprias condições de interpretação.

Analisar as condições de interpretação desse espaço depende de uma problemática sociológica e psicossociológica. Trata-se aqui de se interrogar sobre a natureza e os comportamentos da instância de recepção, atividade delicada, pois convém não confundir dois tipos de efeitos: os que concernem a fatos de consumo e atitudes apreciativas (índices de satisfação), tudo aquilo que é analisado através de sondagens, pesquisas quantitativas de audiência e estudos de impacto; e os que concernem aos processos psicossociocognitivos de percepção, de memorização, de retenção, de discriminação, de avaliação e de compreensão do que é percebido.

---

[12] O lugar de produção corresponde ao "triângulo oculto" de Pierre Schaeffer, em *Machines à communiquer*, tomo I, Paris, Seuil, 1970, p. 63.

Esses dois tipos de comportamentos exigem estudos apropriados. Por um lado, estudos experimentais muito específicos sobre os comportamentos esperados da instância alvo, que apelam para categorias cognitivas muito especializadas, embora de alcance limitado. Por outro lado, estudos sobre os comportamentos do público de cunho muito geral, que, na maior parte do tempo, recorrem a uma sociologia clássica que transforma noções de estruturação social em categoria descritiva fixa, e que "em sua ontologia objetivista, concebe a opinião pública como uma entidade objetiva do mundo real: seja como um estado de espírito coletivo (ainda que divergente), seja como um ator da cena social".[13]

É esse "objetivismo" da sociologia que deu lugar à produção de um de seus sucedâneos: a sondagem. As mídias, utilizando as sondagens como o principal instrumento de medida do alvo, tornam-se reféns deste recurso, mesmo quando manifestam, com relação a ele, uma certa distância. Na verdade: (1) as próprias mídias são os financiadores das sondagens (procuram um espelho); (2) não podem deixar de publicar os resultados das sondagens (exibem o espelho); (3) tentam esquivar-se ao fazer comentários de denegação (tentam quebrar o espelho). Por isso mesmo, mostram que são impotentes para encontrar um outro instrumento de medida. Esse é um dos efeitos de circularidade da máquina midiática: estar condenada a fabricar informação inclusive sobre si própria.

Lugar das restrições de construção do produto

É esse o lugar em que todo discurso se configura em texto, segundo uma certa organização semiodiscursiva feita de combinação de formas, umas pertencentes ao sistema verbal, outras a diferentes sistemas semiológicos: icônico, gráfico, gestual. O sentido depende, pois, da estruturação particular dessas formas, cujo reconhecimento pelo receptor é necessário para que se realize efetivamente a troca comunicativa: o sentido é o resultado de uma *cointencionalidade*. Mas como, por um lado, a instância de produção só pode imaginar o receptor de maneira ideal, construindo-o como o destinatário-alvo que acredita ser adequado a suas intenções, e, ao visar produzir efeitos

---

[13] Louis Quéré: "L'opinion: l'économie du vraisemblable", revista *Réseaux*, n. 43, Paris, CNET, 1990.

de sentido, não tem certeza se esses serão percebidos, e como, por outro lado, a instância de recepção constrói seus próprios efeitos de sentido que dependem de suas condições de interpretação, conclui-se que o texto produzido é portador de "efeitos de sentido possíveis", que surgem dos efeitos visados pela instância de enunciação e dos efeitos produzidos pela instância de recepção. Com isso, toda análise de texto nada mais é do que a análise dos "possíveis interpretativos". No que tange à comunicação midiática, isso significa que qualquer artigo de jornal, qualquer declaração num telejornal ou num noticiário radiofônico, está carregada de efeitos possíveis, dos quais apenas uma parte – e nem sempre a mesma – corresponderá às intenções mais ou menos conscientes dos atores do organismo de informação, e uma outra – não necessariamente a mesma – corresponderá ao sentido construído por tal ou qual receptor.

Analisar o produto acabado depende de uma problemática semiodiscursiva que pressupõe o estudo do discurso midiático sob um enfoque em que serão examinados os sentidos provenientes da estruturação do texto e os discursos de representação, tanto aqueles que circulam no lugar de produção quanto os que caracterizam o lugar das condições de recepção. Esses dois tipos de discursos de representação constituem os imaginários sociodiscursivos que alimentam e tornam possível o funcionamento da máquina midiática.

A distinção que propomos, entre os três lugares de construção do sentido, permite explicar a informação como algo que não corresponde apenas à intenção do produtor, nem apenas à do receptor, mas como resultado de uma cointencionalidade que compreende os efeitos visados, os efeitos possíveis, e os efeitos produzidos. Esses três lugares se definem, portanto, cada um em relação aos demais como num jogo de espelhos em que as imagens incidem umas sobre as outras.[14]

Ponto de vista de análise

É através desse enfoque, que pode reunir disciplinas de cunho sociológico, psicossocial e sociodiscursivo, que se definirá a comunicação midiática como

---

[14] Essa hipótese, que não é compartilhada por todos os analistas das mídias, tem a coerência a seu favor, inscrevendo-se numa problemática da influência, a qual, por sua vez, se insere numa dupla filiação pragmática: a da filosofia da linguagem e a da psicologia social.

fenômeno de produção do sentido social. Mas sem ingenuidade. O objeto da ciência também é construído, e o discurso explicativo que o acompanha é pertinente tão somente a seus próprios pressupostos teóricos. Qualquer discurso de análise que pretendesse descrever a totalidade de uma realidade empírica seria mistificador. O discurso de análise que propomos tem as seguintes propriedades: construção racional de seu objeto segundo critérios precisos (construção do *corpus*), o que permite conferir os resultados das análises; determinação de um instrumento de análise que sirva de base às interpretações produzidas ulteriormente; processo de interpretação que implique uma crítica social, não como ideologia (se a crítica fosse direcionada, perverteria o objetivo científico), mas como processo que faz descobrir o não dito, o oculto, as significações possíveis que se encontram por trás do jogo de aparências.

Nas mídias, os jogos de aparências se apresentam como informação objetiva, democracia, deliberação social, denúncia do mal e da mentira, explicação dos fatos e descoberta da verdade. Entretanto, e por isso mesmo, os discursos de explicação não podem pretender à verdade absoluta e menos ainda à profecia. Nenhuma sociedade evolui pela simples ação de palavras de ordem – ainda que fossem provenientes de um sistema totalitário; de predições[15] – ainda que fossem baseadas em análises científicas; ou de profecias – ainda que tivessem a força das crenças religiosas ("A história do mundo é um cemitério de profecias que fracassaram").[16] O papel do analista é o de observar a distância, para tentar compreender e explicar como funciona a máquina de fabricar sentido social, engajando-se em interpretações cuja relatividade deverá aceitar e evidenciar. Apresentar como verdade absoluta uma explicação relativa e acreditar nela seria arrogância. Fazê-lo sem acreditar seria cinismo. Entretanto, entre arrogância e cinismo, há lugar para uma atitude que, sem ignorar as convicções fortes, procure compreender os fenômenos, tente descrevê-los e proponha interpretações para colocá-los em foco no debate social.

---

[15] Eis por que é preciso abordar com a maior prudência as análises generalizantes que levam a concluir pela quebra do vínculo social, predizendo para o século XXI o fim da ética no debate social.

[16] Octavio Paz, revista *Vuelta* n. 231, México, fevereiro 1996, p. 231.

O que quer dizer informar

Dos efeitos de poder sob a máscara do saber

"Para que serve a informação, então? Vamos percorrer três respostas possíveis. A mais inconfessável concerne a nossos interesses de puro consumidor, *voyeur* solitário do espetáculo da atualidade. [...] Há, também, menos inconfessáveis, os interesses do torcedor ou do *voyeur* coletivo. [...] Há, enfim, totalmente confessáveis (mas que não interessam a quase ninguém), os interesses do cidadão. [...] O *voyeur*, o torcedor, o cidadão têm lá suas razões e não se trata de desconsiderá-las. São as razões do perverso, do tribal e do cívico." Serge Daney, "A quoi sert l'information?", *Libération*, 30/07/91.

Informação como ato de comunicação

Se existe um fenômeno humano e social que dependa precipuamente da linguagem, é o da informação. A informação é, numa definição empírica mínima, a transmissão de um saber, com a ajuda de uma determinada linguagem, por alguém que o possui a alguém que se presume não possuí-lo. Assim se produziria um ato de transmissão que faria com que o indivíduo passasse de um estado de ignorância a um estado de saber, que o tiraria do desconhecido para mergulhá-lo no conhecido, e isso graças à ação, *a priori* benévola, de alguém que, por essa razão, poderia ser considerado um benfeitor.

Essa definição mínima, por mais altruísta que pareça, suscita problemas consideráveis: quem é o benfeitor e quais são os motivos de seu ato de informação? Qual é a natureza do saber a ser transmitido e de onde ele vem? Quem é esse outro para quem a informação é transmitida e que relação mantém com o sujeito informador? Enfim, qual é o resultado pragmático, psicológico, social desse ato e qual é seu efeito individual e social?

Qualquer que seja a pergunta que se faça a respeito da informação, volta-se sempre para a questão da linguagem. A linguagem não se refere somente aos sistemas de signos internos a uma língua, mas a sistemas de valores que comandam o uso desses signos em circunstâncias de comunicação particulares. Trata-se da linguagem enquanto ato de *discurso*, que aponta para a maneira pela qual se organiza a circulação da fala numa comunidade social ao produzir sentido. Assim, pode-se dizer que a informação implica processo de produção de discurso em situação de comunicação.

Entretanto, é verdade que a questão da informação tomou feições particulares desde o momento em que foi levantada, não somente como objeto de diferentes teorias (teoria matemática, teoria cibernética, teoria cognitiva da informação), mas também no âmbito de uma atividade socioprofissional. Eis que um fenômeno geral, oriundo de uma atividade suscetível de ser realizada por todos (informar alguém de alguma coisa), parece transformar-se no domínio reservado de um setor particular, as mídias, cuja vocação essencial seria informar o cidadão. Assim sendo, surge um questionamento que toma ares de acusação, como, aliás, acontece cada vez que uma atividade discursiva que pode ser praticada por todos (contar, descrever, explicar, ensinar etc.) torna-se apanágio de um grupo particular: que pretensão é essa de se dizer especialista da informação? Por que atribuir à informação um domínio reservado? Por que tal exclusividade? Assim, essa atividade encontra-se na mira da crítica social, obrigando seus atores a se explicar, obrigando as mídias a produzir, paralelamente ao discurso de informação, um discurso que justifique sua razão de ser, como se além de dizer "eis o que é preciso saber", as mídias dissessem o tempo todo: "eis porque temos a competência para informar".

Um ponto de vista ingênuo

Existe um ponto de vista ingênuo a respeito da informação. Não em razão de seu objetivo ético (formar o cidadão), mas do modelo de comunicação social que lhe é subjacente, o qual, mesmo não sendo explicitado, é tido como uma evidência. Esse modelo – que, aliás, é o mesmo do senso comum – corresponde a uma visão tecnicista do mundo social que coincide com a das primeiras teorias da informação,[1] cuja ingenuidade tem sido apontada com frequência. Segundo esse modelo, tudo acontece como se houvesse, entre uma *fonte de informação* (que poderia ser a própria realidade, ou qualquer indivíduo ou organismo dispondo de informações) e um *receptor*

---

[1] Schannon H., *Théorie mathématique de la communication*, CEPL, Paris, 1975. Essa teoria matemática teve prolongamentos na teoria cibernética, para a qual a comunicação é concebida apenas no interior de máquinas entre *inputs* e *outputs*, e, mais recentemente, prolongamentos em algumas correntes das ciências cognitivas, as quais se interessam pela inteligência artificial.

da informação, uma instância de *transmissão* (um mediador individual ou um sistema intermediário) encarregada de fazer circular um certo saber da fonte ao receptor:

Fonte de informação $\Rightarrow$ Instância de transmissão $\Rightarrow$ Receptor

A *fonte de informação* é definida como um lugar no qual haveria certa quantidade de informações, sem que seja levantado o problema de saber qual é a sua natureza, nem qual é a unidade de medida de sua quantidade. O *receptor* é considerado implicitamente capaz de registrar e decodificar "naturalmente" a informação que lhe é transmitida, sem que seja levantado o problema da interpretação, nem o do efeito produzido sobre o receptor (saber, por exemplo, se este coincide com o efeito visado pela instância de informação);[2] além disso, nada é dito sobre quem julga o efeito que uma informação deveria produzir, e a própria questão do efeito não é levantada, pois considera-se que, com a exceção de alguns poucos casos de perda, a informação passaria integralmente. Efetivamente, considera-se que a *instância de transmissão* assegura a maior transparência possível entre fonte e recepção. Trata-se de um modelo que define a comunicação como um circuito fechado entre emissão e recepção, instaurando uma relação simétrica entre a atividade do emissor, cuja única função seria "codificar" a mensagem, e a do receptor, cuja função seria "decodificar" essa mesma mensagem. Modelo perfeitamente homogêneo, objetivo, que elimina todo efeito perverso da intersubjetividade constitutiva das trocas humanas, e identifica a comunicação com a informação e esta com um simples procedimento de transmissão de sinais. Com isso, os problemas concernentes ao mecanismo da informação só poderiam ser externos ao próprio mecanismo.

Com relação à fonte de informação, só haveria o problema do *acesso* a ela. Não ter acesso à informação é não poder saber, logo, não poder informar. Em consequência, desenvolve-se, por um lado, a necessária sofisticação dos meios para que se possa buscar, o mais rapidamente possível, a informação onde ela esteja; por outro lado, desdobra-se a necessária luta contra tudo o que poderia opor-se à vontade de saber. Esse problema é o da censura, mais exatamente o da "censura à fonte".

---

[2] O mesmo ocorre com certa concepção do sistema educativo que postula que o aluno é capaz de compreender e não coloca o problema da interpretação.

Com relação ao receptor, haveria o problema da *difusão* da informação. Não poder difundir uma informação é não poder fazer saber – logo, uma vez mais, não poder informar. Em consequência, surge a necessidade de organizar um sistema de distribuição em direção ao alvo que se quer atingir. Quando, nesse sistema, se interpõem elementos que impedem seu bom funcionamento, trata-se de "censura à difusão".

Com relação à instância de transmissão, haveria o problema do *tratamento* da informação. Isso implicaria efetuar um tratamento que não a desvirtuasse, que assegurasse a maior transparência entre a informação que se apresenta como um "estar aí" e a instância de recepção que deve decodificá-la tal e qual. Daí a introdução de técnicas (quase sempre ligadas ao domínio da inteligência artificial) destinadas ora a definir a unidade de informação para poder contabilizá-la, ou mesmo "computá-la" (velho sonho da máquina humana), ora a medir o impacto do modo de tratamento junto aos receptores[3] para poder, conjugando os dois tipos, variar a *performance* da mensagem informativa segundo a quantidade dessas unidades e a força desses impactos.

Todos esses problemas são reais, mas são apresentados de maneira muito restritiva e, sobretudo, são simplistas demais, pois não levantam as questões de fundo que concernem à natureza dessas três instâncias (fonte/transmissão/ receptor) e as relações que elas mantêm entre si. As questões são temíveis e as respostas complexas.

Verdadeiros problemas

A informação não existe em si, numa exterioridade do ser humano, como podem existir certos objetos da realidade material (uma árvore, a chuva, o Sol) cuja significação, certamente, depende do olhar que o homem lança sobre esses objetos, mas cuja existência é independente da ação humana. A informação é pura enunciação. Ela constrói saber e, como todo saber, depende ao mesmo tempo do campo de conhecimentos que o circunscreve, da situação de enunciação na qual se insere e do dispositivo no qual é posta em funcionamento. Antes de defini-la de maneira mais precisa, evoquemos os verdadeiros problemas suscitados pelo fato de informar.

---

[3] Ver, a esse respeito, os estudos de "impacto", desenvolvidos particularmente nos Estados Unidos.

Com relação à fonte, para além da questão de saber qual é a natureza da informação, coloca-se uma primeira questão que concerne à sua *validade,* isto é, o que constitui seu valor de verdade.[4] Essa questão suscita, então, uma série de indagações: o que é a "autenticidade" de um fato? O que é a "verossimilhança" de um fato? Qual é a sua "pertinência" enquanto fato de informação? Tais indagações correspondem a questões que o receptor poderia formular: "será que isso existe?" (é *existencialmente* verdadeiro?); "será que isso é possível?" (é *possivelmente* verdadeiro?); "será que isso precisa ser comunicado?" (será *pertinente*?). Há uma segunda questão que se coloca a respeito da fonte; trata-se da *seleção* da informação, seleção que se opera num conjunto de fatos que parecem impossíveis de transmitir em sua totalidade. Em que campo de significação social deve efetuar-se a seleção e, no interior desse campo, com que critérios de importância ou de prioridade? Em função de que são definidos esses critérios? Dos interesses do mediador? Dos interesses do alvo? E então, afinal, há ou não garantias contra a subjetividade, ou contra a possível manipulação do mediador?

Com relação ao receptor, a questão é saber o que ele é e como atingi-lo, pois, como dissemos, o receptor nunca é apenas o alvo ideal visado pelo fornecedor da informação. Sendo assim, é conveniente, na análise de todo ato de informação, distinguir efeito visado e efeito produzido, e, por conseguinte, levantar uma nova série de questões: que efeito é visado quando se quer informar e que tipo de destinatário é o alvo? Se a pertinência de uma informação depende das hipóteses que podem ser feitas sobre o não saber do destinatário (não se informa a alguém que já sabe), sobre o interesse que a notícia pode despertar (não se informa a alguém que não quer ser informado) e sobre sua aptidão em compreender (não se informa da mesma maneira, mas sim de acordo com a competência que se atribui ao interlocutor), de que meios dispõe o informador para conhecer o estado do alvo? Que provas tem sobre ele,[5] e na ausência delas, não estaria na contingência de fabricar seu alvo e lhe impor uma informação? A mesma informação terá o mesmo efeito num espaço que seja privado (informação confidencial de pessoa a pessoa

---

[4] Veremos mais adiante que o valor de verdade depende também do alvo e da maneira de tratar a informação.

[5] Examinando-se os numerosos estudos de impacto que foram realizados, principalmente nos Estados Unidos, conclui-se que esses estudos tentam, sem sucesso, responder a essa questão.

ou destinada a circular num pequeno grupo) e num espaço público (avisos, placas, *outdoors*, mídias)? Pode-se controlar o destino de uma informação quando ela é recebida, recolhida e posteriormente retransmitida fora do dispositivo inicial (o que acontece frequentemente com o vazamento de informação)? Não poderia produzir efeitos imprevistos de rumor ou boato? Enfim, uma acumulação muito grande de informação não acabaria por produzir um efeito de saturação contraprodutivo?[6]

Com relação ao tratamento da informação, há o problema da extensão, uma vez resolvidas as questões precedentes. O tratamento é a maneira de fazer, o modo pelo qual o sujeito informador decide transpor em linguagem (e também iconicamente, caso possa recorrer à imagem) os fatos selecionados, em função do alvo predeterminado, com o efeito que escolheu produzir. Nesse processo, está em jogo a inteligibilidade da informação transmitida, e como não há inteligibilidade em si, esta depende de escolhas discursivas efetuadas pelo sujeito informador. Ora, toda escolha se caracteriza por aquilo que retém ou despreza; a escolha põe em evidência certos fatos deixando outros à sombra. A cada momento, o informador deve perguntar-se não se é fiel, objetivo ou transparente, mas que efeito lhe parece produzir tal maneira de tratar a informação e, concomitantemente, que efeito produziria uma outra maneira, e ainda uma outra, antes de proceder a uma escolha definitiva.[7] A linguagem é cheia de armadilhas. Isso porque as formas podem ter vários sentidos (*polissemia*) ou sentidos próximos (*sinonímia*); tem-se realmente consciência das nuances de sentido de cada uma delas? Além disso, um mesmo enunciado pode ter vários valores (*polidiscursividade*): um valor referencial (ele descreve um estado do mundo), enunciativo (diz coisas sobre a identidade e as intenções dos interlocutores), de crença; tem-se consciência dessa multiplicidade de valores? Enfim, há também o fato de que a significação é posta em discurso através de um jogo de dito e não dito,

---

[6] "A superinformação causa perda de memória", disse Frédéric Rossif, diretor de filmes de ficção, de documentários e de reportagens para a televisão.

[7] Questão angustiante raramente colocada pelos profissionais das mídias (exceto para a escolha dos títulos, talvez), raramente tratada nas escolas de jornalismo, sob o pretexto de que a informação tem pressa, que difundi-la com urgência é sempre essencial. Mas talvez, também, por uma razão mais fundamental, que transparece nesta reflexão de um jornalista: "Se parássemos para pensar sobre os efeitos de nossa maneira de escrever, não escreveríamos mais nada".

de explícito e implícito, que não é perceptível por todos: tem-se consciência dessa multiplicidade de efeitos discursivos?[8]

Comunicar, informar, tudo é escolha. Não somente escolha de conteúdos a transmitir, não somente escolha das formas adequadas para estar de acordo com as normas do bem falar e ter clareza, mas escolha de efeitos de sentido para influenciar o outro, isto é, no fim das contas, escolha de *estratégias discursivas*. Jean-Luc Godard, sempre presente para dizer o que não se diz, deu um conselho àqueles que estavam empenhados em comemorar o centenário do cinema: "Não digam: 'este ano vamos projetar 365 filmes dos irmãos Lumière', mas sim: 'não vamos projetar os 1035 filmes dos irmãos Lumière'." É, pois, impossível alegar inocência. O informador é obrigado a reconhecer que está permanentemente engajado num jogo em que ora é o erro que domina, ora a mentira, ora os dois, a menos que seja tão somente a ignorância.

---

[8] Como se pode observar nesta manchete de jornal: "Chirac-Jospin. O debate entre candidatos cavalheiros" (*Libération*, 3/05/95). O que se deve entender? Que eles foram corteses? Que, no geral, não apresentaram propostas divergentes? Que eles têm o mesmo programa, o mesmo projeto político? Que não há mais antagonismo político como antigamente e que tudo muda, até o conflito político? Que são duas personalidades que se equivalem, "farinha do mesmo saco"? Que o jornal *Libération*, sem dúvida, é muito cético a respeito de política?

Informação como discurso

O discurso não é a língua, embora seja com ela que se fabrique discurso e que este, num efeito de retorno, a modifique. A língua é voltada para sua própria organização, em diversos sistemas que registram os tipos de relação que se instauram entre as formas (morfologia), suas combinações (sintaxe) e o sentido, mais ou menos estável e prototípico de que essas formas são portadoras segundo suas redes de relações (semântica). Descrever a língua é, de um modo ou de outro, descrever regras de conformidade, a serem repertoriadas em gramáticas e dicionários.

Já o discurso está sempre voltado para outra coisa além das regras de uso da língua. Resulta da combinação das circunstâncias em que se fala ou escreve (a identidade daquele que fala e daquele a quem este se dirige, a relação de intencionalidade que os liga e as condições físicas da troca) com a maneira pela qual se fala. É, pois, a imbricação das condições extradiscursivas e das realizações intradiscursivas que produz sentido. Descrever sentido de discurso consiste, portanto, em proceder a uma correlação entre dois polos.

No âmbito da informação, isso equivale a se interrogar sobre a *mecânica de construção* do sentido, sobre a *natureza do saber* que é transmitido e sobre o *efeito de verdade* que pode produzir no receptor.

MECÂNICA DE CONSTRUÇÃO DO SENTIDO:
UM DUPLO PROCESSO

O sentido nunca é dado antecipadamente. Ele é construído pela ação linguageira do homem em situação de troca social. O sentido só é perceptível através de formas. Toda forma remete a sentido, todo sentido remete a forma, numa relação de solidariedade recíproca. O sentido se constrói ao término de um duplo processo de semiotização: de *transformação* e de *transação*.[1]

O processo de transformação consiste em transformar o "mundo a significar" em "mundo significado", estruturando-o segundo um certo número de categorias que são, elas próprias, expressas por formas. Abrange categorias que identificam os seres do mundo *nomeando-os*, que aplicam a esses seres propriedades *qualificando-os*, que descrevem as ações nas quais esses seres estão engajados *narrando*, que fornecem os motivos dessas ações *argumentando*, que avaliam esses seres, essas propriedades, essas ações e esses motivos *modalizando*.[2] O ato de informar inscreve-se nesse processo porque deve *descrever* (identificar-qualificar fatos), *contar* (reportar acontecimentos), *explicar* (fornecer as causas desses fatos e acontecimentos).

O processo de transação consiste, para o sujeito que produz um ato de linguagem, em dar uma significação psicossocial a seu ato, isto é, atribuir-lhe um objetivo em função de um certo número de parâmetros: as hipóteses sobre a *identidade* do outro, o destinatário-receptor, quanto a seu saber, sua posição social, seu estado psicológico, suas aptidões, seus interesses etc.; o *efeito* que pretende produzir nesse outro; o tipo de *relação* que pretende instaurar com esse outro e o tipo de *regulação* que prevê em função dos parâmetros precedentes. O ato de informar participa desse processo de transação, fazendo circular entre os parceiros um objeto de saber que, em princípio, um possui e o outro não, estando um deles encarregado de transmitir e o outro de receber, compreender, interpretar, sofrendo ao mesmo tempo uma modificação com relação a seu estado inicial de conhecimento.

Precisemos, para não deixar dúvidas, que é o processo de transação que comanda o processo de transformação e não o inverso. A finalidade

---

[1] Ver igualmente "Une analyse sémiolinguistique du discours", em *Les analyses du discours en France*, revista *Langages* n. 117, Paris, Larousse, 1995.

[2] Nossa *Grammaire du sens et de l'expression*, Hachette, Paris, 1992, foi elaborada em torno dessas categorias.

do homem, ao falar, não é a de recortar, descrever, estruturar o mundo; ele fala, em princípio, para se colocar em relação com o outro, porque disso depende a própria existência, visto que a consciência de si passa pela tomada de consciência da existência do outro, pela assimilação do outro e ao mesmo tempo pela diferenciação com relação ao outro.[3] A linguagem nasce, vive e morre na intersubjetividade. É falando com o outro – isto é, falando o outro e se falando a si mesmo – que comenta o mundo, ou seja, descreve e estrutura o mundo. O esquema seguinte representa esse processo aplicado ao discurso informativo. Nesse discurso o "mundo a significar" pode ser considerado um "mundo a descrever e comentar", e o "mundo significado", um "mundo descrito e comentado":

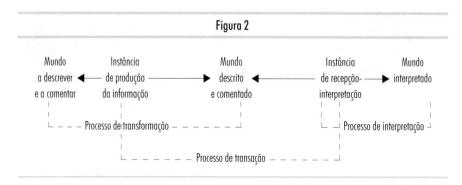

Figura 2

Assim, todo discurso, antes de representar o mundo, representa uma relação, ou, mais exatamente, representa o mundo ao representar uma relação. E isso também é verdade para o discurso de informação. O sujeito informador, capturado nas malhas do processo de transação, só pode construir sua informação em função dos dados específicos da situação de troca.

É, pois, inútil colocar o problema da informação em termos de fidelidade aos fatos ou a uma fonte de informação. Nenhuma informação pode pretender, por definição, à transparência, à neutralidade ou à factualidade. Sendo um ato de transação, depende do tipo de alvo que o informador escolhe e da coincidência ou não coincidência deste com o tipo de receptor que interpretará a informação dada. A interpretação se processará segundo os parâmetros que são próprios ao receptor, e que não foram necessariamente postulados

---

[3] É isso que postulam a ciência e a filosofia da linguagem que se interessam pelo discurso.

pelo sujeito informador. Toda informação depende do tratamento que lhe é imposto neste quadro de transação. A única coisa que se pode adiantar é que sua inteligibilidade será mais ampla (vulgarização) ou mais restrita (especialização), segundo os tipos de normas psicológicas, sociais ou ideológicas que terão sido contempladas nesse quadro de transação. Nem mesmo os organismos de informação especializados em transmitir diretamente o acontecimento (France-Info, LCI, CNN etc.) e que acreditam estar mais próximos que os outros da factualidade podem escapar aos efeitos desse processo.

NATUREZA DO SABER

O saber não tem natureza, visto que é o resultado de uma construção humana através do exercício da linguagem. A atividade de construção consiste em tornar o mundo inteligível, categorizando-o segundo um certo número de parâmetros cuja combinação é bastante complexa. A estruturação do saber depende da maneira como se orienta o olhar do homem: voltado para o mundo, o olhar tende a descrever esse mundo em categorias de *conhecimento*; mas, voltado para si mesmo, o olhar tende a construir categorias de *crença*. Simultaneamente, o saber se estrutura segundo a escolha da atividade discursiva à qual se entrega o homem para dar conta do mundo: ele pode decidir[4] descrevê-lo, contá-lo ou explicá-lo, e nisso tanto pode aderir a seu dizer quanto tomar distância para com o dizer. Esse conjunto de atividades discursivas configura os sistemas de interpretação do mundo, sem os quais não há significação possível.

Saberes de conhecimento

Os saberes de conhecimento são aqueles que procedem de uma representação racionalizada da existência dos seres e dos fenômenos sensíveis do mundo. Trata-se, para o homem, de tentar tornar o mundo inteligível, colocando marcas no *continuum* de sua materialidade, determinando fronteiras que permitam distinguir o que é semelhante do que é diferente, estabelecendo relações de contiguidade e de substituição entre os elementos

---

[4] Esta decisão não implica um caráter voluntário ou não, consciente ou não. Uma decisão pode ser não consciente.

depreendidos, para estabelecer hierarquias, conjuntos e subconjuntos, isto é, construir taxionomias.

Como o sujeito constrói esses conhecimentos? No ponto de convergência de uma dupla aprendizagem:

Pela aprendizagem que se desenvolve através das práticas da experiência, às quais se aplica uma observação na empiria do sentir, do ver e do ouvir, no jogo dos erros e dos acertos, na predição das percepções, e que permite ao sujeito depreender recorrências no interior desses fenômenos, e construir assim uma explicação empírica do mundo fenomenal. E pela aprendizagem dos dados científicos e técnicos que tentam explicar o mundo a partir do que não é visível e se torna apreensível com o auxílio de um instrumental intelectual (cálculo, raciocínio, discurso de explicitação mais ou menos vulgarizados).

Esses conhecimentos são considerados suficientes para dar conta do mundo da maneira mais objetiva possível. Sabe-se, evidentemente, que eles passam pelo filtro da experiência social, cultural, civilizacional, o que os relativiza – apesar do sonho dos seres humanos de descrever o mundo como alguma coisa de universal que não dependa da própria contingência humana.[5] De todo modo, os conhecimentos, por oposição às crenças (ver adiante), beneficiam-se de um preconceito favorável de "objetividade" e de "realismo", o que constitui uma espécie de garantia quanto à estabilidade da visão estruturada do mundo.

A categorização desses conhecimentos se dá de acordo com a suposta natureza do que é percebido e segundo a maneira pela qual aquilo que é percebido é descrito. São três as categorias de base:

- *existencial*: a percepção mental é determinada pela descrição da existência de objetos do mundo em seu "estar aí", estando em algum lugar (o espaço), num certo momento (o tempo) e num certo estado (as propriedades), com traços que identificam e caracterizam esses objetos em sua factualidade. Quando esse tipo de percepção e de descrição se inscreve numa enunciação informativa, serve para esclarecer uma conduta desejada ou imposta. Pode apresentar-se sob uma forma discursiva de definição (dicionários e manuais técnicos) ou indicações factuais: dizer a hora, indicar uma direção, anunciar através de placas,

---

[5] Esse universal, num imaginário religioso, é da ordem do divino, e num imaginário laico, é da ordem da ciência.

cartazes ou pela imprensa (as páginas de classificados dos jornais, por fornecerem listas de ofertas de emprego, imóveis, encontros ou diversas manifestações culturais).

• *evenemencial:* a percepção mental é determinada pela descrição do que ocorre ou ocorreu, isto é, do que modifica o estado do mundo (dos seres, de suas qualidades, dos processos nos quais estão implicados). Essa descrição só pode ser feita sob o modo da maior ou menor verossimilhança, dependendo do consenso que pode estabelecer-se, no interior de uma comunidade social, sobre a maneira de compartilhar a experiência do mundo e representá-la. Quando esse tipo de percepção e de descrição se inscreve numa enunciação informativa, serve para fazer ver ou imaginar (através de uma reconstituição) o que se passa ou se passou, chamando a atenção ora para o próprio processo da ação (um acidente, um bombardeio, a assinatura de um ato de paz), ora para uma declaração (entrevista coletiva, discursos oficiais, trecho de entrevista), ora para a identificação dos atores implicados (o agente, as vítimas ou beneficiários, os aliados ou oponentes), ora para as circunstâncias materiais (no espaço e/ou no tempo).

• *explicativa*: a percepção mental é determinada pela descrição do porquê, do como e da finalidade dos acontecimentos, isto é, dos motivos ou intenções que presidiram o surgimento do acontecimento e de seus desdobramentos. Quando esse tipo de percepção e de descrição se inscreve em uma enunciação informativa, serve para fornecer ao destinatário os meios (os argumentos) até então desconhecidos para ele, para tornar inteligíveis os acontecimentos do mundo, ou seja, com fundamento na razão.

Saberes de crenças

São os saberes que resultam da atividade humana quando esta se aplica a comentar o mundo, isto é, a fazer com que o mundo não mais exista por si mesmo, mas sim através do olhar subjetivo que o sujeito lança sobre ele. Uma tentativa não mais de inteligibilidade do mundo, mas de *avaliação* quanto à sua legitimidade, e de *apreciação* quanto ao seu efeito sobre o homem e suas regras de vida.

As crenças dão conta do mundo quanto à maneira de proceder à regulação das práticas sociais, ao se criarem *normas efetivas* de comportamento, e também quanto aos discursos de representação produzidos no âmbito do grupo social, para avaliar esses comportamentos, criando-se, assim, *normas ideais*. Estas apontam não apenas para os imaginários de referência dos comportamentos (o que se deveria fazer ou não fazer), mas também para os imaginários de justificativa desses comportamentos (se é do bem ou do mal).

As crenças dependem, pois, de sistemas de interpretação: há sistemas que avaliam o *possível* e o *provável* dos comportamentos em dadas situações, procedendo por hipóteses e verificações que permitem, em seguida, fazer predições ("se ele o nomeou ministro, é porque era seu amigo", "se engordou, é porque tem o hábito de beber"); outros há que apreciam os comportamentos segundo um julgamento positivo ou negativo, em confronto com normas que foram estabelecidas socialmente, procedendo a afirmações que ganham valor de evidência sob diferentes pontos de vista: ético (o que é bom ou mau), estético (o que é belo ou feio), hedônico (o que é agradável ou desagradável), pragmático (o que é útil ou inútil, eficaz ou ineficaz), sob a forma de julgamentos mais ou menos estereotipados que circulam na sociedade (intertextualidade), e que representam os grupos que os instauraram e servem de modelo de conformidade social (o guia de saber se comportar e julgar).

Quando essas crenças se inscrevem numa enunciação informativa, servem para fazer com que o outro compartilhe os julgamentos sobre o mundo, criando assim uma relação de cumplicidade. Ou seja, toda informação a respeito de uma crença funciona ao mesmo tempo como interpelação do outro, pois o obriga a tomar posição com relação à avaliação que lhe é proposta, colocando-o em posição reativa – o que não é necessariamente o caso da informação que se refere aos conhecimentos. Ao se dizer "Nova York é uma cidade estranha", interpela-se duplamente o interlocutor: não só sobre o fato de ele conhecer ou não Nova York, mas também sobre a adesão ou rejeição à apreciação proposta.

Representações

A questão implícita para os saberes de conhecimento tanto quanto para os saberes de crença diz respeito à relação percepção–construção que o ser humano mantém com o real. Trata-se aqui de uma problemática da "representação". Esse conceito é muito discutido nas ciências humanas e sociais, particularmente na Antropologia Social, na Sociologia e na Psicologia Social.[6] Para além das diferenças que se prendem aos pressupostos teóricos dessas disciplinas, guardaremos alguns pontos comuns que nos são úteis para compreender os problemas da informação.

As representações, ao construírem uma organização do real através de imagens mentais transpostas em discurso ou em outras manifestações comportamentais dos indivíduos que vivem em sociedade, estão incluídas no real, ou mesmo dadas como se fossem o próprio real.[7] Elas se baseiam na observação empírica das trocas sociais e fabricam um discurso de justificativa dessas trocas, produzindo-se um sistema de valores que se erige em norma de referência. Assim é elaborada uma certa categorização social do real, a qual revela não só a relação de "desejabilidade" que o grupo entretém com sua experiência do cotidiano, como também o tipo de comentário de inteligibilidade do real que o caracteriza – uma espécie de metadiscurso revelador de seu posicionamento. Em resumo, as representações apontam para um desejo social, produzem normas e revelam sistemas de valores.

Os saberes de conhecimento e de crenças constroem-se, pois, no interior desse processo de representações, mas a fronteira entre eles é difícil de determinar. Isso significa que um enunciado aparentemente simples como "essa mulher é poderosa" depende, para sua interpretação, de numerosos entrecruzamentos entre os discursos de representações que são produzidos, numa dada sociedade, tanto sobre a mulher quanto sobre o poder. Essa fronteira é, entretanto, necessária. Ela pode ser tênue, variável, pode deslocar-se, mas é ela que confere à troca social a ilusão de inteligibilidade do mundo. Nessas condições, é nosso direito indagar sobre os efeitos interpretativos produzidos por algumas manchetes de jornais (ou mesmo sobre determinada maneira de comentar a atualidade) quando estas, em vez de inclinar-se para saberes de conhecimento ("o presidente da comissão entrega o relatório ao

---

[6] Nas ciências cognitivas também, mas como processo de percepção e ativação de procedimentos intelectivos (A.V. Cicourel), de que não nos ocuparemos aqui.

[7] Trata-se de uma das concepções, atualmente bastante adotada por correntes da Sociologia (P. Bourdieu), pela Psicologia Social (Moscovici) e pela Antropologia Social (G. Balandier), que consiste em afirmar que as representações produzem sentido. A outra concepção, na linha da teoria marxista da ideologia, considera as representações como um duplo que racionaliza o real, mascarando-o.

primeiro-ministro"), põem em cena saberes de crença que apelam para a reação avaliativa do leitor ("o presidente da comissão entrega uma bomba ao primeiro-ministro").[8] Assim, como se vê, são as palavras que apontam para as representações.[9] No debate político a respeito de trabalhadores, e segundo o contexto em que se insere, o emprego dos qualificativos "estrangeiros", "imigrantes", "clandestinos", "pardos", revela as crenças em que se baseia o pensamento em foco.

Palavras usadas em situações recorrentes pelos mesmos tipos de locutores acabam por tornar-se portadoras de determinados valores. Não é inocente utilizar o termo "globalização" (por remeter a um pensamento liberal de direita) em oposição a "internacionalização" (que remete a um pensamento social de esquerda). A menos que essas crenças sejam expressas de maneira implícita: o que poderia haver, aparentemente, de mais inócuo do que esta reflexão feita por um apresentador de telejornal, como conclusão a uma reportagem sobre o conflito na ex-Iugoslávia: "E tudo isso acontece a duas horas de avião de Paris?" É o que haveria de mais objetivo, mais transparente e explícito, pois remete a um conhecimento verificável. Entretanto, esse enunciado, aparentemente tão neutro, mobiliza universos de crença suscetíveis de produzir uma interpretação como: "a guerra está à nossa porta", "a ameaça é iminente", "isso concerne a todos nós".

EFEITOS DE VERDADE

Não se deve confundir *valor de verdade* e *efeito de verdade*, embora nos dois casos se esteja diante de um julgamento epistêmico, pois o homem tem necessidade de basear sua relação com o mundo num "crer ser verdade". É uma questão de verdade, mas também é uma questão de crença.

Verdade e *crença*, tal como a distinção que operamos entre dois tipos de saber, estão intrinsecamente ligadas no imaginário de cada grupo social. Isso quer dizer que não existe uma definição universal. Nas sociedades ocidentais,[10] por exemplo, a verdade depende da crença de que ela preexiste

---

[8] Aqui, "bomba" significa "relatório que provoca o efeito de uma bomba".

[9] Tais representações são tratadas por nós em termos de "imaginários".

[10] Diferentes, por esse ponto de vista, das sociedades primitivas ou mágicas.

à sua manifestação, de que ela se encontra em estado de pureza e inocência,[11] e de que sua descoberta se faz ao término de uma pesquisa na qual o homem seria, ao mesmo tempo, o agente (movido pelo desejo de saber) e o beneficiário (ele descobre a resposta à pergunta: "quem sou eu?"). Nota-se que essa questão da verdade está marcada pela contradição: a verdade seria exterior ao homem, mas este só poderia atingi-la (finalmente construí-la) através de seu sistema de crenças. Disso decorre uma tensão entre o polo da verdade e o da crença. Ora o homem procura meios para fundar um sistema de *valores de verdade*, ora ele se conforma com seus efeitos.

O *valor de verdade* não é de ordem empírica. Ele se realiza através de uma construção explicativa elaborada com a ajuda de uma instrumentação científica que se quer exterior ao homem (mesmo que seja ele quem a tenha construído), objetivante e objetivada, que pode definir-se como um conjunto de técnicas de saber dizer, de saber comentar o mundo. A utilização dessa instrumentação permite construir um "ser verdadeiro" que se prende a um saber erudito produzido por textos fundadores.

O *efeito de verdade* está mais para o lado do "acreditar ser verdadeiro" do que para o do "ser verdadeiro". Surge da subjetividade do sujeito em sua relação com o mundo, criando uma adesão ao que pode ser julgado verdadeiro pelo fato de que é compartilhável com outras pessoas, e se inscreve nas normas de reconhecimento do mundo. Diferentemente do valor de verdade, que se baseia na *evidência,* o efeito de verdade baseia-se na *convicção,* e participa de um movimento que se prende a um *saber de opinião,* a qual só pode ser apreendida empiricamente, através dos textos portadores de julgamentos. O efeito de verdade não existe, pois, fora de um dispositivo enunciativo de influência psicossocial, no qual cada um dos parceiros da troca verbal tenta fazer com que o outro dê sua adesão a seu universo de pensamento e de verdade. O que está em causa aqui não é tanto a busca de uma verdade em si, mas a busca de "credibilidade", isto é, aquilo que determina o "direito à palavra"[12] dos seres que comunicam, e as condições de validade da palavra emitida.

---

[11] "A verdade sai da boca dos inocentes." Já definimos esta simbologia em *La parole confisquée, un genre télévisuel: le talk show*, Paris, Dunod, 1997.

[12] Ver "Ce que communiquer veut dire", na revista *Sciences Humaines* n. 51, junho 1995.

Cada tipo de discurso modula seus efeitos de verdade de uma maneira particular. O discurso de informação modula-os segundo as supostas razões pelas quais uma informação é transmitida (por que informar?), segundo os traços psicológicos e sociais daquele que dá a informação (quem informa?) e segundo os meios que o informador aciona para provar sua veracidade (quais são as provas?).

Por que informar?

Esses efeitos variam em função de ter havido ou não um pedido prévio de informação, pois o pedido determina a finalidade intencional do ato de informar.

Se a informação foi pedida, ela pode ser proveniente de um indivíduo que precisa de elementos de informação para nortear sua conduta (saber a hora, comparecer a um lugar determinado para executar uma tarefa no âmbito profissional etc.), completar seu saber (saber o nome de um novo ministro, do autor de uma citação etc.) ou formar uma opinião sobre o valor dos fatos e gestos dos indivíduos ("será que ele sabe de algum fato novo para o relatório da CPI?"). Entretanto, o pedido de informação pode ser pressuposto pela própria organização da vida social, que exige que os contribuintes, os cidadãos, os indivíduos em sua vida particular, sejam informados sobre seus direitos, seus deveres e os meios de que dispõem para aplicá-los. Eis por que existem lugares de informação à sua disposição, que funcionam em serviços públicos ou privados.

De qualquer forma, com a demanda explícita ou implícita, trata-se de uma intencionalidade de pedido, na qual é o solicitante que, ao pedir, atribui ao informador em potencial um saber e uma competência: um *pedido para dizer* do primeiro que pressupõe um *poder de dizer* do segundo e que, ao mesmo tempo, provoca um dizer deste último. Sendo assim, instaura-se uma relação de solicitante a solicitado cujo vínculo depende da situação de troca. É preciso, pois, conhecer os dados do contrato de comunicação[13] e os códigos da boa educação (rituais linguageiros) em vigor na sociedade em que se efetua o pedido, sem os quais se produzem reações de incompreensão – como as que podem ocorrer nos encontros interculturais. Esse tipo de

---

[13] Para essa noção, ver seção "O contrato de informação midiático", capítulo "Do contrato de comunicação em geral".

Informação como discurso

relação explica por que toda recusa em fornecer uma informação pode ser considerada pelo solicitante uma afronta: ele não teria sido reconhecido como digno de ser informado.

Se a informação não foi pedida, há dois casos típicos que são possíveis e cada um é suscetível de desencadear no informado certas hipóteses interpretativas: o informador transmite uma informação por iniciativa própria, ou então é obrigado a isso.

Falar por iniciativa própria: o informado fica na posição de perguntar qual é o motivo que anima o informador ("O que está por trás do que ele diz?"). Pode construir uma hipótese de gratuidade altruísta: o informador procura avisar o outro sobre uma ameaça que pode atingi-lo, ou dizer simplesmente alguma coisa que poderia ajudá-lo, ser útil para ele. Nesse caso, a informação é considerada benéfica, mas ao mesmo tempo o informado se torna devedor do informador. O informado pode também fazer uma outra hipótese: o informador age por interesse pessoal. Ele estaria procurando se proteger, evitar um mal-entendido, procurar um aliado, conseguir um favor, e fazer com que o outro se torne seu devedor. Nesse caso, a informação pode despertar suspeita: informar poderia corresponder a uma estratégia de despistamento (fazer crer na importância de uma notícia para não abordar certos temas de discussão) ou mesmo de intoxicação (vazamento proposital de informações) ou de barrigas (plantar uma notícia falsa). Pois, afinal, por que dar uma informação que ninguém está pedindo? O segredo não seria o mais conveniente? Não seria porque, ao fazer uma revelação ou uma denúncia, o sujeito constrói para si uma imagem de virtude?

O informador fala porque é obrigado (constrangido e forçado): o informado é levado a fazer a hipótese de que, da parte do informador, haveria de início o desejo de reter a informação: seja porque ele não queria informar, por razões táticas que exigem que se deixe o outro na ignorância a fim de evitar o surgimento de um contrapoder (frequente no domínio político) ou simplesmente a fim de se preservar (não se mostrar) ou de preservar seus familiares e amigos (não denunciar, não ferir); seja porque não podia informar, em nome do interesse geral (segredo de Estado, segredo econômico para evitar a concorrência etc.) ou em nome de uma causa ideológica, por exemplo, para não desencorajar as energias militantes. Essa obrigação de informar pode ter origem em grupos de pressão (como ocorre no que as mídias designam como "mundo dos negócios"), em autoridades ameaçadoras (quando se trata de extorquir informação em nome do bem comum), num indivíduo ou numa instância qualquer que ajam por chantagem (como os informantes da polícia), no próprio sujeito que se impõe uma regra moral (o dever de informar em determinadas circunstâncias, que se opõe à regra do segredo, como ocorre com todo jornalista num regime político de censura), ou em uma regra intelectual (o dever de resolver uma contradição, o que justifica investigações e perquirições).

É preciso ainda acrescentar que uma informação extorquida pode ter o crédito de um efeito de verdade (o informador não poderia se esquivar), a menos que participe de uma tática, de um cálculo em segundo grau: como o interlocutor sabe que sou obrigado a informar e me dá crédito, posso aproveitar-me da situação para lhe passar uma falsa informação.

Quem informa?

O crédito que se pode dar a uma informação depende tanto da *posição social* do informador, do *papel* que ele desempenha na situação de troca, de sua *representatividade* para com o grupo de que é porta-voz, quanto do *grau de engajamento* que manifesta com relação à informação transmitida:

• *O informador tem notoriedade*: essa posição pode produzir um efeito duplo. Em verdade, toda pessoa que tem notoriedade é uma pessoa pública, e por isso sua posição social exige que o informador nessa condição não esconda informações de utilidade pública – o que lhe confere certa autoridade e faz com que, quando ele informa, o que diz pode ser considerado digno de fé. Entretanto, por outro lado, por conta dessa posição, pode-se atribuir-lhe intenções manipuladoras, que fazem com que o que ele disser seja, ao contrário, suspeito pelas razões táticas evocadas anteriormente.[14] Pode acontecer também que essa notoriedade esteja ligada a certas profissões, às quais se dá um crédito "natural"[15]

---

[14] Receber um folheto de informações sobre a União Europeia, planejado e redigido pelo serviço de informação dessa instituição, produz um duplo efeito: esse serviço é o mais indicado para dar informações exatas (efeito de verdade), mas tem todo o interesse em revelar apenas os aspectos positivos, em fazer uma espécie de publicidade (efeito de suspeição). É igualmente o caso dos "vazamentos planejados".

[15] No sentido corriqueiro de "É natural que...". Na verdade, o crédito que se dá a tal pessoa tem a ver com a função que ela ocupa num quadro institucional que a sacraliza.

(sacerdotes, médicos, magistrados...). Nesse caso, o que se exige aqui, ao contrário do anterior, é o dever de ser reservado, e então o sujeito que informa apesar de sua posição seria considerado transgressivo mas digno de fé, pois está "acima de qualquer suspeita".

• *O informador é uma testemunha*: ele desempenha o papel de "portador da verdade" na medida em que sua fala não tem outro objetivo a não ser de dizer o que viu e ouviu. É por isso que é tão solicitado (particularmente pelas mídias). Diferentemente do que ocorre com a notoriedade, ele não é suspeito de utilizar alguma estratégia de ocultamento, pois é considerado completamente ingênuo, isto é, desprovido de qualquer tipo de cálculo, quanto à utilização de seu testemunho: ele só poderia dizer a verdade, a menos que seja manipulado ou que produza voluntariamente um falso testemunho (mas então sua identidade deixa de ser a de uma testemunha).

• *O informador é plural*: trata-se do caso em que a informação emana de várias fontes, de vários informadores. Nesse caso, ou as informações convergem em seu valor de testemunho ou de opinião, e com isso a pluralidade desempenha um papel de reforço, de confirmação da verdade, ou as informações divergem, se opõem, e a pluralidade promove o confronto de testemunhos e de opiniões contrárias que devem permitir ao sujeito que se informa construir sua própria verdade consensual.[16]

• *O informador é um organismo especializado*: é o caso de todos os centros institucionais encarregados de recolher e estocar informações, sendo, em princípio, os menos suspeitos de estratégias manipuladoras. É claro que todo organismo especializado é suscetível de tirar benefícios de sua atividade, mas por sua finalidade de instaurar-se como lugar patrimonial, isto é, como lugar-espelho das produções da sociedade para a própria sociedade (museus, arquivos, serviços de referência e informações diversos),[17] a informação que colocam à disposição (que é mais do que uma informação "dada", o que a torna ainda menos suspeita) apresenta-se como digna de fé.

---

[16] Ver nosso estudo *La parole confisquée, un genre télévisuel: le talk show*, Paris, Dunot, 1997.

[17] As mídias têm a pretensão de incluir-se nessa categoria, mas não é o que ocorre.

A esses diferentes *status* acrescenta-se o *grau de engajamento do informador*. Trata-se de uma atitude psicológica da parte do informador que teria interesse no valor de verdade da informação que transmite, o que o levaria a defendê-la ou criticá-la de maneira parcial. Para que essa atitude produza efeito sobre quem recebe a informação, é preciso que seja marcada discursivamente. Assim, dois casos podem apresentar-se:

• O informador não explicita seu engajamento: a informação é dada como *evidente*,[18] sem contestação possível. Essa posição de apagamento do sujeito e de aparente neutralidade do engajamento produz efeito de objetivação e de autenticação. O sujeito que fala traz uma informação como se a verdade não pertencesse a ele e só dependesse de si mesma. É uma das características do discurso populista. Mas basta que se possa provar a falsidade da informação para que o informador seja desacreditado e taxado de mistificador.

• O informador explicita seu engajamento sob o modo da *convicção*,[19] afirmando a confiança que deposita em sua fonte. A informação produz, então, efeito paradoxal: o informador, comprometendo-se com o valor de verdade de sua informação ("Estou certo de que...", "Estou convencido de que...", "Juro que...") insiste em manifestar sua adesão e sua sinceridade, mas, ao mesmo tempo, seu engajamento aponta para uma *convicção* que lhe é própria, e não para a *evidência*[20] de seu dizer. Basta que se possa taxá-lo de ignorância ou de ingenuidade ("Mas como você é ingênuo, meu caro!"), para que a explicitação de seu engajamento se volte contra ele, fazendo desmoronar todo o valor de verdade de seu dizer.

• O informador explicita seu engajamento, mas dessa vez sob o modo da *distância*, expressando reserva, dúvida, hipótese, e mesmo *suspeita*.[21]

---

[18] Isso se faz através de marcas "delocutivas" de apagamento dos traços discursivos de personalização (ver nossa *Grammaire du sens et de l'expression*, Paris, Hachette, 1992, p. 619).

[19] Isso se faz através de marcas "elocutivas" (pronomes pessoais, verbos de modalidade, advérbios etc.; ver *Grammaire du sens et de l'expression*, Paris, Hachette, 1992, p. 599).

[20] Fizemos a distinção entre a categoria da "evidência" e a da "convicção" na *Grammaire du sens et de l'expression* (pp. 601 e 619). A primeira depende de um **isso**, um sujeito de saber onisciente; a segunda depende de um **eu** particular, um sujeito de saber subjetivo.

[21] As mídias são ambivalentes com relação a esse posicionamento. Por um lado, jogam com a suspeita (pelo jogo do questionamento), com a dúvida (pelo emprego do condicional, do "segundo...", "de acordo com..." etc.), mas não têm predileção por falar sob o modo do "não se sabe se...", "não se pode dizer se...", "supõe-se que...", "tem-se a hipótese de que...". Entretanto, isso não lhes tiraria o crédito.

Produz-se então um outro efeito paradoxal: o valor de verdade da informação fica atenuado, mas a explicitação do posicionamento prudente do informador lhe confere crédito, o torna digno de fé, e permite considerar a informação como provisoriamente verdadeira, até prova em contrário. Assim, os dois interlocutores estão numa posição de ponderação, de exame da verdade, de verificação da plausibilidade.[22]

Quais são as provas?

As provas da verdade, ou, melhor dizendo, da veracidade de uma informação são, igualmente, da ordem do imaginário, isto é, baseadas nas representações de um grupo social quanto ao que pode garantir o que é dito. Essas provas devem ser objetivas, independentes da subjetividade do sujeito falante, exteriores a ele e reconhecidas por outros. Nesse sentido, os meios discursivos empregados devem tender a provar a autenticidade ou a verossimilhança dos fatos, e o valor das explicações dadas.

A autenticidade, como vimos, caracteriza-se pela possibilidade de atestar a própria existência dos seres do mundo, sem artifício, sem filtro entre o que seria o mundo empírico e a percepção do homem. Essa validação constrói um real de "transparência", de ordem ontológica, de prova concreta, como se a verdade dos seres consistisse simplesmente em "estar aí".[23] Os meios discursivos utilizados para entrar nesse imaginário incluem o procedimento de *designação*,[24] que diz: "O que é verdadeiro eu mostro a vocês." Daí os documentos e objetos que são exibidos e que funcionam como provas concretas; daí a função predominante da imagem quando esta tem a pretensão de mostrar diretamente ou não o mundo como ele é.

A verossimilhança caracteriza-se pela possibilidade de se reconstituir analogicamente, quando o mundo não está presente e os acontecimentos já ocorreram, a existência possível do que foi ou será. Essa validação constrói

---

[22] Trata-se realmente de *plausibilidade*, e não de *probabilidade*. A primeira noção se combina com a "verossimilhança", isto é, a possível existência dos fenômenos. A segunda noção tem a ver com "estatística": uma vez pressuposta a existência do fenômeno, o que resta a fazer é medir a probabilidade de sua aparição.

[23] Cf. *Analyser la communication*, onde a análise de Andrea Semprini a respeito dos créditos de apresentação da rede de televisão CNN destaca a encenação do efeito de autenticidade (p. 164).

[24] Ou, para a imagem, de presentificação. Ver *La parole confisquée, un genre télévisuel: le talk show*, op. cit., p. 39.

um real de suposição, de ordem alética, sendo a verdade alguma coisa da ordem do possível. Os meios discursivos utilizados para entrar nesse imaginário remetem ao procedimento de *reconstituição*, que diz: "eis como isso deve ter acontecido". Daí as sondagens, os testemunhos, as reportagens e todo um trabalho de investigação destinado a restabelecer o acontecimento tal como ele teria ocorrido.

A explicação caracteriza-se pela possibilidade de se determinar o porquê dos fatos, o que os motivou, as intenções e a finalidade daqueles que foram os protagonistas. O ideal de uma boa explicação consiste em poder remontar à origem dos fatos; a verdade de ordem epistêmica se confunde aqui com o conhecimento original. Os meios discursivos utilizados para entrar nesse imaginário remetem ao procedimento de *elucidação*, que diz: "eis porque as coisas são assim". Daí recorrer-se não só à palavra de especialistas, peritos e intelectuais, que são considerados capazes de trazer provas científicas e técnicas, como também, numa outra perspectiva, a uma exposição de opiniões diversas, através de entrevistas, interrogatórios, confrontos e debates, de modo a fazer surgir uma verdade consensual.

As mídias diante do discurso da informação

Definir o sentido do ato de discurso como o resultado de um duplo processo de transformação e de transação de saber que produz efeitos de verdade permite anular a contradição destacada por Umberto Eco entre as diferentes teorias da informação,[1] pois algumas defendem um ponto de vista quantitativo e outras um ponto de vista qualitativo. O ponto de vista quantitativo, diz ele, baseia-se na noção estatística de "não probabilidade": uma informação é tanto mais forte quanto menor a probabilidade de sua aparição para um determinado destinatário. O ponto de vista qualitativo baseia-se na noção de inteligibilidade, ligada, por sua vez, à noção de ordem: uma informação, para ser apreendida, precisa inscrever-se num sistema de conhecimento já organizado, ordenado (*Branch system*);[2] quanto mais facilmente a informação se integrar ao sistema, melhor ela será apreendida. Nota-se, então, a contradição: por um lado a informação seria medida por seu grau de *não previsibilidade*, por outro, ela seria julgada quanto à sua *banalidade* (posto que o sistema deve ser saturado).

---

[1] *A obra aberta*, 8. ed., Perspectiva, São Paulo, 2001. Destaque-se que os promotores são os seguintes: S. Goldman, N. Wiener, R. Shannon e W. Weaver.

[2] Teoria cibernética exposta por N. Wiener (1950).

Na verdade, somente o receptor está em posição de julgar o teor de uma informação, restando ao emissor tão somente fazer uma aposta sobre sua validade (e não sobre seu valor). O receptor pode considerar uma informação detentora de um alto grau de imprevisibilidade do ponto de vista factual e, ao mesmo tempo, integrá-la perfeitamente a seu sistema de conhecimentos, com um alto grau de inteligibilidade. Processo de transformação e processo de transação estão intrinsecamente ligados nesse jogo de passagem da ordem (estabilidade do sistema) à desordem[3] (instabilidade do sistema) e da desordem à ordem, o que caracteriza de maneira geral todo processo de construção do sentido, e mais particularmente o da construção da informação.

A definição proposta anteriormente tem duas consequências. A primeira é que a informação, apesar do fato de que isso seja pouco satisfatório, não é mensurável quantitativamente.[4] Ela só pode ser verificada através de seus efeitos, e estes só podem ser apreendidos com seriedade através de uma abordagem qualitativa. A segunda é que não se percebe claramente a utilidade de se fazer uma oposição entre informação e comunicação, como é o caso de algumas propostas de estudo.[5]

Uma finalidade ambígua

Dizíamos, a respeito da identidade do informador, que as mídias apresentam-se como um *organismo especializado* que tem a vocação de responder a uma demanda social por dever de democracia. Justifica-se assim a profissão de informadores que buscam tornar público aquilo que seria ignorado, oculto ou secreto. Essa profissão se define como devendo exercer uma função de serviço: um serviço em benefício da cidadania.

Entretanto, trata-se de um organismo que se define também através de uma lógica comercial: uma empresa numa economia de tipo liberal e, por conseguinte, em situação de concorrência com relação a outras empresas com a

---

[3] Conceitos tomados de empréstimo à teoria dos gases e transpostos metaforicamente nos modelos cibernéticos da comunicação, segundo Eco, *op. cit.*, e que aplicamos ao domínio da inteligibilidade discursiva.

[4] O que não significa que em determinados casos não se possa recorrer a um estudo quantitativo para obter dados sobre as circunstâncias nas quais a informação é produzida (ver o estudo de P. Charaudeau, G. Lochard e J. C. Soulages sobre "A construção temática do conflito na ex-Iugoslávia pelos telejornais franceses (1990-1994)", na revista *Mots*, n. 47, junho 1996, Paris, Presses de la Fondation des Sciences Politiques.

[5] De analistas, mas sobretudo dos próprios profissionais da mídia, como destaca Y. Lavoine em "A metamorfose da informação", *Études de communication*, n. 15, Bulletin du Certeic, Université de Lille, 1994.

mesma finalidade. Por essa lógica, cada uma delas procura "captar" uma grande parte, se não a maior parte, do público. Sendo assim, não se pode insistir, com relação a tais organismos, na hipótese de gratuidade, e menos ainda de filantropia, que evocamos acima; sua atividade, que consiste em transmitir informação – que tanto pode ser dada espontaneamente quanto procurada ou provocada –, torna-se suspeita porque sua finalidade atende a um interesse diferente do serviço da democracia. O imperativo de captação a obriga a recorrer à sedução, o que nem sempre atende à exigência de credibilidade que lhe cabe na função de "serviço ao cidadão" – sem mencionar que a informação, pelo fato de referir-se aos acontecimentos do espaço público político e civil, nem sempre estará isenta de posições ideológicas.

Acrescentemos a isso que a informação midiática fica prejudicada porque os efeitos visados, correspondentes às intenções da fonte de informação, não coincidem necessariamente com os efeitos produzidos no alvo, pois este reconstrói implícitos a partir de sua própria experiência social, de seus conhecimentos e crenças. Segundo o contexto no qual aparece, uma informação pode produzir um efeito de banalização, de saturação, de amálgama ou, ao contrário, de dramatização. Se as manchetes dos jornais são diferentes, é porque, para se diferenciar do concorrente, cada jornal deve produzir efeitos diferentes. Imaginemos como seria uma imprensa com manchetes idênticas em todos os jornais, com números sem comentários, transcrições de decretos, citações *in extenso.*

Não há "grau zero" da informação. As únicas informações que se aproximam do grau zero, entendido este como ausência de todo implícito e de todo valor de crença, o que seria característico da informação puramente factual, são aquelas que se encontram nas páginas de anúncios dos jornais: os programas dos cinemas, dos teatros e de outras manifestações culturais; as farmácias de plantão, os diversos anúncios classificados etc. No que concerne às informações de caráter explicativo, essas também não podem pretender a uma espécie de grau zero, que implicaria um caráter de unicidade: a pretensão de ser a única explicação válida. Isso porque a informação não escapa a um outro paradoxo: cada vez que se dá uma explicação, esta sempre pode ser submetida a uma outra inquirição, numa cadeia infinita de "porquês", tendo cada explicação "seu lado de sombra".[6]

---

[6] Como está exposto por M. Mouillaud em "L'information ou la part de l'ombre", *Études de communication* n. 15, Bulletin du Certeic, Université de Lille, 1994.

Os acontecimentos que surgem no espaço público não podem ser reportados de maneira exclusivamente factual: é necessário que a informação seja posta em cena de maneira a interessar o maior número possível de cidadãos – o que não garante que se possam controlar seus efeitos. Sendo assim, as mídias recorrem a vários tipos de discursos para atingir seus objetivos.

A INFORMAÇÃO NA MULTIPLICIDADE DOS DISCURSOS

Convém comparar o discurso informativo com outros que lhe são próximos e com os quais é confundido: os discursos propagandista, demonstrativo e didático.

Discurso informativo e *discurso propagandista*[7] têm em comum o fato de estarem particularmente voltados para seu alvo. O propagandista, para seduzir ou persuadir o alvo, o informativo, para transmitir-lhe saber. Em ambos, a organização do discurso depende das hipóteses feitas a respeito do alvo, especificamente a respeito dos imaginários nos quais este se move. Assim, tais hipóteses constituem filtros que relativizam a verdade do mundo comentado. Constata-se que, se é necessário analisar os fatos de discurso numa perspectiva pragmática, isto é, em relação com a ação ou com os atos que os acompanham,[8] deve-se evitar a ingenuidade de pensar que discurso e ação se ligam por uma relação de causalidade direta. Justamente, os discursos informativo e propagandista são os representantes do fenômeno estritamente linguageiro de fazer passar a comunicação pelo filtro dos imaginários característicos da instância de produção e da instância de recepção.[9] Vários estudos científicos realizados nos Estados Unidos sobre o impacto das campanhas de publicidade admitem que não se podem postular relações de causa e efeito sistemáticas entre as intenções publicitárias e os

---

[7] O discurso propagandista compreende tanto o "publicitário" quanto o "político", embora com especificidades (para a diferença ver nosso artigo "Le discours publicitaire, un genre discursif", na revista *Mscope*, n. 8, setembro 1994, CRDP Versailles.)

[8] M. Mathien destaca, assim como tantos outros, que "toda teoria da informação deve ser colocada em relação com uma teoria da ação, ou dos atos, seja na escala de um indivíduo, de uma instituição ou de um sistema social", *Les journalistes et le systéme médiatique*, Paris, Hachette-Communication, 1992. Ver também "La théorie de l'agir communicationnel", de Habermas.

[9] Para uma diferença entre os conceitos de "comunicação" e "ação", "visada" e "objetivo", ver nosso "Le dialogue dans un modèle de discours", em *Cahiers de linguistique française* n. 17, Université de Genève.

efeitos produzidos nos consumidores potenciais.[10] Isso é ainda mais patente no que concerne ao discurso informativo. A relação entre os efeitos visados e os efeitos produzidos é bastante frouxa, muitas vezes retardada, não raro inesperada, ou mesmo contraditória.[11]

Entretanto, esses dois tipos de discursos distinguem-se pelo processo de veridição. No discurso propagandista, o *status* da verdade é da ordem do *que há de ser*, da promessa: um dom mágico é oferecido ("a eterna juventude", pelo publicitário, ou o "bem-estar social" pelo político), cuja realização benéfica para o alvo só se concretizará se este se apropriar do dom.[12] No discurso informativo, o *status* da verdade é da ordem do que *já foi*: algo aconteceu no mundo, e é esse novo conhecimento proposto no instante de sua transmissão-consumação. Num discurso propagandista, não há nada a provar: o modelo proposto é o do desejo. Num discurso de informação, é preciso, ao contrário, provar a veracidade dos fatos transmitidos: o modelo proposto é o da credibilidade.

Discurso informativo e *discurso científico* têm em comum a problemática da *prova*. Mas enquanto o primeiro se atém essencialmente a uma prova pela designação e pela figuração (a ordem da constatação, do testemunho, do relato de reconstituição dos fatos), o segundo inscreve a prova num programa de demonstração racional. A tecnicidade desse programa impede que ele seja desenvolvido num discurso informativo cujo alvo seja muito amplo. Com efeito, o interesse principal do discurso demonstrativo reside na força argumentativa de seu conteúdo, como se o destinatário fosse secundário,[13] ou melhor, como se houvesse o pressuposto de que o destinatário já é

---

[10] Ver "Pour en savoir plus", que se segue ao artigo "Qu'est-ce qu'un bilan de campagne publicitaire", de Baudru e Chabrol, na revista *Mscope* n. 8, setembro 1994, CRDP Versailles.

[11] Entre outras razões, é o que justifica, ao mesmo tempo, a especificidade de uma ciência da linguagem ante as outras ciências humanas e sociais, e a necessária interdisciplinaridade entre elas.

[12] Por um "suposto" ato de consumo, no caso da comunicação publicitária; por um "suposto" ato de adesão (voto), no caso da comunicação política. Mas é verdade que as manchetes de certos jornais e sobretudo de revistas assemelham-se cada vez mais aos apelos dos *slogans* publicitários; principalmente aqueles que, sob a forma interrogativa, interpelam o leitor. A manchete de uma revista semanal "Como resistir à crise?" assemelha-se fortemente a um apelo do tipo "Como eliminar suas rugas numa noite?" para promover um creme anti-rugas. A diferença reside no fato de que a manchete só pretenderia ao *status* de "conselho", enquanto o apelo publicitário se apresenta como vendedor de um sonho.

[13] Evidentemente, o destinatário não é secundário, pois o sujeito argumentativo só pode argumentar em função do que supõe ser o saber do alvo – ainda que fosse o de uma comunidade científica –, e porque é necessário que ele consiga que o alvo compartilhe de sua demonstração.

interessado de antemão pela proposta do cientista ou do especialista e de que possui um saber também especializado. O discurso informativo, contrastivamente, não pode partir desse pressuposto; deve ser organizado levando-se em conta a dissimetria que existe entre o informador detentor de saber e o informado que se supõe em estado de ignorância. Ora, na maioria das vezes, o informador não tem conhecimento nem do teor do saber de seu destinatário, nem do que o afeta emocionalmente, nem dos motivos e interesses que o animam.

Discurso informativo e *discurso didático* aproximam-se, embora com diferenças, na atividade de explicação. Não uma explicação demonstrativa, como a que se encontraria numa obra científica, mas uma explicação explicitante. Esses dois tipos de discursos têm alvos bastante amplos, não especializados, logo, não precisam revelar uma verdade, mas somente colocá-la em evidência num quadro de inteligibilidade acessível a um grande número de indivíduos. Essa atividade é a "vulgarização". Ora, toda vulgarização é, por definição, deformante. Ela depende do alvo construído pelo sujeito que conta ou explica: quanto mais amplo for o alvo, tanto no plano sociológico quanto no intelectual e cultural, maior a necessidade de que o saber que deu origem à informação seja transformado, ou mesmo deformado, para parecer acessível ao alvo. Isso explica, em parte, que a vulgarização praticada pela televisão seja mais deformante do que a praticada pelo rádio ou pela imprensa.

A vulgarização, nas mídias, não se limita a procurar "explicar com simplicidade", como se diz com frequência nas escolas de jornalismo. Aliás, explicar com simplicidade não pode ir além da utilização das categorias de pensamento mais comuns possíveis a uma população em seu conjunto: esquemas de raciocínio simples, ou mesmo simplistas, saberes amplamente compartilhados (lugares-comuns, estereótipos) que pouco têm a ver com o que norteou a explicação original, técnica ou especializada. Quanto mais uma explicação for precisa e detalhada, inscrevendo-se numa reflexão sistêmica pela ação de um especialista, menos ela será comunicável e explorável fora do campo de inteligibilidade que a produziu. Mas, além disso, como a vulgarização midiática é constantemente atravessada por uma visada de captação, isso tende a transformá-la numa vulgarização dramatizada. Desse ponto de vista, pode-se dizer que as mídias trapaceiam cada vez que uma explicação é apresentada como a decodificação simplificada de uma verdade oculta, como acessível a todos e a mesma para todos graças ao efeito mágico da vulgarização.

* *

*

Dentre esses diferentes tipos de discursos, o informativo tem uma posição central, na medida em que os discursos demonstrativo, didático e propagandista compreendem de algum modo uma parte de atividade informativa. E isso confere ao sujeito que procura seduzir, persuadir, demonstrar ou explicar uma posição forte de autoridade, pois em todos os casos é detentor de um saber que o outro não possui.

O discurso informativo não tem uma relação estreita somente com o imaginário do saber, mas igualmente com o imaginário do poder, quanto mais não seja, pela autoridade que o saber lhe confere. Informar é possuir um saber que o outro ignora ("saber"), ter a aptidão que permite transmiti-lo a esse outro ("poder dizer"), ser legitimado nessa atividade de transmissão ("poder de dizer"). Além disso, basta que se saiba que alguém ou uma instância qualquer tenha a posse de um saber para que se crie um dever de saber que nos torna dependentes dessa fonte de informação. Toda instância de informação, quer queira, quer não, exerce um poder de fato sobre o outro. Considerando a escala coletiva das mídias, isso nos leva a dizer que as mídias constituem uma instância que detém uma parte do poder social.[14]

Voltando à hipótese levantada no início, a verdade não está no discurso, mas somente no efeito que produz. No caso, o discurso de informação midiática joga com essa influência, pondo em cena, de maneira variável e com consequências diversas, efeitos de autenticidade, de verossimilhança e de dramatização.

---

[14] Dos quais mostraremos os limites, no "Balanço crítico".

O contrato de informação midiático

"A eficácia simbólica das palavras só se exerce na medida em que aquele que a experimenta reconhece aquele que a exerce como no direito de exercê-la [...]."
Pierre Bourdieu, *O que falar quer dizer,* São Paulo, Edusp, 1996.

Do contrato de comunicação em geral

Todo discurso depende, para a construção de seu interesse social, das condições específicas da situação de troca na qual ele surge. A situação de comunicação constitui assim o quadro de referência ao qual se reportam os indivíduos de uma comunidade social quando iniciam uma comunicação. Como poderiam trocar palavras, influenciar-se, agredir-se, seduzir-se, se não existisse um quadro de referência? Como atribuiriam valor a seus atos de linguagem, como construiriam sentido, se não existisse um lugar ao qual referir as falas que emitem, um lugar cujos dados permitissem avaliar o teor de cada fala? A situação de comunicação é como um palco, com suas restrições de espaço, de tempo, de relações, de palavras, no qual se encenam as trocas sociais e aquilo que constitui o seu valor simbólico. Como se estabelecem tais restrições? Por um jogo de regulação das práticas sociais, instauradas pelos indivíduos que tentam viver em comunidade e pelos discursos de representação, produzidos para justificar essas mesmas práticas a fim de valorizá-las. Assim se constroem as convenções e as normas dos comportamentos linguageiros, sem as quais não seria possível a comunicação humana.

Por conseguinte, os indivíduos que querem comunicar entre si devem levar em conta os dados da situação de comunicação. Não somente todo locutor deve submeter-se às suas restrições (a menos que queira transgredi-las, mas isso mostra que reconhece sua existência), mas também deve supor que seu interlocutor, ou destinatário, tem a capacidade de reconhecer essas mesmas restrições. O mesmo acontece com todo interlocutor, ou leitor de um texto, que deve supor que aquele que se dirige a ele tem consciência dessas restrições. Assim se constrói o que os filósofos da linguagem designam por "cointencionalidade": toda troca linguageira se realiza num quadro de cointencionalidade, cuja garantia são as restrições da situação de comunicação. O necessário reconhecimento recíproco das restrições da situação pelos parceiros da troca linguageira nos leva a dizer que estes estão ligados por uma espécie de acordo prévio sobre os dados desse quadro de referência. Eles se encontram na situação de dever subscrever, antes de qualquer intenção e estratégia particular, a um contrato de reconhecimento das condições de realização da troca linguageira em que estão envolvidos: um *contrato de comunicação*. Este resulta das características próprias à situação de troca, os *dados externos*, e das características discursivas decorrentes, os *dados internos*.

Dados externos

Os dados externos são aqueles que, no campo de uma prática social determinada, são constituídos pelas regularidades comportamentais dos indivíduos que aí efetuam trocas e pelas constantes que caracterizam essas trocas e que permaneceram estáveis por um determinado período; além disso, essas constantes e essas regularidades são confirmadas por discursos de representação que lhes atribuem valores e determinam assim o quadro convencional no qual os atos de linguagem fazem sentido. Esses dados não são essencialmente linguageiros (o que os opõem aos dados internos), mas são semiotizados, pois correspondem a índices que, retirados do conjunto dos comportamentos sociais, apresentam uma convergência, configurando-se em constantes.

Os dados externos podem ser reagrupados em quatro categorias, sendo que cada uma corresponde a um tipo de condição de enunciação da produção linguageira: *condição de identidade, condição de finalidade, condição de propósito* e *condição de dispositivo*.

A *identidade* dos parceiros engajados na troca é a condição que requer que todo ato de linguagem dependa dos sujeitos que aí se acham inscritos.[1] Ela se

---

[1] Trata-se da hipótese de que o ato de linguagem é um ato intersubjetivo. É também a da filosofia da linguagem enunciada por Wittgenstein, retomada pela filosofia analítica anglo-saxônica e desenvolvida paralelamente por Benveniste.

define através das respostas às perguntas: "quem troca com quem?" ou "quem fala a quem?" ou "quem se dirige a quem?", em termos de natureza social e psicológica, por uma convergência de traços personológicos de idade, sexo, etnia etc., de traços que sinalizam o *status* social, econômico e cultural e que indicam a natureza ou o estado afetivo dos parceiros. Entretanto, esses traços só podem ser levados em conta se estiverem numa relação de pertinência com relação ao ato de linguagem. Não se trata aqui de fazer sociologia, mas de destacar os traços identitários que interferem no ato de comunicação. O fato, para um locutor, de ser jornalista, será assimilado como traço pertinente numa situação de comunicação como a da entrevista radiofônica, mas não o será numa situação de pedido de informações no guichê de um banco.

A *finalidade* é a condição que requer que todo ato de linguagem seja ordenado em função de um objetivo.[2] Ela se define através da expectativa de sentido em que se baseia a troca, expectativa de sentido que deve permitir responder à pergunta: "Estamos aqui para dizer o quê?". A resposta a essa questão, numa problemática da influência, se dá em termos de *visadas*, pois na comunicação linguageira o objetivo[3] é, da parte de cada um, fazer com que o outro seja incorporado à sua própria intencionalidade. Quatro tipos de visadas (que podem combinar-se entre si) parecem particularmente operatórias: a *prescritiva*, que consiste em querer "fazer fazer", isto é, querer levar o outro a agir de uma determinada maneira; a *informativa*, que consiste em querer "fazer saber", isto é, querer transmitir um saber a quem se presume não possuí-lo; a *incitativa*, que consiste em querer "fazer crer", isto é, querer levar o outro a pensar que o que está sendo dito é verdadeiro (ou possivelmente verdadeiro); a visada do *páthos*, que consiste em "fazer sentir", ou seja, provocar no outro um estado emocional agradável ou desagradável.

O *propósito* é a condição que requer que todo ato de comunicação se construa em torno de um domínio de saber, uma maneira de recortar o mundo em "universos de discurso tematizados".[4] O propósito se define através da resposta à pergunta: "Do que se trata?". Corresponde ao universo

---

[2] Hipótese kantiana que determina o sentido da ação humana por sua finalização: *Oeuvres philosophiques*, Paris, Gallimard, 1986.

[3] Para a diferença entre "objetivo" [*but*, em francês] e "visada" [*visée*, em francês] ver nosso artigo "Le dialogue dans un modèle de discours", em *Cahiers de linguistique française* n. 17, Université de Genève, 1995.

[4] Hipótese aristotélica do topos. Em particular, o que Aristóteles chama de "topoï específicos" (*Rhétorique*, ed. les Belles Lettres, Paris, 1867-73).

de discurso dominante ao qual a troca deve reportar-se, uma espécie de macrotema (o que não impede que se acrescentem em seguida outros temas e subtemas), o qual deve ser admitido antecipadamente pelos parceiros envolvidos, sob pena de atuarem "fora de propósito".

O *dispositivo* é a condição que requer que o ato de comunicação se construa de uma maneira particular, segundo as circunstâncias materiais em que se desenvolve.[5] Define-se através das respostas às perguntas: "Em que ambiente se inscreve o ato de comunicação, que lugares físicos são ocupados pelos parceiros, que canal de transmissão é utilizado?" O dispositivo constitui o quadro topológico da troca, que é mais ou menos manifesto, mais ou menos organizado. Em certos casos, é objeto de uma montagem cênica pensada de maneira estratégica, como nas mídias televisuais (debates, emissões de variedades e jogos) ou na publicidade; em outros casos, interfere muito pouco, como nas conversas espontâneas, embora mantenha certas características. O dispositivo é o que determina variantes de realização no interior de um mesmo contrato de comunicação.[6]

DADOS INTERNOS

Os dados internos são aqueles propriamente discursivos, os que permitem responder à pergunta do "como dizer?". Uma vez determinados os dados externos, trata-se de saber como devem ser os comportamentos dos parceiros da troca, suas maneiras de falar, os papéis linguageiros que devem assumir, as formas verbais (ou icônicas) que devem empregar, em função das instruções contidas nas restrições situacionais. Esses dados constituem as restrições discursivas de todo ato de comunicação, são o conjunto dos comportamentos linguageiros esperados quando os dados externos da situação de comunicação são percebidos, depreendidos, reconhecidos. Repartem-se em três espaços de comportamentos linguageiros, a saber: o espaço de *locução*, o espaço de *relação*, o espaço de *tematização*.[7]

---

[5] Hipótese da materialidade significante: "Form is meaning", ver o que diz Régis Debray em seu *Manifestes médiologiques*, Gallimard, Paris, 1994.

[6] Ver nossa introdução em *La télévision. Les débats culturels*. "Apostrophes", Paris, Didier Érudition, 1991.

[7] Ver "Quand le questionnement révèle des différences culturelles", em *Le questionnement social*, Actes du colloque international de Rouen, Université de Rouen, 1995.

O espaço de *locução* é aquele no qual o sujeito falante deve resolver o problema da "tomada da palavra". Nesse sentido, deve justificar por que tomou a palavra (em nome de quê), impor-se como sujeito falante, e identificar ao mesmo tempo o interlocutor (ou o destinatário) ao qual ele se dirige. Ele deve, de algum modo, conquistar seu direito de poder comunicar.

O espaço de *relação* é aquele no qual o sujeito falante, ao construir sua própria identidade de locutor e a de seu interlocutor (ou destinatário), estabelece relações de força ou de aliança, de exclusão ou de inclusão, de agressão ou de conivência com o interlocutor.

O espaço de *tematização* é onde é tratado ou organizado o domínio (ou domínios) do saber, o tema (ou temas) da troca, sejam eles predeterminados por instruções contidas nas restrições comunicacionais ou introduzidos pelos participantes da troca. O sujeito falante deve não somente tomar posição com relação ao tema imposto pelo contrato (aceitando-o, rejeitando-o, deslocando-o, propondo um outro), escolhendo um *modo de intervenção* (diretivo, de retomada, de continuidade etc.),[8] mas também escolher um *modo de organização discursivo* particular (descritivo, narrativo, argumentativo)[9] para esse campo temático, em função, como já dissemos, das instruções contidas nas restrições situacionais.

Nenhum ato de comunicação está previamente determinado. Se é verdade que o sujeito falante está sempre sobredeterminado pelo contrato de comunicação que caracteriza cada situação de troca (condição de socialidade do ato de linguagem e da construção do sentido), é apenas em parte que está determinado, pois dispõe de uma margem de manobra que lhe permite realizar seu projeto de fala* pessoal, ou seja, que lhe permite manifestar um ato de individuação: na realização do ato de linguagem, pode escolher os modos de expressão que correspondam a seu próprio projeto de fala. Contrato de comunicação e projeto de fala se completam, trazendo, um, seu quadro de restrições situacionais e discursivas, outro, desdobrando-se num espaço de estratégias, o que faz com que todo ato de linguagem seja um ato de liberdade, sem deixar de ser uma liberdade vigiada.

---

[8] Ver *Paroles en images. Images de paroles. Trois talk shows européens*, Paris, Didier Érudition, 1999, p. 136.

[9] Ver nossa *Grammaire du sens et de l'expression*, Paris, Hachette, 1992.

*N.T.: Embora a expressão *projet de parole*, utilizada por P. Charaudeau em suas pesquisas sobre o discurso, tenha sido traduzida diferentemente em português, entendemos que a opção "projeto de fala" seja a mais adequada, pois em seu livro *Langage et discours*, Paris, Hachette, 1983, esta expressão se opõe a *projet d'écriture*, que designa o "projeto de escrita" dos sujeitos comunicantes de textos escritos.

Quem informa quem?
A identidade das instâncias de informação

Como em todo ato de comunicação, a comunicação midiática põe em relação duas instâncias: uma de produção e outra de recepção. A instância de produção teria, então, um duplo papel: de fornecedor de informação, pois deve fazer saber, e de propulsor do desejo de consumir as informações, pois deve captar seu público. A instância de recepção, por seu turno, deveria manifestar seu interesse e/ou seu prazer em consumir tais informações.

Na realidade, as coisas são mais complexas. Por um lado, porque não se trata somente de transmitir saber, mas de se confrontar com os acontecimentos que se produzem no mundo ou inteirar-se de sua existência, e de construir, a esse respeito, um certo saber – e isso, num tratamento que depende da maneira pela qual se constroem representações sobre o público; por outro lado, porque o público não coincide totalmente com tais representações, não se deixando atrair nem seduzir com facilidade, seguindo seus próprios movimentos de ideias, não sendo apreendido facilmente. Assim, a instância de produção deve ser considerada de modo diferente, ora como organizadora do conjunto do sistema de produção, num lugar externo, ora como organizadora da enunciação discursiva da informação. A instância de recepção também deve ser desdobrada: de um ponto de vista interno à instância midiática, é designada como destinatário – a "instância-alvo"; de um ponto de vista

72

externo, como instância de recepção propriamente dita, com uma atividade própria de consumo, é designada como "instância-público".[1]

Além disso, como para todo estudo do discurso, é necessário levar em conta que os atores de um determinado contrato de comunicação agem em parte através de atos, segundo determinados critérios de coerência, e em parte através de palavras – construindo, paralelamente, representações de suas ações e de suas palavras, às quais atribuem valores. Essas representações não coincidem necessariamente com as práticas, mas acabam por influir nelas, produzindo um mecanismo dialético entre práticas e representações, através do qual se constrói a significação psicossocial do contrato. Isso nos obriga a levar em conta tanto os discursos de justificativa, produzidos pelos profissionais das mídias sobre seu modo de fazer, quanto às características do funcionamento da máquina midiática em si.

Instância de produção

Se falamos de instância é porque o que preside a produção da comunicação midiática é uma entidade compósita que compreende vários tipos de atores: os da direção do organismo de informação que cuidam da saúde econômica da empresa e de sua organização competitiva; os da programação, ligados aos precedentes de maneira a fazer com que as informações escolhidas tenham um certo sucesso junto ao público; os da redação das notícias e os operadores técnicos, que escolhem tratar a informação conforme sua linha editorial. Todos contribuem para fabricar uma enunciação aparentemente unitária e homogênea do discurso midiático, uma coenunciação, cuja intencionalidade significante corresponde a um projeto comum a esses atores e do qual se pode dizer que, por ser assumida por esses atores, representa a ideologia do organismo de informação.

Nessa instância, o jornalista – quaisquer que sejam suas especificações: generalista/especialista, de escritório/de campo, correspondente, enviado especial etc. – não é o único ator, mas constitui a figura mais importante. Reservamos a designação "instância midiática" à instância global de produção que integra os diferentes atores que contribuem para determinar

---

[1] Ver na introdução deste livro: os "Lugares de recepção".

a instância de enunciação discursiva. Essa característica própria (mas não exclusiva) da comunicação midiática explica por que é difícil encontrar o responsável pela informação. Quando um escritor escreve um livro, um sábio faz uma explanação científica, um político faz um discurso, sabe-se a quem responsabilizar pelo que foi escrito ou dito (mesmo que muitos indivíduos tenham colaborado para que se efetivasse a comunicação). Mas no que concerne às mídias, nunca se sabe realmente quem pode responder por uma informação, mesmo quando é assinada por um determinado jornalista, de tanto que os efeitos da instância midiática de produção transformam as intenções da instância de enunciação discursiva tomada isoladamente.

O jornalista tem por função transmitir informação. Mas essa informação se compõe de um conjunto de acontecimentos ou de saberes que aparentemente preexistem ao ato de transmissão, o que faz com que o jornalista se encontre numa posição que consiste em coletar os acontecimentos e os saberes, e não em criá-los,[2] antes de tratá-los e transmiti-los. Pode-se assim determinar os dois papéis fundamentais que o jornalista deve desempenhar: o de *pesquisador-fornecedor* da informação e o de *descritor-comentador* da informação.[3] Nesses papéis, os jornalistas enfrentam algumas de dificuldades.

No que tange ao papel de *fornecedor de informação*, coloca-se o problema do tratamento das *fontes*, o qual é de ordem quantitativa e qualitativa.

O número incalculável de acontecimentos suscetíveis de tornarem-se informação, o fato de que nenhum organismo de informação pode estar presente em todos os lugares do mundo onde algo acontece, além das restrições de tempo de fabricação (a informação se constrói rapidamente) e de espaço de difusão (algumas páginas num jornal e meia hora de rádio e de televisão), obrigam a instância midiática a dotar-se de meios que lhe permitam abranger o máximo de acontecimentos, selecioná-los e verificá-los.

---

[2] Por conta da captação, as mídias também procuram criar o acontecimento. Mas isso não deixa de ser um problema para a própria definição das mídias quanto à sua vocação de fornecedor da informação. Toda informação que pudesse ser percebida pela instância de recepção como algo fabricado, mesmo não sendo falsa, levantaria suspeitas e teria como consequência desacreditar seu responsável. O debate sobre a crise de identidade das mídias e o descrédito que as atinge tem a ver com os efeitos produzidos pela mudança que se pode observar nas mídias modernas – quando estas passam da função de "encenador" discreto da informação à de "autor-provocador" que impõe a informação. Poder-se-ia pensar que existe um setor de atividade em que as mídias são "naturalmente" um fabricante de informação, dos debates e das entrevistas. Na realidade, esses tipos de emissão são os instrumentos para o surgimento da informação e não seu gerador.

[3] Na realidade, dever-se-ia dizer "explicador" para evitar as ambiguidades suscitadas pelo emprego banal dos termos "comentador" e "comentário". Retomaremos essas noções mais tarde, e utilizamos provisoriamente esse termo para evitar mais um neologismo.

É na escolha dos critérios que regem tais atividades que se põe em jogo a imagem de marca de cada organismo de informação.

As fontes podem ser constituídas pelo próprio acontecimento ou por um organismo especializado intermediário, cuja função é reportá-lo em primeira instância. Para alcançar a fonte do acontecimento, as mídias são dotadas de uma dupla rede de jornalistas. Uma, com a vocação de *testemunhar*, cobrindo, para isso, a maior abrangência possível de lugares, com a ajuda de correspondentes, de enviados especiais e outros tipos de informadores; a outra, com a vocação de *revelar*, organizando-se em equipes de investigação. Num e noutro caso, a instância midiática escolhe uma atitude para tratar o problema das fontes, em função de uma dupla necessidade que está inscrita no contrato de comunicação midiático e cujos termos são antinômicos (estando esse contrato, mais uma vez, marcado pela contradição): é preciso ser o primeiro a veicular a informação (a situação de concorrência o obriga), mas não se deve difundir uma informação sem tê-la verificado (a credibilidade o obriga). A corrida à novidade da informação, o *furo*, pode levar o organismo jornalístico a cair em dois tipos de armadilha: o anúncio prematuro de uma notícia que não será confirmada posteriormente,[4] a falsa revelação, resultado de uma manipulação,[5] ou a revelação de um fato que não merecia tornar-se *um caso*, e cuja apresentação produz efeitos de amplificação ou de amálgama com consequências imprevisíveis.[6]

Quando a fonte é constituída por uma instância intermediária proveniente de outros organismos profissionais (agências de imprensa, outras mídias) ou de serviços de informações especializados ligados a diferentes corporações políticas, administrativas, sindicais ou associativas, as mídias, a menos que se trate de um regime totalitário, sabem que estão engajadas numa luta de influência, que tanto pode ser através do apelo à corrupção quanto através de estratégias de produção de *barrigas* (notícias falsas), por parte da fonte. Por exemplo, o serviço de imprensa de um político pode divulgar uma falsa agenda, ou uma agenda truncada, de seus deslocamentos, pode lançar uma informação secundária para atrair a atenção, desviando-a de informações mais

---

[4] Isso ocorreu por ocasião de eleições em Israel, a maior parte das mídias europeias havia anunciado a eleição de Shimon Pères, quando, na realidade, ele havia sido derrotado.

[5] Isso ocorreu com o caso Timisoara.

[6] Isso ocorreu, na França, com o caso da morte dramática de Pierre Bérégovoy.

importantes que procura preservar, evitando, assim, que se tornem públicas.[7] Em sua relação com as fontes, a instância midiática é ambivalente. Caberia às mídias prevenir-se contra as tentativas de manipulação, procurando sempre as provas da veracidade da informação, uma vez que o compromisso com a verdade é a base da credibilidade. No entanto, deixam de lado esse aspecto quando a informação pode causar um certo impacto, prevalecendo o interesse pelo seu possível efeito de captação. Mas o problema fundamental com relação à fonte é o da *descontextualização*. Toda informação retirada de seu contexto de origem e transportada para um outro é suscetível de sofrer modificações que podem transformá-la em desinformação. Toda informação é suscetível de produzir um efeito de *rumor* ou *boato*.

Quanto ao papel de *descritor-comentador*, o problema também ocorre. Já assinalamos anteriormente uma das maiores contradições em que se encontra esse tipo de discurso, contradição que, mais uma vez, está inscrita no próprio contrato de informação: o princípio de explicação exige coerência e rigor; ora, o discurso de informação não pode pretender nem à *cientificidade*, nem à *historicidade*, nem à *didaticidade*.

O descritor-comentador não pode visar a um discurso científico, pois esse discurso não satisfaz às condições de captação – que, como veremos, têm uma influência sobre o próprio comentário. O discurso científico implica a seleção de um público muito reduzido, ultraespecializado, que possua os mesmos instrumentos de raciocínio, a mesma terminologia, e compartilhe os mesmos conhecimentos da comunidade científica em questão. Se o adotasse, a mídia excluiria um público amplo, mesmo que se dirigisse aos mais cultos. Assim sendo, se o comentador organiza entrevistas e debates para tentar exibir em público opiniões, justificativas, explicações através da palavra de especialistas, isso não pode ser feito como num colóquio científico ou num laboratório de

---

[7] Por ocasião de uma entrevista na revista *Mots*, n. 37, ao ser perguntado: "O senhor tem observado, da parte dos políticos, uma evolução quanto à capacidade de antecipar as reações dos jornalistas [...]?", J. Macé-Scaron respondeu: "Pode ocorrer o que se conhece pelo nome de manipulações, um trabalho consciente de preparação do terreno. Eles sabem que, para produzir tal ou qual repercussão, é preciso começar por uma determinada rede de TV, ser notícia em *Les Échos* para chegar ao *Figaro* ou brincar de telefone vermelho com o *Nouvel Obs*, ser objeto de reportagens no *Le Monde* ou *L'Express*. Há alguns especialistas nisso. Mas esse gênero tem seus limites ligados à falta de traquejo e às ingenuidades dos políticos." Mesmo assim, tais práticas conduzem à desinformação. Na França, o relatório da comissão Fauroux sobre a escola foi vítima de um vazamento sob a forma de "dezesseis proposições que transpiraram de um documento confidencial" (*Libération*, 13-14 de abril de 1996). Com isso o leitor-cidadão pode se perguntar: vazamento involuntário da parte do poder público, devido somente à ação investigadora das mídias? Vazamento orquestrado pelo Ministério da Educação para produzir um balão de ensaio ou para desacreditar antecipadamente o relatório da comissão?

pesquisa; a palavra que é suscitada, provocada pela instância midiática, é uma palavra necessariamente vulgarizada, isto é, desprovida de tudo que constitui sua especificidade, sua pertinência e, finalmente, sua validade.

O descritor-comentador também não pode pretender a um discurso histórico, mesmo que tome ares de fazê-lo, pois a exigência de distância no tempo (é preciso enfocar os fatos do passado em sua anterioridade e sua posterioridade, o que as mídias não podem fazer), de trabalho de busca nos arquivos (é preciso proceder a um longo trabalho de pesquisa e de recorte dos documentos segundo métodos específicos de classificação, o que as mídias não têm tempo de fazer) e de metodologia (que permite hierarquizar os fatos segundo um critério de importância, o que as mídias, por definição, não podem fazer), não são compatíveis com um relato cotidiano, semanal ou mensal da atualidade. É claro que aludimos, aqui, à metodologia do discurso historicista e não ao fato de que as mídias tratem de objetos históricos. O objeto de uma emissão pode ser concernente a um período da história de um país, não necessariamente como obra de um historiador. Um historiador pode contar algo sobre um período da história de um país e, no caso, assume a posição de um contador de histórias e não de historiador, mesmo que seu *status* revalide de alguma forma seu relato.

Enfim, o jornalista também não pode visar a um discurso perfeitamente didático (mesmo que determinada intenção pedagógica o atravesse e que se possa encontrar grande quantidade de traços didáticos em seu discurso),[8] pois as exigências de organização do saber no discurso didático, sua construção que prevê provas de verificação (exercícios de aplicação) e de avaliação, enfim, a austeridade de sua apresentação, são, de fato incompatíveis com uma informação que deve captar o público em geral. Se todo discurso didático é parte de uma atividade discursiva mais global de vulgarização, esta, entretanto, não é necessariamente didática, a menos que se especifique o que é didaticidade e que se conclua pela existência de uma didaticidade midiática diferente da escolar, universitária, administrativa etc.

Considerando os papéis que o jornalista deve desempenhar e, por extensão, os da instância midiática, vê-se uma vez mais a que ponto o contrato de informação está marcado por uma série de contradições. Em nome da credibilidade, o jornalista se coloca como simples fornecedor de informação,

---

[8] Para esses traços, ver *Les carnets du Cediscor* n. 1, Paris, Presses de la Sorbonne Nouvelle, 1992.

simples *mediador* entre os acontecimentos do mundo e sua encenação pública, assumindo-se como a testemunha mais objetiva possível. Na realidade, como a instância midiática é obrigada a pôr a informação em cena, esta se torna um objeto inteiramente mediado. Não raro, o jornalista se apresenta como *revelador* da informação oculta e, nesse sentido, assume o papel de adversário dos poderes instituídos e de aliado do público, procedendo a interrogatórios, instruindo questões, aspirando aos papéis de juiz ou de detetive.[9] Na realidade, a instância midiática só pode revelar pistas (o que já é muito para a democracia), pistas que podem ser retomadas pelo poder judiciário ou político, mas correndo o risco de lançar ao público uma informação forçosamente incompleta, cuja interpretação poderia ser desvirtuada. Em outros momentos o jornalista se apresenta como *intérprete* dos acontecimentos, buscando-lhes as causas e situando-os. Na realidade, a instância midiática pode apenas propor algumas correlações provisórias, algumas hipóteses que, na maioria das vezes, são relativizadas ou destruídas pelos fatos posteriores. Enfim, o jornalista pretende ser *didático*,[10] aspirando ao papel de educador da opinião pública. Na realidade, a instância midiática pode apenas simplificar as explicações, o que não é a mesma coisa que explicar simplesmente.

Instância de recepção

Geralmente, nos estudos que tratam das mídias, considera-se que é o público que constitui a instância de recepção. Entretanto, sabe-se que o público é uma entidade compósita que não pode ser tratado de maneira global.

Em primeiro lugar, ele se diferencia de acordo com o suporte de transmissão: *leitores* para a imprensa, *ouvintes* para o rádio, *telespectadores* para a televisão. Com isso, é fácil compreender que as reações intelectivas e afetivas do público não são as mesmas de uma mídia a outra, e a instância midiática que sabe disso e o afirma ("são profissões diferentes"), tira partido das diferenças. Tais particularidades serão abordadas posteriormente, quando tratarmos das questões ligadas às diferenças entre os suportes da informação.

---

[9] Essas aspirações dependem dos imaginários próprios a cada sociedade. Por exemplo, o jornalismo norte-americano tem uma tradição de luta contra o poder (mas também, por vezes, de subserviência) mais marcada. Ultimamente, no entanto, isso tem ocorrido na França, até mesmo numa imprensa tradicionalmente institucional como a do jornal *Le Monde*.

[10] Mas, ao mesmo tempo, esse termo é bastante rejeitado na imprensa francesa. Há uma forte tendência, na cultura jornalística, a utilizá-lo de maneira pejorativa: "Mas que coisa mais didática!"

Em segundo lugar, a identidade social da instância de recepção é uma incógnita para a instância de produção. Por um lado, os receptores não estão presentes fisicamente na relação de troca, e a instância midiática não tem acesso imediato a suas reações, não pode dialogar com eles, não pode conhecer diretamente seu ponto de vista para completar ou retificar a apresentação da informação. Por outro lado, é difícil determinar o público que compõe essa instância quanto a seu *status* social, o qual, quase sempre, é muito diversificado. Além disso, mesmo que se tivesse os meios de determiná-lo,[11] não se sabe se os dados relativos ao *status* social clássico seriam pertinentes, pois o verdadeiro problema desse gênero de comunicação não é tanto o das categorias sociológicas ou socioeconômicas, mas o da relação entre certos dados desses *status* e as categorias mentais que corresponderiam à maneira de apreender os acontecimentos, de compreendê-los e interpretá-los, em função do modo como são reportados.

Trata-se de colocar aqui o duplo problema de como conhecer a motivação do público e como medir o impacto da informação. É claro que há pesquisas que tentam definir *perfis* de leitores, ouvintes e telespectadores, que cada organismo de informação faz escolhas quanto ao *alvo* em função de opiniões políticas, de classes sociais, de faixas etárias, de locais de residência (cidade/campo), de profissões, mas não deixam de ser hipóteses a respeito do público, que é heterogêneo e instável. Entretanto, a instância midiática não deixa de fazer previsões a respeito dos movimentos de avaliação do público quando este recebe uma informação. Ela é levado a fazê-lo segundo dois pontos de vista: considerando esse público um alvo ideal ou estudando suas reações.[12]

O "destinatário-alvo"

A instância de recepção é portadora de um "conjunto 'impreciso' de valores ético-sociais"[13] e, acrescentemos, "afetivo-sociais", os quais devem ser levados em conta pela instância midiática para poder apresentar uma

---

[11] Dizer que tais meios existem provoca discussão: para alguns, que acreditam no poder dos estudos de marketing e reduzem o público a comportamentos de consumo, esses meios existem. Para aqueles que se interessam pelos comportamentos psicossociocognitivos, esses meios ainda estão na pré-história, mesmo nos Estados Unidos. (Ver Baudru, C. e Chabrol, C. "Qu'est-ce qu'un bilan de campagne publicitaire", em *Mscope* n. 8, CRDP Versailles, setembro 1994).

[12] Retomamos aqui a distinção que propusemos entre o que são os efeitos visados pela instância de produção que só podem dirigir-se a um destinatário ideal (interno) e os efeitos produzidos junto ao receptor real (externo).

[13] Chabrol, C., "Réflexions à propos de l'interaction et de l'interlocution dans les médias", revista *Sociologie du Sud-Est*, n. 37-38, Université de Provence, julho-dezembro 1983, p. 169.

informação mais ou menos de acordo com suas expectativas. A instância de recepção, quanto à dupla finalidade do contrato de informação, pode ser, então, abordada de duas maneiras: como *alvo intelectivo* ou como *alvo afetivo*.

O *alvo intelectivo* é considerado capaz de avaliar seu interesse com relação àquilo que lhe é proposto, à credibilidade que confere ao organismo que informa, a sua própria aptidão para compreender a notícia, isto é, ter acesso a ela. Um alvo intelectivo é um alvo ao qual se atribui a capacidade de pensar.

O interesse atribuído a um sujeito, alvo da informação – interesse que pode ser despertado, alimentado ou saturado ao sabor de estratégias de descoberta, de suspense ou de repetição (matracagem) – apoia-se na hipótese de que este fica naturalmente motivado quando supõe que a informação que lhe é proposta será direta ou indiretamente útil para orientar sua conduta. Isso pode ocorrer em três domínios: o da organização da vida política e econômica do país, o da organização de atividades sociais diversas (esportivas, religiosas, caritativas, de lazer etc.) das quais o sujeito pode participar fora de sua atividade profissional, o das práticas cotidianas para as quais o sujeito necessita de informações de ordem factual: a lista dos serviços de plantão, os diferentes anúncios (imobiliários, ofertas de emprego, manifestações culturais e artísticas), as previsões meteorológicas, o anúncio de perturbações possíveis da vida diária (greves, desfiles, engarrafamentos etc.).

Mas o interesse reside igualmente numa outra hipótese, segundo a qual o sujeito-alvo não consome informação apenas para agir, mas também e principalmente para poder ocupar uma certa posição social, estabelecer relações com o outro, sejam elas de convívio (comentar acontecimentos, a atualidade, com seus colegas ou amigos) ou de poder, pois exerce poder sobre o outro aquele que informa o que este ignora, ou que tem condições de comentar a atualidade. Ao se dizer, modestamente ou com ênfase: "Como? Você não leu os jornais? Não viu televisão? Não está sabendo?", "Você não viu o que ele anda dizendo, o nosso presidente?", está-se, sob a aparência de uma conversação inocente[14] sobre o cotidiano, comentando o mundo e estabelecendo uma relação de força.

A *credibilidade* que o alvo pode atribuir à instância midiática baseia-se na hipótese de que esse alvo dispõe de critérios de avaliação que lhe permitem

---

[14] Em 26 de abril de 1991, o jornalista Roger Gicquel iniciou seu programa de notícias com a seguinte reflexão: "Vejamos sobre o que vocês, ouvintes, vão falar no escritório agora de manhã e nos locais de trabalho." Ele explicitava assim a ideia de que a máquina midiática é uma "máquina de alimentar a conversa".

julgar e separar o que é verdadeiro, confiável e autêntico. À instância midiática, nesse caso, resta apoiar-se em alguns imaginários que circulam na sociedade, como o do desempenho (saber ser o primeiro a transmitir a informação, ter o espírito do *furo*), o da confiabilidade (saber verificar a informação, ter o espírito dos *arquivos*), o da revelação (saber descobrir o que está oculto ou em segredo, ter o espírito da *investigação*). Evidentemente, isso obriga a instância midiática a não errar no cálculo sobre a expectativa de informação do sujeito-alvo, pois é nesse aspecto que o sujeito-alvo é mais exigente, sobretudo se a informação diz respeito a um domínio de sua competência. Se a informação for decepcionante, ele poderá, com razão, ter dúvidas sobre a validade das outras informações que concernem a outros campos de competência.

A *acessibilidade* da informação baseia-se na hipótese de que o grau de compreensão de um discurso está ligado à simplicidade, à clareza com a qual o discurso é construído. Todas as escolas de jornalismo e os manuais de redação insistem nesse aspecto da escritura jornalística, aconselhando evitar uma retórica considerada muito escolar ou universitária,[15] explicações muito complexas e o uso de um vocabulário excessivamente técnico. Entretanto, essas noções causam problemas na medida em que dependem de critérios que variam em função de múltiplos parâmetros ligados ao capital social, econômico, cultural (Bourdieu) dos sujeitos a quem as mídias pretendem dirigir-se. O que é, em si, uma linguagem simples ou empolada, e para que tipo público? O que é, em si, uma explicação clara ou obscura, e para quem? Além disso, a acessibilidade não pode ser concebida da mesma maneira para cada suporte midiático (televisão, imprensa, rádio). Na verdade, a acessibilidade depende do imaginário linguístico concebido pela instância de enunciação, o imaginário ideal sobre o modo de escrever, o imaginário atribuído ao receptor segundo seu *status* social.

Um *alvo afetivo* é, diferentemente do precedente, aquele que se acredita não avaliar nada de maneira racional, mas sim de modo inconsciente através de reações de ordem emocional. Assim sendo, a instância midiática constrói hipóteses sobre o que é mais apropriado para tocar a afetividade do sujeito alvo. Ela se baseia, para isso, em categorias socialmente codificadas de

---

[15] Assim, é necessário suprimir a maioria dos conectores lógicos e dos articuladores da composição de um texto. Vimos um jornalista copidesque de um grande jornal diário francês que suprimia sistematicamente todas as expressões "por um lado" que precediam as "por outro lado".

representação das emoções tais como o *inesperado* que rompe com as rotinas, os hábitos, o previsível; o *repetitivo* que parece proveniente de um espírito maligno, o qual insistiria em fazer com que se reproduzisse sistematicamente, patologicamente, os males do mundo; o *insólito* que transgride as normas sociais de comportamento dos seres vivendo numa coletividade que pretende ser racionalmente organizada; o *inaudito*, que alcançaria o além, que nos faria entrar em comunhão com a dimensão do sagrado; o *enorme*, que nos transforma em demiurgos; o *trágico*, que aborda o destino impossível do homem etc., a que correspondem, no tratamento da informação, estratégias discursivas de dramatização.

No processo de construção da instância-alvo pela instância midiática, alvo intelectivo e alvo afetivo se misturam e interagem. É nessa interação que tem origem a opinião pública.

O "receptor-público"

Essa instância, como dissemos, encontra-se em posição de exterioridade com relação à zona de influência na qual se encontra a instância-alvo. É claro que isso é verdadeiro apenas em parte, pois alvo e público constituem as duas faces da mesma instância de recepção, influenciando-se mutuamente – o que não impede que a instância-público exista por si só, com seus próprios movimentos sociológicos, e não possa ser considerada da mesma maneira que a instância-alvo. Não se trata mais de entidades construídas a partir de visadas, de hipóteses sobre o que as motiva e as emociona, em sua maneira de reportar o mundo, mas de entidades consideradas do ponto de vista de seus comportamentos como consumidoras de um produto comercial: a mídia. A instância midiática não age mais como construtora da informação, mas como responsável por uma empresa empenhada em rentabilizar seu produto da melhor forma possível, isto é, captar o maior número de consumidores (leitores, ouvintes, telespectadores). Nesse sentido, ela precisa conhecer os comportamentos e as opiniões do público e para isso recorre a dois tipos de técnicas: as que permitem medir o sucesso de uma programação por meios eletrônicos, o que, na França, é chamado de *"audimat"*, e as que permitem observar os efeitos produzidos pela maneira de tratar tal ou qual programa, os chamados "estudos de impacto".

No que concerne ao *audimat*, existe uma literatura suficientemente abundante sobre as técnicas de audiometria, de pesquisas quantitativas, de sondagens,[16] que nos dispensa de expor a questão aqui. Destacaremos apenas que os resultados dos estudos de audiência, de penetração ou de confiança do consumidor, que se baseiam em categorias de pertencimento socioprofissional de ouvintes, leitores ou telespectadores, ou em postulações, bastante vagas, sobre "estilos de vida", não podem dar conta nem dos motivos exatos pelos quais os consumidores se voltam, num determinado momento, para tal ou qual programa, tal ou qual mídia, nem da complexidade da natureza dos grupos de consumidores e dos movimentos que os animam. O entrecruzamento constante que se opera de maneira bastante instável entre os diferentes tipos de capitais (cultural, econômico, simbólico) nos grupos sociais torna muito difícil a definição e mais ainda a predição desses comportamentos.[17]

Os *estudos de impacto* são mais interessantes. O impacto sobre o público é medido segundo sistemas de cálculo de efeitos sobre a opinião. Um dos sistemas baseia-se naquilo que, em teoria da comunicação, é chamado de paradigma de Lazarsfeld, que classifica os efeitos de *fracos* (os que seriam derivados da própria opinião na medida em que esta seleciona as informações de maneira autônoma e diferente daquela que é visada), de *indiretos* (os que atingem o alvo através de discursos que circulam no grupo em que este se insere) e de *reforço* (os que corroboram a opinião no mesmo sentido visado).[18] Quer se trate desse sistema ou de outros do mesmo gênero, o que está em causa aqui não é mais a medida de um resultado quantitativo, mas a observação qualitativa (e mesmo experimental)[19] das reações psicossociais de um público àquilo que lhe é proposto.[20] No estudo desses efeitos, recobre-se – embora nem sempre – as visadas de influência que a instância midiática

---

[16] Ver o dossiê "Publicité", em *Mscope* n. 8, CRDP, Versailles, setembro 1994, p. 101.

[17] Há uma outra maneira de agir sobre o consumidor, a de certas leis do mercado que procedem a reagrupamentos industriais, a supressões de certos organismos de informação e à criação de novos. Assim, em 1994, era anunciada "a aliança selada entre dois antigos irmãos inimigos, *Le Point* e *L'Express*, por meio de uma participação de capital e uma parceria industrial [...]" que deveria reunir uma audiência de quatro milhões de leitores (*Le Monde*, 17/09/94). Esse número corresponde a uma realidade econômica, mas não tem nenhuma realidade sociológica.

[18] Ver a apresentação feita por J. L. Missika no *Bulletin du Certeic*, n. 10, Lille, 1989, intitulada "Les médias et la campagne présidentielle, autour de la notion de fonction d'agenda".

[19] Mais frequentemente nos Estados Unidos, mais raramente na França.

[20] Ver também a função Agenda.

se propõe. Mas somente através de estudos mais aprofundados[21] sobre a interação das visadas com seu resultado efetivo é que se poderá lançar luzes interessantes sobre o fenômeno de influência circular entre a construção do alvo e as reações do público. Isso poderia, entre outras coisas, orientar "a programação da recepção [...] como integração contínua na fabricação dos programas de experiência social do público majoritário".[22]

Em todo caso, a relação alvo-público deveria ser estudada em função de duas indagações: O que é compreensão? O que é motivação? A *compreensão* é um mecanismo cognitivo que depende da capacidade do sujeito em produzir inferências interpretativas através de um jogo de relação entre o que é dito e seu saber (conhecimentos, opiniões, crenças, apreciações). Ora, os saberes dos leitores não são todos idênticos. Sendo assim, como apreendê-los, atribuí-los a grupos, em função de quais critérios e, principalmente, como pretender, para a instância midiática, que ela seja o reflexo de tais saberes? A *motivação* depende dos desejos e das necessidades psicológicas e sociais dos diferentes públicos, desejos e necessidades que são instáveis, em perpétua mudança, e que resultam da conjunção entre uma oferta, a maneira de apresentar a oferta e as próprias racionalizações e pulsões dos públicos. Nesse caso, como observá-los, medi-los, em função de que parâmetros e, sobretudo, como pretender influenciá-los ou dominá-los? A combinação das duas (compreensão e motivação) explica por que é tão difícil dominar o que acontece na instância de recepção. Por exemplo, o que acontece quando a imprensa fornece uma retificação? Em primeiro lugar, a retificação aparece sempre de maneira muito discreta num pequeno encarte perdido no meio do jornal. Em segundo lugar, e por conseguinte, não se sabe se será lida. Em terceiro lugar, que é o mais importante, o que é que a retificação retifica para o leitor? Pode-se garantir que a notícia falsa inicial não permanecerá na memória, não continuará a agir de maneira remanente, não continuará a brotar e mesmo a ampliar-se, transformando-se num rumor?

---

[21] "Aprofundados", pois frequentemente estudos vagos produzem efeitos de moda que acabam por se tornar uma receita milagrosa. Tendo comparecido por duas vezes ao Centro de Aperfeiçoamento dos jornalistas em Paris, no momento em que se desenrolava uma sessão crítica a partir da simulação de um telejornal, pudemos constatar esse efeito de moda: da primeira vez, o especialista que dirigia a sessão, jornalista do canal France 3, afirmou que as perguntas que o apresentador dirige a seu convidado não devem exceder três segundos. Por quê? "Porque é assim, porque todo mundo que está na profissão sabe disso, e, além do mais, as revistas americanas dizem isso". Na segunda vez, um outro especialista afirmou com a mesma convicção que as perguntas devem durar cinco segundos, e isso pelas mesmas razões dadas anteriormente.

[22] G. Lochard (1995).

As respostas a tais indagações são, por enquanto, tão fragmentárias, tão pouco verificáveis, de uma sistematização tão aleatória, que se pode dizer que ainda são incógnitas. O que é estranho[23] é que o meio profissional seja consciente dessa complexidade e continue a agir como se as respostas fossem dadas e conhecidas. As mídias justificam suas estratégias de maneira peremptória, sustentando que correspondem às necessidades de seu público. Por exemplo, o canal de televisão France 3-Paris-Ile-de-France-Centre deveria poder responder às seguintes questões: "Como atender ao mesmo tempo às expectativas dos telespectadores de Ile-de-France e dos habitantes da região do Centre? Como conciliar as aspirações audiovisuais de habitantes rurais e citadinos, sendo estes últimos tanto parisienses quanto da periferia?"[24] As respostas, entre outros argumentos, são: "É verdade que não existe [na periferia, ou seja, nas *banlieues*], raízes a valorizar. Mas os habitantes de Ile-de-France não deixam de apresentar uma cultura comum. Muitos deles não nasceram na região e só retornarão para suas províncias de origem ao se aposentarem. Suas interrogações atuais são propriamente urbanas: poluição, transportes. Eles saem mais, leem mais, consomem mais. Logo, eles esperam outra coisa de sua televisão." Em que pesquisas científicas se baseiam tais afirmações? Em outras ocasiões, as mídias se mostram muito conscientes das dificuldades da profissão, e o reconhecem. É verdade que isso ocorre principalmente com os jornalistas. Por exemplo, as seguintes perguntas foram formuladas ao jornalista já citado, J. Macé-Scaron: "O senhor escreve pensando no público ou no que os seus pares vão pensar? Para quem se escreve?"[25] Suas respostas: "Primeiramente, para os leitores, senão é uma catástrofe. Mas é difícil, difícil de sentir [...]. As cartas dos leitores não são uma boa indicação, pois é uma faixa de leitores bastante típica que escreve." E mais adiante: "Não se deve nem seguir os leitores nem cair na tentação de ditar normas. É uma via muito estreita, daí a importância de uma cultura do jornalista, de opiniões, de grades de análise, mesmo quando não são seguidas."

As afirmações do gênero "Os grandes jornais são muito elitistas" (J. Seydoux), "Os jornais franceses não dão ao seu público as informações de base" (G. Invernizzi), "É preciso escutar seus leitores" devem poder fundamentar-se em estudos sérios, que levem em conta aquilo que se mede. Veremos que isso repercute na construção da opinião pública.

---

[23] Na verdade, nem tão estranho assim, pois o que é preciso é fazer funcionar a máquina midiática. Achar as respostas a tais indagações seria talvez impedi-la de funcionar.

[24] *Le Monde*, 13-14 de fevereiro de 1995.

[25] Revista *Mots* n. 37, Paris, Fondation des Sciences Politiques, dezembro 1993.

Informar para quê?
A finalidade do contrato

A democracia nasce de várias contradições: é preciso que o maior número de cidadãos tenha acesso à informação, mas nem todos os cidadãos se encontram nas mesmas condições de acesso; é preciso que a informação em questão seja digna de fé, mas suas fontes são diversas e podem ser suspeitas de tomada de posição parcial, sem contar que a maneira de relatá-la pode satisfazer a um princípio de dramatização deformante; é preciso que os cidadãos possam expressar-se, dar sua opinião, é preciso ainda que essa palavra se torne pública por intermédio das mídias, mas as mídias só se interessam pelo anonimato se puderem integrar a palavra anônima numa encenação dramatizante. A informação midiática está, pois, minada por essas contradições, o que pode ser resumido na seguinte fórmula: gozar da maior credibilidade possível com o maior número possível de receptores.

A finalidade do contrato de comunicação midiática se acha numa tensão entre duas visadas, que correspondem, cada uma delas, a uma lógica particular: uma visada de *fazer saber*, ou visada de informação propriamente dita, que tende a produzir um objeto de saber segundo uma lógica cívica: informar o cidadão; uma visada de *fazer sentir*, ou visada de captação, que tende a produzir um objeto de consumo segundo uma lógica comercial: captar as massas para sobreviver à concorrência.

Poder-se-ia pensar que se trata da mesma finalidade que a do contrato de comunicação publicitária, em que também se encontra a tensão entre *informar* para apresentar o produto e suas qualidades e *seduzir* para incitar o máximo de pessoas a consumir. Esses dois tipos de contrato, entretanto, se diferenciam porque, no publicitário, é a segunda visada que domina, mascarando a primeira e constituindo finalmente o que o legitima: seduzir para vender ou (o que dá no mesmo) para fazer crer que se vende.[1] No contrato de informação, é a primeira visada que domina, a do fazer saber, que está ligada à verdade, a qual supõe que o mundo tem uma existência em si e seja reportado com seriedade numa cena de significação credível. A segunda visada, a do fazer sentir, deveria ser secundária em tal contrato, pois é contrária à precedente. Poder-se-ia defender a ideia inversa e afirmar que, no contrato de informação midiática, tal como no contrato da publicidade, é a segunda visada que prevalece e mascara a primeira. Mas todo contrato de comunicação se define através das representações idealizadas que o justificam socialmente e, portanto, o legitimam. Mesmo sabendo que o discurso de informação se sustenta numa forte tensão do lado da captação, não seria aceitável, sob o ângulo das representações sociais, que esta se exercesse em detrimento do fazer saber, embora isso seja perfeitamente aceito para o discurso publicitário. O jogo de mascaramento de uma visada pela outra é inverso nos dois contratos; cada um deles tira sua legitimidade da visada oposta: o contrato midiático da visada de informação, o contrato publicitário da visada de captação.

Visada de informação: desafio da credibilidade

A visada de informação consiste em fazer saber ao cidadão o que aconteceu ou o que está acontecendo no mundo da vida social. A instância midiática tenta realizar essa visada através de dois tipos de atividade linguageira: a *descrição-narração*, para reportar os fatos do mundo; e a *explicação*, para esclarecer o destinatário da informação sobre as causas e as consequências do surgimento desses fatos. Num e noutro caso, embora de maneiras diferentes, coloca-se um problema de relação com a verdade.

---

[1] Ver "Le discours publicitaire, un genre discursif", revista *Mscope* n. 8, CRDP de Versailles, setembro 1994.

Tratar da verdade não é uma tarefa simples. O ponto de vista exposto aqui não será filosófico, mas linguístico, pois liga de maneira intrínseca a problemática do verdadeiro e do falso à linguagem, numa perspectiva construtivista. O verdadeiro e o falso como noções remetendo a uma realidade ontológica não pertencem a uma problemática linguística. Entretanto, acham-se no domínio linguístico noções como as de *significar o verdadeiro* ou *significar o falso*, isto é, produzir um valor de verdadeiro ou de falso por meio do discurso. A verdade, sob esse ponto de vista, avalia-se através de um dizer, logo, é uma questão que pode ser tratada segundo determinadas oposições: o verdadeiro seria dizer o que é *exato*/o falso seria dizer o *erro*; o verdadeiro seria dizer *o que aconteceu*/o falso seria inventar *o que não aconteceu*; o verdadeiro seria dizer *a intenção oculta*/ o falso seria *mascarar a intenção* (mentira ou segredo); enfim, o verdadeiro seria fornecer *a prova* das explicações/o falso seria fornecer explicações *sem prova*.

"Dizer o exato" significa que há coincidência entre o que é dito e os fatos do mundo exterior à linguagem. Além disso, essa coincidência deve poder ser verificada, seja pela percepção humana (o olho como prova do visto) no mesmo instante da ocorrência do fato (coexistência do dito e do fato que cria a ilusão de um saber universal), seja por um saber que pode ser sustentado com o auxílio de experiências (a gravitação), de instrumentos exteriores ao homem (o microscópio) ou de um certo modo de calcular (quando se diz de uma operação matemática que ela está correta ou exata, e não verdadeira). "Dizer o erro", inversamente, seria a impossibilidade de verificar a coincidência. No discurso de informação, entretanto, não se trata da verdade em si, mas da verdade ligada à maneira de reportar os fatos: não é bem das condições de emergência da verdade que se trata, mas sim das *condições de veracidade*. À instância midiática cabe autenticar os fatos, descrevê-los de maneira verossímil, sugerir as causas e justificar as explicações dadas.

Autenticar é uma atividade que consiste em fazer crer na coincidência, sem filtragem nem falsas aparências, entre o que é dito e os fatos descritos. O que permitiria atingir idealmente essa forma de verdade seria a "designação", procedimento que, como num *sketch* famoso de Raymond Devos, consistiria em dizer: "A realidade é isso aí", ao mesmo tempo em que fosse mostrada.[2] Nas

---

[2] O título do *sketch* é: "La jota c'est ça!", *Ça n'a pas de sens*, Paris, Denoël, 1968.

mídias, o meio mais eficaz de designação é a imagem que, no imaginário social, participa da ilusão de *verismo*, fazendo com que se tome aquilo que representa o objeto (o "*representamen*") pelo próprio objeto; isso ocorre particularmente com a foto de imprensa ou com a imagem televisiva, principalmente quando esta se reveste dos atrativos da transmissão direta. Nesse sentido, certos ruídos ouvidos pelo rádio funcionam como autenticação do acontecimento (gritos, rumores de multidão, estalos de arma de fogo, barulhos de trens em movimento etc., para autenticar o que se passa no local).[3] A autenticação nas mídias é a prova pelo "visto-dito-ouvido" que deve atestar sem disfarce "o que é", mesmo quando se trata do inominável, com aquelas imagens que nos dizem: "Isto é a morte em transmissão direta."[4]

Dizer o que aconteceu significa que não há coincidência temporal entre o dito e o fato e que o relato que se instaura entre os dois só pode ser de *reconstituição*. Assim, o problema que se coloca é o da veracidade da reconstituição, de seu grau de verossimilhança que pode ir do mais provável ao improvável, e mesmo ao inventado. Tornar verossímil é tentar fazer crer que o relato corresponde à reconstituição mais provável, apresentando-se o dito como o mais fiel possível ao fato tal como se realizou. O procedimento que permite atingir essa forma de verdade é o da "analogia", que tenta descrever o mundo segundo roteiros de verossimilhança.[5] Nas mídias, os meios utilizados são a imagem, os testemunhos (que dizem, por intermédio de alguém, o visto, o ouvido, o vivido), assim como uma certa tecnologia que permite reconstituir fatos. É preciso que ao término desse procedimento de reconstituição a mídia possa dizer, por exemplo: "Eis como o sequestrador agiu."

Dizer a intenção significa que aquilo que é dito corresponde ao que é pensado. Supõe-se então que se instaure uma relação de transparência entre o que é enunciado e o que pensa o sujeito que fala. Essa transparência é considerada, nas representações sociais, como devendo ser a norma, e se, por acaso, se descobre que há uma relação de ocultação (mentira ou segredo), surge a necessidade de desvendar a intenção oculta. Desvendar o oculto é tentar fazer crer que o que foi dito anteriormente mascara o que é pensado

---

[3] Na realidade, trata-se mais de uma evocação do que acontece no local, pois os ruídos apenas provocam, na mente do ouvinte, representações estereotipadas do que está ocorrendo.

[4] Isso ocorre com as imagens de guerra (quando existem), mas principalmente no que significou a filmagem e a retransmissão pela televisão do fim de Hervé Guibert, vítima da aids.

[5] Os quais são reconhecidos como tais pelas representações sociais.

e que, o que é dito agora, corresponde a uma intenção verdadeira ou a um saber oculto. Se é o próprio sujeito que desvenda a intenção que mantinha em segredo, a revelação consiste numa *confissão*, se é um outro sujeito que revela a intenção oculta, a revelação consiste numa *denúncia*, mas é preciso então apresentar a prova. Nas mídias, os procedimentos que permitem provocar revelações são as entrevistas, os bate-papos e os debates, acompanhados de investigações e de pesquisas. É necessário que ao término do processo de revelação a mídia possa dizer: "O que foi dito não passa de um simulacro. Eis o que está por trás."

Fornecer a prova das explicações significa mostrar o que, por definição, é invisível: os motivos dos fatos ou sua possível consequência. Não se trata mais de reportar fatos, mas de extrair deles sua razão de ser. Esse domínio da verdade é, pois, o do raciocínio, o da possibilidade de remontar ou descer no encadeamento causal, e assegurar sua validade através das provas mais incontestáveis possíveis. O problema, aqui, é não somente o da força da prova, mas de sua inteligibilidade, isto é, do acesso a ela pelo destinatário: provar é fundamentar a validade das explicações. Nas mídias, os procedimentos que permitem atingir essa forma de verdade são os que dependem da *demonstração*, cujos meios são diversos: uns se obtêm pela análise (apelando, por exemplo, para especialistas ou peritos que podem trazer provas científicas ou técnicas), outros através de uma investigação, outros ainda através unicamente do poder demonstrativo da imagem em sua função de visualização do que não se vê.[6] É preciso que, ao término da demonstração, a mídia possa dizer: "Eis por que isso aconteceu assim."[7]

As mídias, em sua visada de informação, estão em confronto permanente com um problema de *credibilidade*, porque baseiam sua legitimidade no "fazer crer que o que é dito é verdadeiro". Desse modo, estão engajadas num jogo da verdade, que consiste em corresponder aos diferentes imaginários sociais que as questionam. *Dizer o exato* é dar a impressão de controlar o mundo no instante em que ele surge, e nada nem ninguém poderia se opor a essa verdade capturada no momento em que sai da fonte; eis por que as mídias estão sempre em busca da transmissão direta. *Dizer o que aconteceu*

---

[6] Trata-se, na realidade, de um desvio no processo de demonstração. Fazer ver o que não se vê a olho nu não é necessariamente provar.

[7] É o que justifica o "jornalismo investigativo", que, nos tempos atuais, vem dando o que falar cada vez que provoca o surgimento de mais um caso.

é construir a memória dos homens e permitir-lhes apropriar-se do passado que foge inexoravelmente; é essa a base de certos *reality shows*.[8] *Revelar a intenção oculta* equivale a triunfar sobre forças do poder que se apoiam no segredo e na mentira, como nas entrevistas e nos debates políticos, ou então a triunfar sobre enigmas constituídos pelo conhecimento do homem, como se pode ver nos *talk shows* intimistas.[9] *Fornecer a prova das explicações* equivale a manifestar o triunfo da razão, o poder da inteligência humana, a dominação do pensamento sobre a matéria, sem a qual a descrição dos fatos não teria nenhuma utilidade. É por isso que é inútil fazer a pergunta, como o fez o secretário de redação de um grande jornal regional, durante um debate: "O que vocês desejam que os jornais lhes tragam, mais fatos ou mais comentários?" Um não existe sem o outro, pois o que justifica que se fale dos fatos é que se faça um comentário a respeito.

Visada de captação: desafio da dramatização

Toda visada de captação está orientada para o parceiro da troca, um parceiro que se supõe não natural (é necessário instituí-lo como destinatário de uma mensagem), não passivo (ele possui suas próprias faculdades de interpretação) e não ter sido conquistado antecipadamente pelo interesse que a mensagem pudesse ter despertado (é necessário persuadi-lo, seduzi-lo). Desse ponto de vista, a instância midiática está diante de um problema, pois se é necessário mostrar-se credível, deve sê-lo para a maioria do público, e isso por uma dupla razão: porque está em concorrência com os demais organismos de informação, o que a coloca num campo de luta comercial por sua própria sobrevivência econômica; e porque, em nome da posição que ocupa institucionalmente no espaço público, tem como dever informar, o mais corretamente possível, o conjunto dos cidadãos. Assim sendo, encontra-se engajada na busca do maior número de cidadãos consumidores de informação. Mas quanto maior for o número a atingir, principalmente quando não são cativos *a priori*, menos os meios para atingi-los dependem de uma atitude racionalizante.

---

[8] Ver Charaudeau, P. e Ghiglione, R., *La parole confisquée. Un genre télévisuel*, Paris, Dunod, 1997.

[9] Por exemplo, o programa *Bas les masques* [Tirando as máscaras], do canal France 2. Ver o trabalho citado anteriormente.

A instância midiática acha-se, então, "condenada" a procurar emocionar seu público, a mobilizar sua afetividade, a fim de desencadear o interesse e a paixão pela informação que lhe é transmitida. O efeito produzido por essa visada encontra-se no extremo oposto ao efeito de racionalidade que deveria direcionar[10] a visada de informação. Daí decorre a tensão que já mencionamos.

Para satisfazer esse princípio de emoção, a instância midiática deve proceder a uma encenação sutil do discurso de informação, baseando-se, ao mesmo tempo, nos apelos emocionais que prevalecem em cada comunidade sociocultural e no conhecimento dos universos de crenças que aí circulam – pois as emoções não são um inefável aleatório. Elas são socializadas, resultam da regulação coletiva das trocas. Essa regulação, por um lado, segue os movimentos da afetividade e, paralelamente, as representações que atribuem valores às condutas e às reações emocionais:

> No contexto circunscrito pela copresença e pela coordenação da ação, somos levados a antecipar os comportamentos dos outros, elaboramos permanentemente hipóteses sobre suas linhas de conduta; atribuímos-lhes, então, intenções, disposições, sentimentos. [...] Mas pode-se pensar que tais atribuições estão ligadas às propriedades intrínsecas dessas condutas: as emoções são fenômenos públicos, observáveis, racionais.[11]

Assim como a afetividade, elas são estruturadas pelo que designamos como "imaginários sociodiscursivos".

Assim, o contrato de informação midiática é, em seu fundamento, marcado pela contradição: finalidade de fazer saber, que deve buscar um grau zero de espetacularização da informação, para satisfazer o princípio de seriedade ao produzir efeitos de credibilidade; finalidade de fazer sentir, que deve fazer escolhas estratégicas apropriadas à encenação da informação para satisfazer o princípio de emoção ao produzir efeitos de dramatização. As mídias situam-se num campo de poder complexo que entrecruza vários outros campos cujo ponto comum é o famoso alvo da maioria: o campo do político diante do qual as mídias se legitimam por uma dupla ação, de

---

[10] O condicional indica, aqui, que se trata, uma vez mais, de representações sociais e de uma definição idealizada do que é o contrato de comunicação.

[11] Paperman, P. "Les émotions et l'espace public", na revista *Quaderni* n. 18, outono 1992, Paris.

contrapoder,[12] ao opor-se a esse campo, e de interface com a sociedade civil, o que as leva a denunciar; o campo do econômico, no qual as mídias se legitimam por sua capacidade de alcançar o grande público, o que as leva a dramatizar; o campo da cidadania, no qual as mídias se legitimam por uma aptidão em realizar um projeto de construção da opinião pública, o que as leva a serem credíveis.

Na tensão entre os polos de credibilidade e de captação, quanto mais as mídias tendem para o primeiro, cujas exigências são as da austeridade racionalizante, menos tocam o grande público; quanto mais tendem para a captação, cujas exigências são as da imaginação dramatizante, menos credíveis serão.[13] As mídias não ignoram isso, e seu jogo consiste em navegar entre esses dois polos ao sabor de sua ideologia e da natureza dos acontecimentos.[14] Quando tiram partido de casos intermináveis,[15] é porque se trata de uma oportunidade de descrever à exaustão acontecimentos do espaço público seguindo um roteiro dramático que se encerra invariavelmente com as eternas questões sobre o destino humano: "Como é possível?", "Por que as coisas são assim?", "Para onde vamos?". Estamos diante do paradoxo do dado psicossocial que faz com que o processo cognitivo de compreensão de uma informação só possa desenvolver-se através do mecanismo psíquico que integra o saber a representações captadoras. Aqui, ele é levado ao extremo.

---

[12] Mesmo se considerarmos que as relações entre as mídias e o político são sempre de dependência.

[13] As próprias noções de credibilidade e de captação variam segundo o contexto sociocultural e o lugar simbólico que este confere à palavra. No contexto norte-americano, por exemplo, uma certa crença coletiva na "transparência da palavra" (haveria uma e somente uma maneira de dizer as coisas) faz com que os imaginários relacionados ao que é a racionalidade e a sedução não sejam os mesmos que na Europa e, particularmente, na França.

[14] É por isso que é uma falácia discutir, sem parar, como o fazem as mídias, sobre a questão da "objetividade da informação". Essa questão não procede, não por questões éticas, mas porque essa dupla finalidade está inscrita no contrato de informação. Uma mídia (imprensa, rádio, televisão) que só satisfizesse ao rigor sóbrio e ascético do fazer saber estaria condenada a desaparecer.

[15] Casos de corrupção que envolvem personalidades de destaque, notícias locais ou policiais com desdobramentos.

Informar sobre o quê?
O acontecimento
como visão social do mundo

O *propósito* é aquilo de que se fala, o que está em questão num ato de comunicação. Assim definida, esta noção é vaga, pois "aquilo de que se fala" pode incluir tudo o que corresponde ao que está em jogo nesse ato, até mesmo o que diz respeito à relação entre os dois parceiros, em qualquer nível de explicitação ou implicitação. Aquilo de que se fala, na notícia de um desastre de avião, difere de acordo com as pessoas que recebem essa notícia e as circunstâncias nas quais a recebem. Para umas será a causa (acidental ou criminal), para outras serão as consequências (individuais ou políticas), para outras ainda serão os detalhes do acidente (mórbidos ou técnicos). Assim, definiremos essa noção como ligada a de "universo de discurso", a qual se refere ao aspecto referencial da linguagem, isto é, ao movimento da linguagem que, ao mesmo tempo em que está relacionado a um ato de troca, volta-se para o mundo para recortá-lo de uma maneira mais ou menos racional através das representações linguageiras e reconstruí-lo em categorias de sentido. Essa fragmentação semântica do mundo é ordenada por um ato de "tematização". Desse modo, o mundo-objeto é construído em objeto-sentido, o *propósito*, objeto de compartilhamento do ato de comunicação.

O universo de discurso acha-se, pois, a meio caminho entre um "fora da linguagem" e o processo linguageiro. Ele abarca os acontecimentos do mundo, mas estes só ganham sentido por meio de uma estruturação que lhes é conferida pelo ato de linguagem através de uma tematização. As noções de *propósito*, de *universo de discurso* e de *acontecimento* estão, pois, intrinsecamente ligadas. Elas constituem o centro de um debate interdisciplinar entre filósofos, sociólogos e semanticistas,[1] do qual só consideraremos o que pode esclarecer uma questão, que frequentemente é mal colocada no domínio das mídias, a questão do *acontecimento*. O acontecimento é definido ora como todo fenômeno que se produz no mundo, ora de maneira restritiva como todo fato[2] que está fora da ordem habitual. Ora o acontecimento é confundido com a novidade, ora ele se diferencia dela, sem que se defina a diferença. Ora defende-se a ideia de que o acontecimento é um dado da natureza, ora sustenta-se que ele é provocado.

O ACONTECIMENTO É SEMPRE CONSTRUÍDO

Na primeira parte deste trabalho, definimos o mecanismo de construção do sentido de discurso como resultando de um duplo processo de transformação e de transação. Da relação dialética que se instaura entre esses dois processos, ressalta que o "mundo a comentar" nunca é transmitido tal e qual à instância de recepção. Ele passa pelo trabalho de construção de sentido de um sujeito de enunciação que o constitui em "mundo comentado", dirigido a um outro do qual postula, ao mesmo tempo, a identidade e a diferença. O acontecimento se encontra nesse "mundo a comentar" como surgimento de uma fenomenalidade que se impõe ao sujeito, em estado bruto, antes de sua captura perceptiva e interpretativa. Assim sendo, o acontecimento nunca é transmitido à instância de recepção em seu estado bruto; para sua significação, depende do olhar que se estende sobre ele, olhar de um sujeito que o integra num sistema de pensamento e, assim fazendo, o torna inteligível.

Um tal quadro de postulação resolve provisoriamente a questão da externalidade e da autonomia do acontecimento com relação à linguagem:

---

[1] Ver "L'événement en perspective", *Raisons Pratiques 2*, Paris, Édition de l'EHESS, 1991.

[2] Não faremos aqui distinção entre "fato" e "acontecimento", como se verifica em outros autores (ver *Raisons pratiques* 2, p. 265). Mas, se fosse o caso, diríamos que o fato é uma configuração concreta particular do acontecimento.

no mundo existem ou aparecem coisas, estas se configuram em estados, produzem-se modificações nos estados das coisas, mas tais fenômenos só adquirem existência significante através da percepção-captura-sistematização-estruturação que deles faz um sujeito linguageiro; pois é falando que o sujeito confere a tais fenômenos uma significação.[3] E como o sujeito linguageiro é duplo, no sentido de que, segundo um princípio de alteridade, ele se desdobra num *eu* e num *tu* que se definem mutuamente numa relação de intersubjetividade,[4] dir-se-á que o olhar que estrutura o acontecimento é também duplo: o olhar do sujeito ao produzir o ato de linguagem que transforma o acontecimento bruto em acontecimento significante, e o olhar do sujeito interpretante que reestrutura o acontecimento previamente significado, segundo sua própria competência de inteligibilidade.

Remetemos neste ponto a Paul Ricoeur, que, no âmbito de sua hermenêutica da narrativa, propõe que a significação social da experiência humana passa por uma forma de inteligibilidade que consiste em integrá-la numa narrativa, mais precisamente no que constitui seu cerne: a "intriga". A integração a uma intriga se dá por intermédio de uma atividade mimética que se desenvolve em três "mimeses",[5] que retomamos para aplicá-las ao mecanismo geral de semiotização do mundo:[6]

• uma "mimese-1", como pré-configuração do mundo, na qual os acontecimentos da natureza estão em estado de relativa autonomia. Com efeito, os acontecimentos são produzidos, por um lado, segundo leis e sistemas de geração de ordem física, biológica, química etc., independentes da significância humana;[7] estes conferem aos acontecimentos uma

---

[3] Isso ocorre ao término do próprio processo de "semiologização" que consiste em construir sentido com formas.

[4] Ver Benveniste, E., *Problèmes de linguistique générale*, Paris, Gallimard, 1969. Ver também nosso "Une théorie des sujets du langage", revista *Modèles linguistiques*, tomo x, fasc. 2, Lille, 1988.

[5] *Temps et récit* I, Paris, Le Seuil.

[6] Ver "Les conditions de compréhension du sens de discours", em Langage en FLE. Texte et compréhension, revista *Ici et là*, Madri, 1994.

[7] Se bem que declinar essa ordem de fenômenos é conferir-lhes um princípio de organização que depende da racionalidade humana. Por ora, não se sabe verdadeiramente em que medida se percebe o mundo numa antelíngua, numa atividade antelinguageira. Para a psicanálise, a criança vem ao mundo com uma carga de pulsões biológicas que ela aprende a controlar e a estruturar com a linguagem. Poder-se-ia então dizer que seu desejo de ordenamento do mundo se dá à medida em que descobre a linguagem, isto é, a possibilidade de nomear o mundo. Nesse caso, a mimese-1 e a mimese-2 se confundiriam. Entretanto, essa distinção se justifica porque permite compreender melhor o fenômeno de construção do sentido.

existência e um ordenamento próprio, que, por outro lado, são percebidos por um sujeito segundo sua aptidão a pré-estruturar sua experiência, pois essa não é exclusivamente linguageira. Mas aqui ainda não há significância ordenada em linguagem, e é por isso que se pode falar de uma estruturação prefigurada. Essa prefiguração é de ordem prática porque depende de uma relação experiencial direta e global entre o sujeito e o mundo.

• uma "mimese-2", como *configuração* do mundo prefigurado, que se faz entender como "uma imperiosa demanda de sentido [...], como uma exigência de ordenamento",[8] a qual se dá pelo ato de enunciação de um sujeito que procede a uma discretização do mundo através das unidades de forma-sentido, estabelecendo relações sistêmicas entre elas, e correlações homológicas entre diferentes níveis de unidades, em função de objetivos comunicativos. Isso implica o duplo ato de estruturação e de individuação significante[9] proposto ao sujeito destinatário. Essa configuração é designada como epistêmica, pois pressupõe uma teoria de ordenamento do sentido.

• uma "mimese-3", como *re-figuração* do mundo configurado, que resulta da atividade de inteligibilidade do sujeito receptor. Este navega entre *compreensão* e *interpretação*,[10] reconstruindo uma significação, em função de sua própria finalidade de ação e de sua própria experiência intelectiva e afetiva, a partir do mundo construído pelo outro. Essa refiguração é designada como hermenêutica, posto que é uma tentativa de resposta interpretativa à interrogação sobre os sentidos inscritos no mundo significado através dos textos produzidos que o configuram.

Ciclistas passando por um desfiladeiro são percebidos no estágio da mimese-1 apenas em seu deslocamento linear que se inscreve num determinado quadro espaço-temporal, e em sua sucessão, isto é, numa ordem em que há a dianteira e a traseira. Seria um estágio de prefiguração, que se distinguiria

---

[8] Ricoeur, P. "Événement et sens", em L'événement en perspective, *Raisons Pratiques 2*, Paris, Édition de l'EHESS, 1991, p. 41.

[9] De estruturação segundo os sistemas vigentes, de individuação segundo estratégias de ruptura.

[10] A "compreensão" assegurando a reconstrução da parte explícita da intenção do sujeito comunicante, a "interpretação" assegurando a construção própria ao sujeito receptor, segundo suas próprias referências e seu possível circuito de inferências. Ver nosso "Les conditions de compréhension du sens de discours", em *Langage en fle*. Texte et compréhension, op. cit.

daquele em que dois indivíduos se batem com luvas. No estágio da mimese-2, isso poderá configurar-se numa narrativa de corrida de bicicletas (Tour de France [A Volta da França]). No estágio da mimese-3, serão produzidas reconstruções mais ou menos dramatizadas segundo o tipo de receptor, as quais dependerão, no entanto, de como foi configurada a narrativa na mimese-2.

DO ACONTECIMENTO AO "PROCESSO EVENEMENCIAL"

O problema que tal concepção implica é o da relação que se estabelece entre o que surge no mundo fenomenal e o trabalho de ordenamento do sentido ao qual se entrega o sujeito.

No mundo fenomênico existe, independentemente do olhar do homem, uma natureza que vive segundo princípios energéticos que obedecem a leis que dependem de sistemas. Desse ponto de vista, postula-se, a exemplo de Edgard Morin,[11] que existem fenômenos *autogerados* "que se desenvolvem segundo uma lógica interna"[12] na qual os acontecimentos têm um lugar previsível, logo, uma relativa estabilidade que se inclui na ordem dos estados de coisas (como, por exemplo, a sucessão das estações, a aparição de um ciclone), e fenômenos *heterogerados* "que necessitam de incitações evenemenciais-acidentais para desenvolver-se",[13] e que são produzidos seja pelo encontro inesperado (coincidência, acaso) de elementos pertencentes a sistemas diferentes, seja pela aparição de um elemento externo ao sistema considerado, que funcionará então como um acontecimento perturbador: "destruições, trocas, associações, simbioses, mutações, regressões, progressões, desenvolvimentos podem ser a consequência de tais acontecimentos"[14] (como, por exemplo, os efeitos destruidores de um ciclone num vilarejo). Assim, vê-se que o acontecimento não é somente a desordem; ora é a ordem (a necessidade), ora a desordem (o acaso, a contingência).

No trabalho de ordenamento do sentido, acha-se um sujeito que tem uma dupla faculdade: a de perceber, através de uma experiência direta, ainda não conceitualizada,[15] aquilo que os fenômenos têm de potencialmente

---

[11] "Le retour de l'événement", em *Communication* n. 18, Paris, Le Seuil, 1972.

[12] Op. cit., p. 17.

[13] Ibidem.

[14] Ibidem.

estruturável em relação ao tempo e ao espaço (por exemplo, a percepção dos fenômenos climáticos); e a faculdade de estruturar o mundo comentando-o (configuração) com auxílio da linguagem. Mas num e noutro caso, o trabalho depende da capacidade de o sujeito em integrar suas percepções num sistema de experiência ou de pensamento que preexistem ao surgimento do fenômeno, o que exige três tipos de aptidão: de *reconhecimento* do sistema de pensamento e das referências organizacionais que devem permitir perceber e interpretar os acontecimentos internos ao sistema; de *percepção* de um elemento novo, perturbador, o qual surge fora de sistema (o inesperado, o aleatório) que deve permitir depreender os acontecimentos externos, acidentais; de *reintegração* do acontecimento acidental a um dos sistemas de pensamento preexistentes que deve permitir modificar tais sistemas e assegurar, assim, sua evolução.[16]

O acontecimento nasce, vive e morre numa dialética permanente da ordem e da desordem, dialética que pode estar na natureza, mas cuja percepção e significância dependem de um sujeito que interpreta o mundo. Mortos são mortos, acontecimento que depende da conjunção de uma multiplicidade de lógicas, umas de ordem física (leis da energia) ou biológicas (envelhecimento, doenças), outras de ordem técnica (procedimentos de fabricação), outras ainda de ordem humana; mas sua significação evenemencial, o fato de que esses mortos sejam designados como parte de um "genocídio", de uma "purificação étnica", de uma "solução final", de que sejam declarados "vítimas do destino" (catástrofe natural) ou da "maldade humana" (crime), depende do olhar que o sujeito humano lança sobre esse fato, ou seja, as redes que ele estabelece, através de sua própria experiência, entre diversos sistemas de pensamento e de crenças.

Assim, não é tanto o acontecimento enquanto tal que interessa a uma disciplina do sentido, mas o que designaremos como *processo evenemencial*,˙ cujas condições de depreensão convém precisar. Para que um acontecimento possa ser depreendido, é necessário que se produza uma *modificação* no estado do mundo fenomenal, geradora de um estado de desequilíbrio, que essa modificação seja *percebida* por sujeitos (ou que estes julguem que houve

---

[15] Se decidirmos reservar a "conceitualização" para a operação de linguagem.

[16] E. Morin, op. cit., pp. 18-19.

˙ N.T.: Processo de construção do acontecimento.

modificação) num efeito de "saliência", e que essa percepção se inscreva numa rede coerente de *significações sociais* por um efeito de "pregnância".

Modificação de um estado do mundo que faz com que os seres (humanos ou não humanos) sofram uma mudança, passem de um estado (E1) a um estado (E2) provocando uma mudança na ordem das coisas, uma desestabilização de um estado estável que, em sua imutabilidade, se dava como evidência da organização do mundo, como determinismo absoluto do ser. Primeira condição para isso: é preciso que aconteça alguma coisa, isto é, que de um modo ou de outro alguma coisa cause uma ruptura na ordem estabelecida e provoque um desequilíbrio nos sistemas que fundam essa ordem.

Percepção dessa modificação, dessa ruptura, por um sujeito que tem a capacidade de ver descontinuidade no contínuo do estado do mundo, desordem num estado de ordem (ou o inverso), movimento no repouso (ou o inverso), vazio no lugar do cheio (ou o inverso), em resumo, que possa perceber tudo o que faz diferença. Segunda condição para que o acontecimento seja percebido enquanto tal: é preciso que alguém perceba o que, nele, provoca o efeito de "saliência" na uniformidade do mundo (de que serve a chuva que cai se ninguém percebe esse fenômeno?). Esse efeito de saliência remete a uma operação perceptivo-cognitiva que faz com que seja o sujeito que impõe seu olhar ao mundo, fazendo-o passar, segundo um jogo de acaso e de necessidade, de um estado de determinismo absoluto a um estado de movimento aleatório, de um estado de não acontecimento ao de acontecimento.

Significação dessa modificação do mundo, pois esta deve ser digna de interesse, deve ser notável para o sujeito como ser social. Nesse sentido, essa modificação, e sua percepção cognitiva, deve inscrever-se numa problematização, isto é, numa cadeia de causalidades que lhe conferirá uma razão de ser. E para que essa problematização se realize, é preciso que, de um lado, exista no sujeito um sistema de reconhecimento que lhe permita julgar o afastamento entre esse novo estado do mundo e as leis, as regras ou as normas do sistema preexistente e, de outro, um ato de intervenção deste sujeito que atenda a um novo desejo de reorganização do mundo, através de uma recategorização semântica. Isso produz o que denominamos de efeito de "pregnância". Assim, a modificação não é vista apenas como saliência, ela se torna pregnância para o sujeito. É pela pregnância que a saliência adquire sentido, se diversifica e se torna, de algum modo, uma nova saliência. Isso supõe que o próprio sujeito se inscreva num sistema de expectativas cuja perturbação por algo de inesperado, que provoque afastamento ou desvio, provoque ao mesmo tempo espanto e tentativa de racionalização, para estabelecer ou modificar os sistemas já existentes de inteligibilidade do mundo.

O que apontamos aqui é o processo evenemencial acidental, o que se produz pelo surgimento de um elemento perturbador da ordem estabelecida e que tem, para um dado sujeito, um caráter *insólito*. Assim se explica que o silêncio constitua acontecimento quando a palavra ou o barulho são esperados; que, inversamente, seja o barulho que constitua acontecimento quando é o silêncio que é esperado; ou ainda, que a ausência de movimento seja insólita, quando o que se espera é o movimento. E nesse processo evenemencial, efeitos de desequilíbrio, de saliência e de pregnância são solidários e intimamente ligados numa relação dialética. Isso porque, se o acontecimento só pode emergir numa fratura, ele pode "deixar-se pensar apenas em relação ao que permanece: a substância".[17] Por analogia ao sistema dos tempos gramaticais, pode-se dizer: o acontecimento é da ordem do pretérito perfeito simples (*passé simple*, em francês), mas é necessário o imperfeito para que ele seja percebido e interpretado,[18] sabendo-se que, como em toda narrativa, o imperfeito pode tornar-se saliente, pode passar ao primeiro plano onde surge a ação, enquanto o "passé simple" pode tornar-se imperfeito, passar para o segundo plano, lá onde se constitui a peripécia sem a qual a ação não teria o menor sentido.[19] Das dialéticas do "passé simple" e do imperfeito, da forma e da substância, da saliência e da pregnância, do mundo a significar e do mundo significado por um sujeito duplo, emerge o *processo evenemencial*.

OPERADORES DA CONSTRUÇÃO DO ACONTECIMENTO MIDIÁTICO

Sendo a finalidade da informação midiática a de relatar o que ocorre no espaço público, o acontecimento será selecionado e construído em função de seu potencial de "atualidade", de "socialidade" e de "imprevisibilidade".

---

[17] P. Ricoeur, "Événement et sens", op. cit., p. 44.

[18] P. Ricoeur evoca essa analogia, op. cit., p. 54.

[19] P. Ricoeur desenvolve a ideia de que "é graças à peripécia que a história contada adquire o caráter particular de só ser compreendida depois, a partir do fim [...]", op. cit., p. 50.

O potencial de "atualidade" é avaliado segundo a distância que separa o momento de aparição do acontecimento do momento da informação. O que levará as mídias a criar um dispositivo próprio para configurar a contemporaneidade (pela transmissão direta), para dar a ilusão dessa contemporaneidade (pela transmissão gravada anteriormente) ou para justificá-la (pela comemoração). Esse potencial se transformará em tendência, por parte das mídias, de tratar o acontecimento em seu imediatismo, como se ele existisse num estado definitivo e logo fosse afastado por um outro acontecimento sem relação com o anterior. Também se acha ligado à atualidade um potencial de "proximidade" espacial, que se traduz na qualidade do acontecimento em surgir num ambiente próximo ao sujeito informado. Na realidade, a noção de proximidade varia de acordo com a natureza do acontecimento e a maneira de apresentá-lo, mas pode-se dizer que essa noção participa da atualidade como imaginário de "corporeidade", isto é, de conjunção espaço-temporal.[20]

O potencial de "socialidade" é avaliado segundo a aptidão em representar o que acontece num mundo em que nada do que está organizado coletivamente (a vida da comunidade) e nada do que toca o destino dos homens pode ser estranho aos indivíduos que aí se inserem e que, por conseguinte, estão implicados como cidadãos ou seres humanos.[21] Trata-se, para as mídias, de responder à condição de pregnância, o que as leva a construir os universos de discurso do espaço público, configurando-os sob a forma de rubricas: política, economia, esportes, cultura, ciências, religião etc.

O potencial de "imprevisibilidade" corresponde à finalidade de captação do contrato de informação. A saliência será, aqui, produzida pelo fato de que o acontecimento escolhido veio perturbar a tranquilidade dos sistemas de expectativas do sujeito consumidor da informação, o que levará a instância midiática a pôr em evidência o insólito ou o particularmente notável. O acontecimento midiático será então reinterpretado em função do potencial de pregnância do receptor, isto é, de sua aptidão em recategorizar seu sistema de

---

[20] Na conjunção espaço-temporal, é sempre o corpo que tem o papel de referência absoluta.

[21] É preciso contar, aqui, que quando se fala em espaço público, se faz alusão, em geral, ao cidadão, quando realmente faz parte desse espaço, enquanto lugar de publicização, tudo o que concerne ao ser humano em seu destino coletivo. Assim se explica que acontecimentos da vida cotidiana possam ser objeto de informação tanto quanto o fato político. Apenas o domínio privado deveria escapar, mas as mídias modernas se encarregam de recuperá-la (ver nosso *La télé du talk show* ou *la parole confisquée*, em colaboração com R. Ghiglione, Paris, Dunod, 1997).

inteligibilidade e em redramatizar seu sistema emocional. Daí as numerosas tentativas da instância de produção, às quais fizemos alusão, de recuperar os *lugares-comuns*[22] que presidem ao trabalho mental de recategorização.

Assim sendo, o *propósito*, como componente do contrato de informação midiática, inscreve-se num processo de construção evenemencial, que deve apontar para o que é "notícia". O *propósito* recorta o mundo em um certo número de universos de discurso tematizados, transformando-os em rubricas, tratando-os segundo critérios de atualidade, de socialidade e de imprevisibilidade, assegurando-lhes assim uma *visibilidade*, uma *publicização*, e produzindo um possível efeito de captação. Com isso, compreende-se que o espaço público se confunda com o próprio acontecimento midiático, tal como aparece em sua configuração discursiva.[23]

---

[22] O "lugar-comum" é um saber coletivo que constitui o adubo dos sistemas de valores que servem de base aos grupos sociais.

[23] O que Paul Ricoeur chama "acontecimento sob descrição" e Louis Quéré de "a individualização dos acontecimentos", referindo-se a H. White, que ele cita, "não há nenhum sentido em falar de acontecimento em si; só se pode falar de acontecimentos sob descrição". Ver L'événement en perspective. *Raisons Pratiques 2*, Éditions de l'EHESS, Paris, 1991.

Informar em que circunstâncias?
Os dispositivos de encenação

Todo ato de comunicação se realiza num determinado ambiente físico que impõe restrições para a realização desse ato. Não é a mesma coisa conversar a dois ou a quatro, em presença de um público ou sem ele, num espaço de proximidade ou de afastamento; a maneira de falar não é a mesma se aquilo a que os interlocutores se referem está se realizando na presença dos dois (o que induz ao comentário) ou se já aconteceu (o que induz ao relato); dirigir-se ao outro oralmente face a face não é a mesma coisa que fazê-lo por escrito ou por qualquer outro meio material (interfone, telefone, ondas de rádio, imagem de vídeo etc.). A cada vez, isto é, a cada situação de comunicação atinente a um contrato, associa-se um dispositivo particular que constitui as condições materiais *ad hoc* de realização do contrato, em relação com outros componentes e com um quadro de restrições.

O dispositivo é uma maneira de pensar a articulação entre vários elementos que formam um conjunto estruturado, pela solidariedade combinatória que os liga. Esses elementos são de ordem material, mas localizados, agenciados, repartidos segundo uma rede conceitual mais ou menos complexa. O dispositivo constitui o ambiente, o quadro, o suporte físico da mensagem, mas não se trata de um simples vetor indiferente ao que veicula, ou de um meio de transportar qualquer mensagem sem que esta se ressinta das características do suporte. Todo dispositivo formata a mensagem e, com isso, contribui para lhe conferir um sentido. Seria uma atitude ingênua pensar que o conteúdo se constrói independentemente da forma, que a mensagem é o que é independentemente do que lhe serve de suporte. Entretanto, não há, como está consagrado na linguística e como o sabem e dizem todos os poetas, forma sem conteúdo, significante sem significado, mensagem sem suporte. As duas faces dessa realidade do sentido estão numa tal solidariedade[1] que não se pode atingir uma sem a outra, não se pode tocar numa sem tocar na outra, não se pode conceber uma sem, no mesmo movimento de pensamento, conceber a outra.[2] A influência entre elas é de reciprocidade dialética, concepção que se opõe tanto ao idealismo de uma cultura humanista clássica quanto ao instrumentalismo de uma cultura tecnológica moderna.

O dispositivo é um componente do contrato de comunicação sem o qual não há interpretação possível das mensagens, da mesma forma que uma peça de teatro não faria muito sentido sem o seu dispositivo cênico. De maneira geral, ele compreende um ou vários tipos de *materiais* e se constitui como *suporte* com o auxílio de uma certa *tecnologia*. É no *material* que se informa, toma corpo e se manifesta, de maneira codificada, o sistema significante: a oralidade, a escrituralidade,[3] a gestualidade, a iconicidade. No estudo do dispositivo, pode-se incluir a natureza da textura desse material: a vibração da voz, o pigmento das cores, a tipografia etc. Esses diversos materiais estão organizados em sistemas semiológicos, conjunto de redes de significantes que permitem a configuração das unidades de sentido: sistema fônico, sistema gráfico, sistema mimogestual, sistema icônico. O *suporte* também é um elemento material e funciona como canal de transmissão, fixo ou móvel: pergaminho, papel, madeira, uma parede, ondas sonoras, uma tela de cinema, uma tela de vídeo. E tal como o material dos sistemas semiológicos, sua textura se presta a estudos do ponto de vista da solidez, da gramatura, da superfície etc. A *tecnologia* é o conjunto da maquinária, mais ou menos sofisticada, que regula a relação entre os diferentes elementos do material e do

---

[1] Relação de "consubstancialidade", termo tomado de empréstimo ao vocabulário teológico, retomado por Benveniste, op. cit. (1966) para referir-se à relação de "necessidade" entre significante e significado (p. 52).

[2] Destaquemos a comparação feita por Saussure com a folha de papel da qual não podemos cortar o recto sem cortar, ao mesmo tempo, o verso.

[3] Neologismo construído a partir de "escritural", escolhido para evitar o emprego do termo "escritura" que ora se refere ao que pertence à ordem gráfica, ora a qualquer atividade de textualização (a escritura e o estilo).

suporte. Ela combina oralidade, escrituralidade, gestualidade e iconicidade, localiza de uma certa maneira os elementos sobre os suportes; chega mesmo a organizar a topologia, isto é, ordenar o conjunto dos participantes do ato de comunicação, determinar suas possíveis conexões ou mesmo regular uma parte de suas relações (o tipo de disposição espacial poderá facilitar a polêmica ou o consenso).

No que concerne à comunicação midiática, esses componentes permitem distinguir os três grandes suportes[4] de mídia, que são o rádio, a televisão e a imprensa escrita, segundo as características que lhes são próprias.[5] Por exemplo, a "voz" para o rádio, a "imagem" para o suporte televisão, a "escrita" para o suporte imprensa, diferenças de materialidade que têm uma incidência sobre as representações do tempo, do espaço e das condições de recepção construídas por cada uma dessas três mídias.

RÁDIO, UM DISPOSITIVO SONORO E "A MAGIA DA VOZ"

O rádio é essencialmente voz, sons, música, ruído, e é esse conjunto que o inscreve numa tradição oral, ainda mais que não é acompanhada de nenhuma imagem, nenhuma representação figurada dos locutores nem dos objetos que produzem essas vozes, esses ruídos, esses sons. Produz-se uma magia particular através da ausência de encarnação, e da onipresença de uma pura voz, chegando-se a identificar o tom que deixa aflorar o mistério da sedução. Sem mencionar os efeitos que os outros sons são suscetíveis de produzir, diz-se que a voz, com suas características de timbre, de entonação, de fluência e de acentuação, é reveladora do que comumente é chamado de "estado de espírito" de quem fala, isto é, dos movimentos que perpassam

---

[4] Há dois empregos para a palavra "suporte". Um, no sentido amplo, engloba os diferentes componentes definidos anteriormente. O outro, no sentido restrito de "portador" (o que leva algo). Na realidade, os dois podem estar juntos sem contradição, e é por isso que também nós o utilizamos no sentido amplo, que é o mais difundido na literatura sobre as mídias. O mesmo ocorre com o termo "dispositivo": um emprego amplo, de que nos servimos e que é relativo ao contrato geral de comunicação (ver em *Médias: faits et effets*, número especial Le Français dans le Monde, julho 1994, Hachette, Paris); e um emprego mais restrito quando se aplica à organização particular de tal ou qual programa ou gênero de programa. Assim, pode-se falar de dispositivo do contrato de informação em geral, de dispositivo do debate televisionado, de dispositivo de tal gênero de programa (por exemplo: o "debate literário"), de dispositivo de tal programa (por exemplo: *Apostrophes*), cada um estando encaixado no precedente. Logo, não há contradição entre esses empregos, simplesmente diferença de campo de aplicação.

[5] Isso está de acordo com a abordagem "midiológica" definida por Régis Debray, Daniel Bougnoux e outros pesquisadores dos *Les Cahiers de Médiologie*.

sua afetividade, sua interioridade oculta ou pelo menos invisível, a imagem que faz de si mesmo (e eventualmente dos outros) e até sua posição social. Assim, o locutor poderá parecer autoritário ou humilde, poderoso ou frágil, emotivo ou senhor de si, emocionado ou frio, tudo aquilo com que jogam os políticos e os profissionais das mídias.

A oralidade, além disso, é um tipo de troca linguageira particular: trata-se da interação verbal, que é mais ou menos regulada de acordo com as situações, e é reveladora do tipo de relação que os interlocutores instauram entre si, de paixão (calor humano) ou razão (distância), de polêmica ou conivência; do tipo de relação que mantêm com o mundo que os cerca, e mesmo do tipo de contato que pode estabelecer-se entre a instância de emissão e a instância de recepção. Isso tem consequências para a encenação midiática.

Inicialmente, com relação ao *tempo*. Vimos que o acontecimento, destinado a tornar-se notícia, deve, por contrato, produzir-se numa temporalidade a mais próxima possível daquela da instância de recepção (pela restrição de atualidade). A mídia, qualquer que seja, deve gerenciar essa restrição, sabendo que o tempo do acontecimento é diferente – e anterior ao – do tempo da enunciação da instância de produção, o qual é diferente – e anterior ao – do tempo de consumo da instância de recepção. Assim, o que define a atualidade das mídias é, simultaneamente, o espaço-tempo do surgimento do acontecimento, o qual deve poder ser percebido como contemporâneo por todo e qualquer indivíduo social (inclusive o jornalista), e o espaço-tempo da própria transmissão do acontecimento entre as duas instâncias da informação. Essa cotemporalidade é tratada diferentemente segundo o suporte midiático que a põe em cena, e o rádio é, das três mídias, a que melhor pode fazer coincidir tempo do acontecimento e tempo da escuta. A maleabilidade do suporte (um simples microfone que tem a faculdade de se deslocar por toda parte), uma tecnologia ao mesmo tempo simples (não há nada mais fácil atualmente do que captar ondas sonoras) e sofisticada (potência e sensibilidade de microfones miniaturizados) fazem com que seja possível estar rapidamente no local das operações e seguir todos os movimentos dos protagonistas. O rádio é, por excelência, a mídia da transmissão *direta* e do *tempo presente*.[6]

---

[6] Basta lembrar o papel do rádio em algumas grandes crises políticas (guerras, revoltas, insurreições, Maio de 68) antes que a televisão se tornasse dominante.

Com relação ao espaço, cria-se um contato ou uma distância entre a instância de produção e a instância de recepção. Se esta, irremediavelmente, não tem contato na mídia impressa,[7] e está distante na televisão, em contrapartida no rádio a distância fica quase abolida, entre a mídia e o ouvinte, pela transmissão direta da oralidade, à qual se acrescentam uma enunciação interpelativa da parte da instância midiática e diversas estratégias de interatividade (telefone, correio eletrônico, sondagens imediatas etc.), criando intimidade, confidência, até mesmo ambiente propício às confissões.

Com relação às *condições de recepção*: estas são próprias a cada grande tipo de mídia, e induzem a formatações e apresentações diferentes da informação. Quanto ao rádio, ao jogar, como acabamos de ver, com as características próprias à oralidade, à sonoridade e à transmissão direta, cria duas cenas de fala: uma de descrição e de explicação dos acontecimentos do mundo, outra de troca de intervenções, de opiniões, de pontos de vista. No que concerne à descrição dos acontecimentos, o ouvinte, que não dispõe de imagens, as reconstitui graças a seu poder de sugestão, de evocação, favorecendo uma reconstrução imaginada livre, com o auxílio de associações pessoais (o que não é o caso da televisão que mostra, e, portanto, impõe). No que concerne à explicação, o ouvinte, que não dispõe do suporte escrito que lhe permita fazer um vai-vem em sua leitura, deve pôr em funcionamento um tipo de compreensão particular que se baseia numa lógica "de justaposição" (bem diferente daquela da leitura) pelo fato de que o desenvolvimento explicativo do discurso não pode proceder, como na escrita, por subordinação e encaixe dos argumentos. Esse fenômeno se acentua quando se trata de debates e entrevistas, pois o que se tem é uma oralidade cheia de interrupções, hesitações, retomadas, redundâncias, em suma, todas as características próprias à interação verbal, mesmo que nas mídias elas sejam particularmente orquestradas. Contudo, não se pode dizer que o rádio seja a mídia da conversação livre que se caracterizaria pelas construções frasais errôneas e pelas impropriedades. Isso pode acontecer por parte de algum convidado a falar ou a polemizar, mas o rádio é uma mídia na qual os jornalistas escrevem suas intervenções, preparando-se para oralizá-las em seguida. Daí nasce uma técnica da palavra radiofônica que faz com que jornalistas – sobretudo

---

[7] As cartas dos leitores são uma pálida simulação de contato. Por outro lado, os editoriais e algumas crônicas procuram, pelo jogo das intervenções do narrador, criar a ilusão do contato.

os especializados e os cronistas – acabem falando do jeito que escrevem. A isso se pode acrescentar que a escuta do rádio não exige o mesmo tipo de concentração, por exemplo, daquela que é necessária para a leitura de um jornal, principalmente porque a escuta se dá num espaço onde podem realizar-se simultaneamente diversas atividades.[8]

Todas essas características próprias ao dispositivo do rádio permitem compreender porque essa mídia, universo por excelência da voz, é particularmente eficaz quando produz: uma palavra de informação factual imediata (os *flashes de informação)*,[9] uma palavra polêmica nas entrevistas e debates,[10] uma palavra intimista em certas conversas, que se aproximam da confissão,[11] uma palavra de análise espontânea feita de comparações e metáforas,[12] enfim, uma palavra romanesca nas narrativas de belas histórias, mesmo que, aí, a magia do verbo não seja o mais importante.[13]

TELEVISÃO, UM DISPOSITIVO VISUAL E O "CHOQUE DAS IMAGENS"

A televisão é imagem e fala, fala e imagem. Não somente a imagem, como se diz algumas vezes quando se trata de denunciar seus efeitos manipuladores, mas imagem e fala numa solidariedade tal, que não se saberia dizer de qual das duas depende a estruturação do sentido. É claro que cada uma dessas matérias significantes tem sua própria organização interna, constituindo um sistema semiológico próprio, cujo funcionamento discursivo constrói universos de sentidos particulares, podendo a imagem jogar mais com a representação do *sensível*, enquanto a palavra usa da *evocação* que passa pelo conceitual, cada uma

---

[8] Tomar uma ducha, comer, trabalhar, o que não seria possível com a televisão, a menos que esta seja usada como se fosse um rádio. Isso não quer dizer, no entanto, que os ouvintes não registrem as informações, inclusive as mais sérias e as mais difíceis. Não se sabe muita coisa sobre os mecanismos psicológicos que presidem à retenção e à compreensão, mas dizer, como os próprios jornalistas afirmam em algumas ocasiões (ver *Mscope n.* 1, março 1992, op. cit., a entrevista de dois jornalistas de rádio), que é preciso ser simples e superficial porque os ouvintes não estão totalmente acordados de manhã cedo, não tem nenhum fundamento.

[9] Daí as estações de rádio de informação contínua.

[10] Na França, por exemplo, o programa *Le masque et la plume* [A máscara e a pena], da rádio France-Inter.

[11] Na França, por exemplo, as noites de Macha Béranger, na rádio France Inter.

[12] Nota-se que os cronistas dos jornais radiofônicos usam e abusam desses procedimentos retóricos em nome da explicitação.

[13] Muitos ouvintes pesquisados são incapazes de reproduzir as histórias contadas, mas todos dizem, referindo-se ao contador das histórias: "mas que voz bonita ele(ela) tem!"

gozando de certa autonomia em relação à outra. Em alguns tipos de mensagens, como a publicidade[14] e o telejornal, é de sua interdependência que nasce a significação. Assim, não há, para a significação televisiva, imagem em estado puro como poderia ser o caso em algumas criações figurativas da fotografia ou das artes plásticas (pintura, escultura). Entretanto, convém não assimilar depressa demais a imagem televisionada – aquela destinada à informação – e a imagem cinematográfica, como o assinalaram alguns autores.[15] Esta última tem uma mesma origem enunciativa (um autor-diretor)[16] visando à construção de um discurso ficcional. A imagem televisionada tem uma origem enunciativa múltipla[17] com finalidades de construção de um discurso ao mesmo tempo referencial e ficcional,[18] o que coloca um problema de responsabilidade jurídica: quem é o autor de uma informação televisiva? Quem pode responsabilizar-se pelo sentido que lhe é conferido?

Isso explica a relação particular que se instaura, na televisão, entre imagem e fala, a qual pode ser constatada no fato de que o telejornal pode ser ouvido sem ser olhado, como se se tratasse de informações do rádio, e no fato de que, se fizermos uma comparação entre os canais, as mesmas imagens[19] tomam um sentido diferente conforme o comentário que as acompanha.[20]

Lembremos[21] que a imagem é suscetível de produzir três tipos de efeitos: um efeito de *realidade*, quando se presume que ela reporta diretamente o que

---

[14] Em 1967, Roland Barthes já mostrava, a respeito da imagem publicitária, as funções de "ancoragem" e de "retransmissão", que podiam instaurar-se entre texto e imagem.

[15] F. Jost: "Propositions pour une typologie des documents audiovisuels", revista *Sémiotica*. G. Leblanc e J. Mouchon, "Le visuel dans l'information", *Études de communication*, n. 15, Université de Lille III, 1994. G. Lochard, "Le télévisuel comme objet autonome", revista *Degrés*, n. 48, inverno de 1986, Bruxelas.

[16] Mesmo que este autor seja múltiplo, pelo fato da intervenção de um roteirista, de um dialoguista, de um cinegrafista etc., esse conjunto constitui uma mesma instância de enunciação, cujos componentes se fundem através da operação de montagem. Aliás, é assim que o espectador o percebe.

[17] A do próprio acontecimento, a de sua filmagem, a de sua montagem e a de sua difusão, com seu comentário e o trabalho da equipe do estúdio.

[18] As coisas não são assim tão definidas. Na construção ficcional há também um jogo no qual se trata de testemunhar uma certa realidade (efeitos de real), mas essa não está em relação com uma referencialidade imediata do mundo. Quanto à construção referencial da imagem televisual, trata-se de uma idealidade que é dada por contrato (credibilidade: "autenticar a realidade mostrando-a"). Sabe-se, no entanto, que o outro aspecto do contrato (a captação) tende a ficcionalizar essa realidade referencial. Mas essa ficcionalização não é da mesma ordem, pois o propósito não é o mesmo: de simbolização para o cinema, de dramatização para a televisão.

[19] Pelo fato de existirem bancos de imagens comuns aos diferentes canais.

[20] Isso se verificou particularmente durante a Guerra do Golfo, pobre em imagens, em que umas eram repetitivas (visão de um rastro luminoso que se dizia serem os *scuds*), outras fornecidas pelo Pentágono.

[21] Desenvolvemos este ponto em *La parole confisquée...*, op. cit., 1997.

surge no mundo; um efeito de *ficção*, quando tende a representar de maneira analógica um acontecimento que já passou (reconstituição); um efeito de *verdade*, quando torna visível o que não o era a olho nu (mapas, gráficos, macro e micro tomadas de imagem em *close-up*, que, ao mesmo tempo, desrealizam e fazem penetrar o universo oculto dos seres e dos objetos).[22]

No que concerne ao *tempo*, a televisão, apesar das câmeras cada vez mais sensíveis e leves, tem muita dificuldade em fazer coincidir tempo e acontecimento, tempo da enunciação e tempo da transmissão. O peso do material e a rigidez da programação[23] fazem com que, na maior parte das vezes, a transmissão dos acontecimentos pela televisão não seja direta.[24] E mesmo quando tem a possibilidade de acompanhar diretamente o acontecimento, a espontaneidade dos atores dos acontecimentos, particularmente nas entrevistas, é afetada pela presença das câmeras. Em todo caso, quando a televisão transmite ao vivo, o efeito de presença é tal que toda distância espacial fica abolida, toda fronteira temporal desaparece e cria-se a ilusão de uma história se fazendo numa cotemporalidade com o fluxo da consciência do telespectador: o acontecimento mostrado, eu o vi, eu, em meu presente, ao mesmo tempo atual e intemporal, pois passado e futuro se fundem nele.

No que concerne ao *espaço*, a mídia televisual pode criar a ilusão do contato entre instância de enunciação e instância de recepção – na representação pela imagem de uma situação face a face entre essas duas instâncias (a posição do apresentador do telejornal, diante da câmera, logo, diante do telespectador, simula o face a face da situação de interlocução). Tal como o rádio, a televisão pode recorrer a estratégias de interatividade (telefone, e-mail, sondagens imediatas etc.), mas sabe-se que essas, na realidade, produzem apenas um simulacro de contato, pois o receptor interveniente é imediatamente "fagocitado" pela encenação midiática. Apesar disso, há um efeito de contato, pois a televisão, ao utilizar-se de todos esses procedimentos, pode criar a ilusão de que representa o mundo dos acontecimentos tal como ele é; próximo ou distante, o mundo se torna

---

[22] As reportagens esportivas usam esse procedimento de visualização para mostrar a expressão do rosto dos jogadores ou lances litigiosos dos jogos (impedimentos no futebol, chegada dos concorrentes numa corrida etc.); durante os debates, quando mãos são mostradas em close-up, ou expressões do rosto do oponente em contraplano.

[23] Entretanto a televisão, como se sabe, teve uma grande força simbólica na queda dos governos socialistas dos países do Leste europeu.

[24] Basta comparar as informações difundidas pelas estações de rádio especializadas (France-Info) e os canais de televisão (LCI, CNN) para se verificar que, desse ponto de vista, são as rádios que saem na frente.

presente, aumentando o efeito de ubiquidade; cria a ilusão da *encarnação*, que é suscetível de produzir: um efeito de autenticação do acontecimento (é o que a expressão "eu vi na televisão" significa); um efeito de fascinação que pode fazer com que o telespectador, obcecado pela imagem do drama que lhe é apresentado, elimine o resto do mundo e o reduza à imagem que vê na telinha; e ainda um efeito de voyeurismo que pode fazer com que o telespectador tenha a impressão de penetrar em uma intimidade sem que a pessoa olhada o saiba.[25]

Se a televisão é, por excelência, a mídia do visível, ela só pode proporcionar dois tipos de olhar: um olhar de *transparência*, mas de ilusão de transparência, quando pretende desvelar, descobrir o oculto, mostrar o outro lado do espelho; o outro, de *opacidade*, quando impõe sua própria semiologização do mundo, sua própria intriga, sua própria dramatização. Eis por que é particularmente apropriada para apresentar as cenas nas quais se desenrolam os dramas do mundo (através dos telejornais, das reportagens e das revistas, impressas ou televisionadas), aquelas em que se desdobram os conflitos de palavra entre o poder político e o poder civil (nas entrevistas e nos debates) e aquelas em que se desdobra a palavra da intimidade com efeito catártico. Mas como a imagem é consumida como um bloco semântico compacto,[26] quer pela transparência, quer pela opacidade, a televisão é pouco apropriada para discriminar, analisar, e explicar.

A imagem televisual é "a-contemplativa",[27] pois, para que a contemplação seja possível, é preciso que o objeto olhado se fixe ou se desdobre na espessura do tempo e que o sujeito que olha esteja livre para orientar o seu olhar. Ora, a televisão se inscreve numa sequenciação temporal breve, que se impõe à instância que olha, orientando-a em seu olhar sobre os dramas do mundo. Assim, pode-se dizer que a televisão cumpre um papel social e psíquico de reconhecimento de si através de um mundo que se fez visível.[28]

---

[25] É sobre esse aspecto que agem os *talk shows* (ver *La parole confisquée*..., op. cit., Dunod, 1997).

[26] Ainda não estão definidas as diferenças entre os processos de compreensão de uma comunicação verbal ou visual. Até prova em contrário, pode-se defender a hipótese da compreensão compacta da imagem. Além disso, será necessário também se interrogar sobre os processos de compreensão da imagem virtual.

[27] O que explica o problema dos programas de arte na televisão e particularmente de pintura.

[28] "Essa semiotização do real pela imagem, em que cada um se projeta no que lhe aparece como um reflexo de seu ambiente, é constitutiva do sujeito." (Claire Belisle, "Image, imaginaire et représentation en formation d'adultes", em *Les savoirs dans les pratiques quotidiennes*, CNRS, 1984).

IMPRENSA, UM DISPOSITIVO DE LEGIBILIDADE E O "PESO DAS PALAVRAS"

A imprensa é essencialmente uma área escritural, feita de palavras, de gráficos, de desenhos e, por vezes, de imagens fixas, sobre um suporte de papel. Esse conjunto inscreve essa mídia numa tradição escrita que se caracteriza essencialmente por: uma relação distanciada entre aquele que escreve e aquele que lê, a ausência física da instância de emissão para com a instância de recepção; uma atividade de conceitualização da parte das duas instâncias para representar o mundo, o que produz lógicas de produção e de compreensão específicas; um percurso ocular multiorientado do espaço de escritura que faz com que o que foi escrito permaneça como um traço para o qual se pode sempre retornar: aquele que escreve, para retificar ou apagar, aquele que lê, para rememorar ou recompor sua leitura.

A relação de distância e de ausência física entre as instâncias da troca faz com que a imprensa seja uma mídia que, por definição, não pode fazer coincidir tempo e acontecimento, tempo da escritura, tempo de produção da informação, e tempo de leitura. Sabe-se que é necessário um certo tempo de fabricação do produto, depois, um tempo de transporte de um lugar ao outro (circuito de distribuição) e enfim um tempo de leitura, uma sucessão de momentos operatórios que produzem uma grande defasagem entre o surgimento do acontecimento e o momento em que o leitor toma conhecimento dele.[29]

A atividade de conceitualização é muito mais analítica do que na oralidade ou na iconicidade. Além disso, como tal atividade se acompanha de um movimento ocular que percorre seguidamente o espaço escritural do começo ao fim (e mesmo em vários sentidos), o leitor põe em funcionamento um tipo de compreensão mais discriminatória e organizadora que se baseia numa lógica "hierarquizada": operações de conexão entre as diferentes partes de uma narrativa, de subordinação e de encaixe dos argumentos, de reconstrução dos diferentes tipos de raciocínio (em árvore, em contínuo, em paralelo etc.). A escrita desempenha o papel de prova para a instauração da verdade, o que não é possível para a oralidade, não recuperável e aparentemente mais efêmera.

Essas características próprias ao dispositivo da imprensa permitem compreender porque essa mídia, universo por excelência do legível, é

---

[29] Essa desvantagem será compensada pelo desenvolvimento de um espaço estratégico de informação diferente daquele das outras duas mídias.

particularmente eficaz; por um lado, nas análises e comentários, nos editoriais, nas tribunas e reflexões, nas crônicas, em tudo o que aprofunda a informação, que a coloca em perspectiva e que indaga sobre as prováveis consequências dos acontecimentos; por outro lado, nas narrativas, nas notícias locais (os *faits divers*) e na montagem de dossiês; e ainda, nas informações dos classificados, das variedades, local por excelência de um percurso sinótico; enfim, nas manchetes, que, funcionando como anúncios sugestivos semelhantes aos *slogans* publicitários, são destinadas a desencadear uma atividade de decifração, isto é, de inteligibilidade.

CONCLUSÃO: CONTRATO MIDIÁTICO, MÁQUINA DE CONSTRUIR ESPAÇO PÚBLICO E OPINIÃO PÚBLICA

Para encerrar esta parte, completaremos o esquema da construção do sentido descrito na primeira parte, aplicando-o à comunicação midiática. Esta, como todo ato de comunicação, realiza-se segundo um duplo processo de transformação e de transação. Nesse caso, o "mundo a descrever" é o lugar onde se encontra o "acontecimento bruto" e o processo de *transformação* consiste, para a instância midiática, em fazer passar o acontecimento de um estado bruto (mas já interpretado), ao estado de mundo midiático construído, isto é, de "notícia"; isso ocorre sob a dependência do processo de *transação*, que consiste, para a instância midiática, em construir a notícia em função de como ela imagina a instância receptora, a qual, por sua vez, reinterpreta a notícia à sua maneira. Esse duplo processo se inscreve, então, num contrato que determina as condições de encenação da informação, orientando as operações que devem efetuar-se em cada um desses processos.

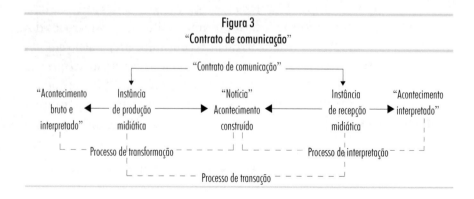

Figura 3
"Contrato de comunicação"

É o contrato de comunicação midiático que gera um *espaço público* de informação e é em seu próprio quadro que se constrói a *opinião pública*.

Do espaço público

A noção de espaço público tem sido objeto de numerosos estudos, alimentando uma discussão em torno de sua estrutura e de sua composição, discussão que fomenta certas ideias que tendem a estabilizar-se em torno das propostas de Habermas e de Arendt. Não abordaremos os detalhes desse debate. Nosso propósito é de retomar, numa problemática linguageira, o que nos parece ser consenso no campo filosófico-sociológico, para esclarecer o ato de informação midiática.

A noção de *espaço público* se amplia cada vez mais: desde a origem – o advento da *polis* grega –, que funda as bases da oposição entre *coisa pública* e *coisa privada*, passando pela *civitas* romana, que desenvolve a noção de "bem comum" ligando-a à de poder, e pelo Renascimento, que tira o que é público do mundo monárquico para ampliá-lo num mundo burguês e quase exclusivamente citadino, até a época contemporânea, que, associando-a à noção de *opinião pública*, faz dela um espaço de representação, de compartilhamento e de discussão da cidadania.[30] Com isso, ela suscita duas questões correlatas: a da fronteira entre o público e o privado, acentuada com a evolução das mídias, principalmente da televisão, que investe cada vez mais no domínio privado; a da natureza do que é de ordem pública, particularmente sobre a questão de saber se esta é uma ou plural, homogênea ou heterogênea.[31]

Para responder à questão da *fronteira entre espaço público* e *espaço privado*, nos referiremos aos conceitos que permitem explicar o fenômeno de constituição, de manutenção, e de desaparecimento das línguas, quer sejam patoás, dialetos ou línguas nacionais.

Por um lado, uma língua vive através das atividades do grupo social que a fala – o grupo que, ao mesmo tempo, faz uso da palavra e tenta representar o funcionamento de sua língua atribuindo-lhe valores. Por isso as línguas se

---

[30] Ver sobre esta questão a apresentação do dossiê "Espaces publics, sciences sociales et démocratie", por P. Chanial, em *Quaderni* n. 18, 1990.

[31] Ver, no conjunto do dossiê, a crítica que Habermas faz de sua própria proposição, neste mesmo número de *Quaderni*, sob o título "L'espace public, 30 ans après".

"gramatizam"[32] segundo um sistema de prescrição social, sustentado pela escola, que dita as fronteiras entre o correto e o erro, o que se diz e o que não se diz, o que é o bem e o mal falar. Assim se fundam as comunidades linguísticas. Por outro lado, essas comunidades são submetidas a pressões linguísticas vindas do exterior: seja porque procuram estender seu território ou aumentar o número de seus membros conquistando outras comunidades vizinhas, colocando-se então o problema do confronto linguístico, seja porque são elas que se acham infiltradas, ou mesmo invadidas pelos membros de outras comunidades, ou por usos e costumes estrangeiros,[33] colocando-se então o problema da integração linguística. Assim, diante da pressão linguística, o grupo social pode agir aceitando[34] essas novidades, pois a comunidade as integrará por empréstimo ou assimilação[35] correndo o risco de modificar[36] sua língua;[37] esse movimento centrífugo corresponde ao que os dialetólogos chamam de "força de intercurso". Mas o grupo social pode igualmente reagir, rejeitando as novidades, fechando-se sobre si mesmo, defendendo sua possessão linguística;[38] esse movimento centrípeto corresponde ao que os dialetólogos designam pela expressão "espírito de campanário".

Esse duplo jogo de uso/representação e de força centrífuga (abertura)/ força centrípeta (fechamento), em reação às influências exteriores, pode ser estendido a toda organização social de uma comunidade humana, qualquer que seja sua dimensão. Um grupo social, para reconhecer-se como tal, precisa regular suas trocas segundo regras de classificação dos objetos, das ações e das normas de julgamento. É preciso então que o grupo aja, mas também que julgue seus próprios comportamentos, que produza discursos de avaliação e que, fazendo circular estes últimos, faça compartilhar tais representações.

As representações têm essencialmente três funções sociais intimamente ligadas umas às outras: a de *organização coletiva* dos sistemas de valores,

---

[32] Termo proposto por Sylvain Auroux. Ver "Journalistes et linguistes, même langue, même langage?", revista *Mscope,* Hors série, abril 1994, p. 19, CRDP de Versailles. Ver também, do mesmo autor, *La philosophie du langage,* PUF, Paris, 1996.

[33] Objetos importados, modismos de linguagem que criam empréstimos e neologismos.

[34] Não se trata de uma aceitação necessariamente consciente, e esta é muito variável segundo as comunidades.

[35] Há diversos tipos de assimilação: fonética, morfológica, sintática, lexical.

[36] Os puristas dizem "perverter".

[37] Essa modificação é mais ou menos importante, e se faz ao longo do tempo. Assim se passou do latim popular ao romance, depois às línguas francesas "d'oc" e "d'oïl", posteriormente ao francês língua nacional.

[38] Assim se explicam os movimentos esporádicos, na França particularmente, de defesa da língua.

que constituem esquemas de pensamento normatizados próprios a um grupo; a de *exibição*, diante de sua própria coletividade, das características comportamentais do grupo (rituais e lugares-comuns) com fins de visibilidade, pois os membros do grupo têm necessidade de conhecer o que compartilham e o que os diferencia dos outros grupos, para construir sua identidade; a de *encarnação* dos valores dominantes do grupo em figuras (indivíduo, instituição, objeto simbólico) que desempenham o papel de representantes da identidade coletiva.

Assim constituem-se exclusões,[39] e, portanto, os territórios e fronteiras de um espaço ao redor do qual é percebido como o mesmo ou o outro, num jogo permanente entre movimentos de "normatização" segundo Habermas,[40] de "publicização" segundo Arendt,[41] e, acrescentaríamos, para compreender o papel desempenhado pelas mídias, de "presentificação".

Isso explica por que, por definição, o espaço público não pode ser universal, ao contrário, é dependente das especificidades culturais de cada grupo, mesmo que se possam notar semelhanças entre alguns deles pelo fato de pertencerem à mesma área civilizacional.[42] Isso explica também que a diferença entre o privado e o público não deva se conceber como uma oposição fixa, mas como um duplo movimento centrífugo e centrípeto que faz com que um se deixe invadir pelo outro, e que ao mesmo tempo os dois sejam levados a se recompor e a se redefinir concomitantemente. Quando as revistas populares começaram a aproveitar-se da vida privada das estrelas do *show business*, era para tornar público o privado; quando a televisão moderna mostra os políticos, com esposa e amigos em programas que tratam de problemas da vida cotidiana, ou mesmo íntima, é para tornar público um outro tipo de privado; quando se fazem programas com indivíduos anônimos que são transformados em heróis por um dia diante do público e das câmeras, como nos *reality shows*, trata-se

---

[39] É o fundamento da teoria de confinamento de Michel Foucault (ver *Surveiller et punir*, Paris, Gallimard, 1975).

[40] *L'espace public: archéologie de la publicité comme dimension constitutive de la société bourgeoise*, Paris, Payot, 1978. *Théorie de l'agir communicationnel*, Paris, Fayard, 1987.

[41] *Le système totalitaire*, Le Seuil, 1972. *La crise de la culture*, Paris, Gallimard, 1972.

[42] Esse conceito de "área civilizacional" refere-se ao fato de que, como resultado de contatos entre povos e culturas, produzem-se trocas e assimilações de comportamentos, de representações e, por conseguinte, de valores, o que acaba por criar vastos espaços de "reconhecimento" para além das especificidades culturais, um lugar mental comum, como diz o escritor martiniquês Édouard Glissant (*Le discours antillais*, Paris, Le Seuil, 1981), como, por exemplo a área da civilização ocidental. Além disso, depois de termos feito pesquisas comparadas sobre os debates na televisão em diversos países da Europa, podemos concluir provisoriamente pela pregnância da especificidade dos espaços públicos de cada cultura dominando a máquina midiática televisual (ver Charaudeau, P. e Ghiglione, R., *La télé du talk show ou la parole confisquée*, Paris, Dunod, 1997).

ainda de tornar público o privado até então desconsiderado. Assim sendo, é através dessa sucessão de recomposições da oposição público/privado que o que é transgressão num primeiro tempo torna-se norma posteriormente. Assim foi-se modificando essa oposição, desde a origem da noção de bem comum (que para os gregos era o critério que permitia determinar o que era ordem pública), até hoje, em que o que é bem individual ou coletivo parece ter sido declarado necessariamente objeto comum. Há aí alguma coisa que George Balandier denomina "*a palavra enfraquecida*, o oculto que se torna manifesto a cada instante sob o regime do tudo visível".[43]

Para responder à questão da *natureza do espaço público*, referimo-nos à noção de "discurso circulante". O discurso circulante é uma soma empírica de enunciados com visada definicional sobre o que são os seres, as ações, os acontecimentos, suas características, seus comportamentos e os julgamentos a eles ligados. Esses enunciados tomam uma forma discursiva que, por vezes, se fixa em fragmentos textuais (provérbios, ditados, máximas e frases feitas), por vezes varia em maneiras de falar com fraseologia variável que se constituem em socioletos.[44] É através desses enunciados que os membros de uma comunidade se reconhecem. Pode-se atribuir ao discurso circulante ao menos três funções, que nos remetem, em parte, às das representações:[45]

- uma função de *instituição do poder/contrapoder*. Ela é assegurada por discursos que produzem uma "palavra de transcendência", isto é, uma palavra que se impõe como autoridade, uma autoridade que procede de sua posição de supremacia ou de posição acima das massas, e que, por isso, confere sentido à ação social, a orienta, lhe serve de guia e fundamenta sua potência. Trata-se aqui do discurso do poder político, de tudo o que o encarna institucionalmente e particularmente do que aparece sob a figura do Estado. Entretanto, diante desses discursos de poder desenvolvem-se (onde é possível) outros discursos, de reivindicação, de contestação da

---

[43] Ver em *Mscope*, n. 6, op. cit., p. 153.

[44] Esse termo em uso na sociolinguística designa "o uso próprio a uma categoria social particular, (como) o idioleto é uma maneira de falar característica de um indivíduo [...] e o tecnoleto, o uso próprio a um domínio profissional" (Boyer, H., *Éléments de sociolinguistique*, Paris, Dunod, 1991. Nós o tomamos de empréstimo estendendo-o aos usos discursivos e não apenas aos da língua.

[45] Não se trata pois, aqui, de uma concepção "representacionista" da linguagem que defende, como diz L. Quéré (L'événement en perspective, *Raisons Pratiques 2*, Paris, Édition de l'EHESS, 1991), "a ideia de que se possa separar nitidamente a linguagem daquilo que ela representa, descreve, reporta" (p. 267). Para nós, o processo de representação se confunde com o de significação construída pela linguagem, em seus aspectos referencial, pragmático e psicossocial.

ordem imposta, e cuja força depende ao mesmo tempo da organização do grupo que os produz, de suas possibilidades de mobilização e dos valores éticos emblematizados. Esses discursos agem como um contrapoder, uma contraorientação, representando tradicionalmente o discurso do poder civil que preferimos chamar de discurso da "sociedade cidadã".

• uma função de *regulação do cotidiano social.* Essa é assegurada por discursos banais que, ao mesmo tempo, determinam o que são e o que devem ser os comportamentos do corpo social. Ao ritualizar os atos de linguagem do cotidiano, ao produzir discursos que justificam os hábitos comportamentais (alimentares,[46] de transportes, de trabalho, de lazer etc.), ao dotar-se de códigos linguageiros (de polidez, de honra, de acolhimento),[47] os grupos sociais constroem para si uma visibilidade através de discursos que normatizam as relações sociais, produzindo o que Erving Goffman chama de "enquadres da experiência",[48] os quais se fundamentam em avaliações éticas, identificações ou recalques de emoções,[49] determinando assim o que é ordem ou desordem, para fazer ou para não fazer, o bem ou o mal. Trata-se do discurso que mostra o civil anônimo que preferimos chamar de "sociedade em geral".

• uma função de *dramatização.* Essa é assegurada por discursos que relatam os problemas da vida dos homens, a maneira pela qual esses, em confronto com as forças do visível e do invisível, levam sua vida, por intermédio de imaginários, num combate sem tréguas entre as forças de seu próprio desejo e as forças do destino que se impõem como fatalidade. Trata-se aqui das histórias, dos relatos ficcionais, mitos e outros discursos que registram o destino humano.

Essas funções se entrecruzam de maneira permanente, construindo um espaço público que não pode ser considerado um lugar homogêneo, posto que atravessado por movimentos e discursos de socialização e de publicização. Retomamos aqui o ponto de vista de Habermas, que, em sua revisão teórica,[50]

---

[46] A gastronomia de um país resulta de uma mistura de vários ingredientes: os alimentos de base que aí se encontram, práticas culinárias provenientes de experiências quotidianas e os discursos de valorização dessas práticas.

[47] Ver *Les rituels du Savoir vivre*, Dominique Picard, Le Seuil, Paris, 1995.

[48] Ver Les Éditions de Minuit, Paris, 1991.

[49] Ver "Les émotions et l'espace public", de Patricia Paperman, op. cit.

[50] "L'Espace Public, 30 ans après", em *Quaderni* n. 18.

reconhece que "os próprios critérios de julgamento mudaram [...] pela permeabilidade crescente das fronteiras entre cultura em geral e alta cultura, e pela 'nova intimidade entre política e cultura', ela própria também ambivalente, não assimilando com facilidade a informação à distração". O espaço público não é único, nem um fato, nem um ponto de partida. Ele resulta da conjunção das práticas sociais e das representações. As práticas sociais constituem o motor das representações, e estas são a razão de ser daquelas, atribuindo-lhes valores que tendem a confirmá-las ou a modificá-las. Essa interação dialética constrói um espaço público plural e em movimento.

Assim sendo, não podemos concordar com aqueles que deixam transparecer[51] que as mídias modernas se apoderaram do espaço público para transformá-lo. As mídias são apenas uma forma de publicização. Sua ação é participar do que constitui, desconstitui, transforma o espaço público, no quadro do contrato de informação midiático. O que acontece, na realidade, é que em certos momentos da história a publicização do espaço público toma uma forma particular; já o foram, cada uma à sua maneira, a Igreja, a monarquia, a festa e o bufão na Idade Média,[52] hoje são as mídias, particularmente a televisão.

DA OPINIÃO À OPINIÃO PÚBLICA

Nessa relação entre instância de produção e instância de recepção constrói-se a opinião pública. Mas, o que é a opinião pública, que tipo de relação se instaura entre essas duas instâncias, e o que é a opinião, simplesmente?

A opinião pertence ao vasto domínio do crer, isto é, ao que não está em relação direta com a ação, mas com o imaginário de saber no qual o sujeito pode exercer seu julgamento. O crer se define numa relação do sujeito ao saber. É, pois, mais vasto que a opinião, visto que inclui também a crença. Mas referimo-nos às mesmas noções quando falamos de saber, de crença, de opinião ou de apreciação?[53]

O saber não é, como se diz com frequência, o ponto terminal da passagem de um estado provisório de conhecimento a um estado final, ao término

---

[51] Muitos trabalhos e crônicas nos jornais repercutem um certo discurso catastrofista.

[52] Ver o bate-papo Georges Balandier – Régis Debray, em *Mscope*, n. 6, dezembro 1995, CRDP de Versailles.

[53] Quanto a isso, concordamos em grande parte com a análise proposta por Quéré em "L'opinion: l'économie du vraisemblable", revista *Réseaux*, n. 43, CNT, 1990.

de um processo de "desmodelização",[54] que consiste em submeter os fatos a uma série de provas de realidade para estabelecer uma verdade ou uma falsidade que seria independente do sujeito. Se assim fosse, haveria de início uma opinião, depois se teria acesso ao saber. O saber, ao contrário, pertence a um domínio de reconhecimento dos fatos, que é totalmente independente de qualquer ato de enunciação, logo, de qualquer presença de sujeito. Nessa perspectiva, dir-se-á que o sujeito tem ou não o saber e que ele não tem ponto de vista sobre o saber. O saber seria uma entidade discreta, que pode ser chamada então de conhecimento.

A crença pertence a um domínio no qual já existe uma verdade constituída, que depende de um certo sistema de pensamento, e à qual o sujeito adere de maneira não racional. É pois um domínio que se define pelo encontro entre uma verdade como "saber que se sabe saber"[55] e um sujeito que se dirige a essa verdade animado de "uma certeza sem provas",[56] e que dela se apropria. Reconhecem-se aqui os movimentos individuais ou coletivos de adesão a grandes sistemas de pensamento ou a algumas narrativas do mundo que constituem o suporte das crenças religiosas, mágicas ou míticas. Mas não se trata somente disso. Toda adesão a ideias preconcebidas, a rumores, a julgamentos estereotipados que aparecem sob a forma de enunciados mais ou menos fixos (provérbios, aforismos, máximas, mas também expressões idiomáticas, fraseologia ritualizada etc.) que circulam nos grupos sociais, participa desse fenômeno de crença. Pois, em todos os casos, através desses enunciados, o sujeito acredita estar aderindo a uma verdade universal, a um mundo de evidência que o tranquiliza.[57]

A opinião é o resultado de uma atividade que consiste em "reunir elementos heterogêneos e associá-los ou compô-los segundo a lógica do necessário ou do verossímil".[58] Ela depende, com efeito, de um cálculo de probabilidade, que leva o sujeito a tomar uma atitude intelectiva de aceitação ou não da verossimilhança. A opinião assemelha-se à crença, pelo movimento de ser

---

[54] L. Quéré, op. cit., p. 37.

[55] L. Quéré, op. cit., p. 38.

[56] F. Jacques, *L'espace logique de l'interlocution*, Paris, PUF, 1985.

[57] "A máxima está comprometida com uma ideia essencialista da natureza humana, está ligada à ideologia clássica: é a mais arrogante (quando não a mais tola) das formas de linguagem. Por que então não a rejeitar? A razão, como sempre, é emotiva: escrevo máximas (ou esboços de seu movimento) para me tranquilizar [...]. A máxima é uma espécie de frase-nome, e nomear é pacificar." *Roland Barthes par Roland Barthes*, Paris, Le Seuil, 1975, p. 181.

[58] P. Ricoeur, *Temps et récit*, tomo 1 (1983), citado por L. Quéré, op. cit., p. 45.

a favor ou contra, mas dela se distingue pelo cálculo de probabilidade que não existe na crença e que faz com que a opinião resulte de um julgamento hipotético a respeito de uma posição favorável/desfavorável e não sobre um ato de adesão/rejeição. Por outro lado, a opinião não deve ser confundida com o conhecimento. Este é independente do sujeito que sabe; a opinião, ao contrário, revela o ponto de vista do sujeito a respeito de um saber. A opinião não enuncia uma verdade sobre o mundo, ela remete ao sujeito.

A apreciação participa igualmente desse movimento de avaliação dos conhecimentos e se distingue, pelas mesmas razões, do "saber" e da "crença". Mas, inversamente ao que se dá com a opinião, ela não procede de um movimento do sujeito em direção a um conhecimento, mas de uma reação do sujeito diante de um fato. Não há aqui cálculo de probabilidade, mas atitude reativa imediata. Além disso, como segunda diferença, a atividade do sujeito não se exerce num universo de racionalidade, mas sim num universo de afetividade: com relação a um fato, o sujeito sente, identifica, dá um parecer positivo ou negativo, mas não calcula. É o que distingue os seguintes "julgamentos reflexivos":[59] (1) "Acho que o presidente ficará do nosso lado" e (2) "Chego a achar que o presidente veio para o nosso lado". O enunciado (1) se apresenta como uma avaliação racional das chances de que um fato venha a realizar-se, expressando uma opinião; o enunciado (2) avalia a posteriori, de maneira reativa e através de um julgamento de valor (pela afetividade), o alcance do fato, expressando uma apreciação. Assim, a apreciação é sempre polarizada segundo um sistema de triagem e de codificação das emoções, que são classificadas, em cada sociedade, segundo o que convém fazer ou não fazer, sentir ou não sentir, julgar bem ou mal. Já o dissemos, este universo da afetividade não se prende somente a pulsões que não estariam estruturadas. Esse domínio está estruturado por formas de expressão que revelam, não as próprias pulsões, mas a maneira como estas se inserem num sistema de avaliação dos comportamentos em sociedade, construindo o que tradicionalmente se considera uma moral,[60] que se poderia chamar aqui de "moral emocional": os rituais de polidez e de preservação da face, o código de honra, o espírito corporativo e de solidariedade, a expressão de prazer ou de aversão, a maneira de se estabelecerem socialmente relações de força e o exercício do poder sobre o outro.

---

[59] Que se opõe a "julgamento determinado" mencionado por L. Quéré (op. cit., p. 42).

[60] Cf. o estudo já citado de Patricia Paperman: "Les émotions et l'espace public", revista *Quaderni*, n. 18, 1992.

Assim, opinião e apreciação são duas formas de "julgamentos reflexivos" que correspondem, cada uma, a um tipo diferente de atividade linguageira, e procedem de dois movimentos inversos: a opinião sobre o fato como avaliação intelectiva, a apreciação a partir do fato como reação afetiva. Elas têm, entretanto, duas coisas em comum: uma é que o sistema de avaliação sobre o qual se baseiam não é universal – este se refere a um modelo de comportamento social pelo viés de um sistema de normas, o qual é sempre relativo a um contexto sociocultural; a outra, correlata da precedente, é que o sujeito pode ter quatro atitudes diante do modelo de comportamento: ele compartilha os traços do modelo com o grupo ao qual pertence (figura do "nós somos"); ele endossa os traços do modelo que se referiria ao universal, do qual um terceiro constitui o exemplar que vale por todos (figura de "as pessoas são"); ele reconhece mas não endossa os traços do modelo reconhecidos como característicos de um outro grupo (figura do "eles são"); enfim, ele endossa os traços do modelo de comportamento como indivíduo, reivindicando sua singularidade para com os outros (figura do "eu sou").[61]

Definir a opinião pública do ponto de vista das mídias não é tarefa fácil. Ela quase sempre é tratada como uma entidade mais ou menos homogênea, quando resulta de um entrecruzamento entre conhecimentos e crenças de um lado, opiniões e apreciações de outro. Os casos de corrupção, os problemas de sociedade (o véu islâmico), as grandes questões internacionais (as catástrofes, as guerras) são tratados pela imprensa, pelo rádio e pela televisão utilizando-se, em graus variáveis, de hipóteses (não necessariamente conscientes) ora sobre as possíveis opiniões e argumentos que circulam numa sociedade a respeito desses temas, ora sobre os imaginários relativos a apreciações e crenças, como, por exemplo, os sentimentos de generosidade, de justiça e de honestidade. Quer se conceba a opinião pública em sua variante racionalista do século XVIII, que a define como um povo portador de uma razão consensual, quer em sua variante instintiva do século XIX, que a define como uma multidão portadora de um amálgama de sentimentos, sujeita à manipulação dos líderes, ou ainda como a variante científico-técnica da Segunda Guerra Mundial, que a define como uma média estatística,[62] ela depende desse entrecruzamento múltiplo, e

---

[61] Para essas categorias utilizadas em psicologia social, ver Zavalloni, M., "L'identité psychosociale: um concept à la recherche d'une science", em *Introduction à la psychologie sociale*, Moscovici, S. (ed.). Paris, Larousse, 1972.

[62] Essas variantes são estudadas por Tremblay, G., "L'opinion publique, une théorie de la représentation sociale", em *Les savoirs dans les pratiques quotidiennes*, Paris, CNRS, 1984.

não se poderá abordá-la razoavelmente caso não se levar em conta duas séries de parâmetros: a distinção dos lugares de pertinência (trata-se da opinião pública imaginada pela instância midiática, a que emana das realizações do próprio discurso informativo, ou daquela que é construída através do estudo dos comportamentos do público?); a natureza dos julgamentos do grupo que as expressa (trata-se de crenças, opiniões ou apreciações?).

A instância de produção e a instância de recepção se acham engajadas num processo de transação, no qual a primeira instância desempenha um duplo papel de testemunha do mundo e de interpelador de um público-cidadão, e a segunda, um papel reativo de espelho deformante, pois o discurso que circula entre os dois depende de imaginários sociais. A relação que se instaura entre essas duas instâncias é, pois, sem troca: a informação é dada a consumir como num museu, onde estão expostos, segundo diversas estratégias, objetos (materiais, evenemenciais, informacionais) que têm uma significação mais ou menos simbólica, ao olhar de um público cujo interesse é preciso despertar e cujo prazer é preciso suscitar, com fins de educação (cultural ou cívica); o público, por seu turno, recebe e reinterpreta à sua maneira os objetos de informação oferecidos aos seus olhos, sem poder interpelar a instância que os apresenta. Por mais que as mídias recorram a técnicas ditas interativas, não há diálogo e troca, somente o seu simulacro.

Além disso, essa relação, mesmo sendo unidirecional, não chega a ser uma relação de hierarquia, e apesar da qualificação de "quarto poder" que muitas vezes é atribuída às mídias, estas não podem, na realidade, produzir um discurso de poder. Seria necessário, para isso, que estivessem em posição de "auctoritas",[63] posição que daria à sua palavra um valor de decisão, um valor que lhes permitisse sancionar, no sentido jurídico, ou consagrar, no sentido religioso. A respeito das mídias, o poder de que se pode falar é o de uma influência através do fazer saber, do fazer pensar e do fazer sentir. Visar a uma tal autoridade seria um desvio do contrato de informação. Alguns jornalistas têm consciência disso, e denunciam uma tal deriva: "Realmente um rousseauismo jornalístico tem-se manifestado nestes últimos anos. Alguns colegas, tomados de uma deontologia mística, interrogavam os políticos dizendo: 'Nós, os jornalistas, pensamos que'; alguns colegas se dirigiam aos

---

[63] Como o dizem, cada um a sua maneira, Émile Benveniste e Pierre Bourdieu.

políticos assim! Eu não acreditava no que estava ouvindo!"[64] Trata-se, pois, apenas de influência – o que já é muito –, mas de uma influência indireta pela assimetria que existe entre uma instância de produção compósita e uma instância de recepção não diretamente acessível. A instância de produção é poderosa em seu conjunto, que é máquina midiática. Mas nenhum de seus atores, por mais ativo que sejam, tem poder isoladamente. O jornalista, como produtor da enunciação, é ameaçado pelas exigências de sucesso e de audiência que a máquina midiática lhe impõe e, além disso, ao término da mise-en-scène (encenação) da informação, esta se acha transformada pelo fato de ter sido enunciada. A parceria definida pelo contrato de comunicação midiático baseia-se numa relação de ressonância: cada um dos parceiros só pode sintonizar provisoriamente com o outro pelo viés de representações supostamente compartilhadas, as quais, levadas pelos discursos, circulam por entre os membros de uma determinada comunidade cultural. Instância de produção/instância de recepção estão numa relação de construção diferida da opinião pública.

---

[64] J. Macé-Scaron na entrevista da revista *Mots* n. 37.

As estratégias de encenação da informação

Os dados do contrato de comunicação midiática constituem o quadro de restrições no qual se desdobra a encenação do discurso de informação. Sob a batuta da dupla finalidade de credibilidade e de captação, as restrições relativas à posição das instâncias de comunicação e à captura do acontecimento dão instruções e impõem um modo de organização do discurso e um ordenamento temático. O sujeito informante (jornalista e instância midiática) está, pois, situado entre essas restrições, de um lado, e seu projeto pessoal de descrição e de explicação dos acontecimentos, de outro. Ele fica, ao mesmo tempo, preso e livre na encenação de seu discurso, como um diretor se acha ao mesmo tempo livre e preso na montagem de uma peça de teatro. Ele deve levar em conta os componentes da situação de comunicação, sem o que não seria compreendido, mas, ao mesmo tempo, pode jogar com tais componentes, combiná-los de uma maneira particular e apresentá-los de diversas formas. Ou seja, ele pode usar de estratégias em função dos desafios de credibilidade e de captação que escolhe para si.

Nesse sentido, procederá a uma determinada *construção da notícia* e tratará a informação de acordo com certos *modos discursivos* em função dos *dispositivos* pelos quais ele passa. Por exemplo, a notícia a respeito do suicídio coletivo dos membros de uma seita resulta de uma escolha temática ao mesmo tempo objetiva, incluindo esse acontecimento na rubrica dos fatos de sociedade, e simbólica (o horror de uma morte coletiva). Ela será relatada segundo um modo discursivo que descreve os fatos com minúcia, produzindo um efeito de objetividade, mas também como uma descrição dramatizante, produzindo um efeito emocional suscetível de despertar, naquele que se informa, instintos de voyeurismo ou de medo.

A construção da notícia:
um mundo filtrado

Não há captura da realidade empírica que não passe pelo filtro de um ponto de vista particular, o qual constrói um objeto particular que é dado como um fragmento do real. Sempre que tentamos dar conta da realidade empírica, estamos às voltas com um real construído, e não com a própria realidade. Defender a ideia de que existe uma realidade ontológica oculta e que, para desvelá-la, é necessário fazer explodir falsas aparências, seria reviver um positivismo de má qualidade.

Do acontecimento à notícia

Por trás do discurso midiático, não há um espaço social mascarado, deformado ou parcelado por esse discurso. O espaço social é uma realidade empírica compósita, não homogênea, que depende, para sua significação, do olhar lançado sobre ele pelos diferentes atores sociais, através dos discursos que produzem para tentar torná-lo inteligível. Mortos são mortos, mas para que signifiquem "genocídio", "purificação étnica", "solução final", "vítimas do destino", é preciso que se insiram em discursos de inteligibilidade do mundo que apontam para sistemas de valores que caracterizam os grupos sociais. Ou seja, para que o acontecimento exista é necessário *nomeá-lo*. O acontecimento não significa em si. O acontecimento só significa enquanto acontecimento em um discurso. O acontecimento significado nasce num processo evenemencial que, como vimos, se constrói ao término de uma mimese tripla. É daí que nasce o que se convencionou chamar de "a notícia".

Há casos em que esse termo designa o que é novo. Ora, sabe-se que, nas mídias, uma notícia pode prolongar-se no tempo: as greves, um conflito, um caso de corrupção etc. Limitá-la ao acontecimento novo seria confundir acontecimento e surgimento do acontecimento. Em outros casos, "notícia" designa uma informação ligada a uma fonte (notícia diplomática, notícia militar), mas isso seria confundir o acontecimento como fenômeno com a fonte que o transforma em informação. Pode também designar o próprio fato (um tremor de terra), mas o acontecimento só se torna notícia a partir do momento em que é levado ao conhecimento de alguém.

Propomos chamar "notícia" a um conjunto de informações que se relaciona a um mesmo *espaço temático*, tendo um caráter de *novidade*, proveniente de uma determinada *fonte* e podendo ser diversamente tratado. Um mesmo espaço temático: significa que o acontecimento, de algum modo, é um *fato* que se inscreve num certo *domínio* do espaço público, e que pode ser reportado sob a forma de um *minirrelato*. Assim, quando um jornal expõe os títulos: "Greve", "Energia nuclear", "Bósnia", "Rolling Stones no Olympia", cada um desses títulos refere-se a lugares, fatos, atores que aparecem num determinado setor da vida social. Um caráter de novidade: isso não quer dizer que não se tenha falado antes do acontecimento, mas que é trazido um novo elemento que até então era desconhecido do público (ou que se supunha desconhecido). Aí reside toda a ambiguidade da expressão "as novas" (*the news*): há elementos de informação que podem dar origem a um novo espaço temático, mas podem também se ligar a um espaço temático já circunscrito e conhecido, como no caso de um conflito que se prolonga e do qual as mídias se ocupam cotidianamente. Uma determinada fonte: isso significa que o acontecimento é convertido em informação por uma determinada instância, e que a credibilidade dessa informação será avaliada segundo a natureza da fonte. Diversamente tratado: isso significa que, no mesmo instante em que se dá a notícia, ela é tratada sob uma forma discursiva que consiste *grosso modo* em: *descrever* o que se passou, *reportar* reações, *analisar* os fatos.

Numa tal definição, a construção temática da notícia suscita essencialmente três tipos de questões: quais são os princípios de seleção dos fatos? Quais são os modos de recorte midiático do espaço social? Como são identificadas as fontes?

Estratégias de seleção dos fatos

Os acontecimentos que se produzem no mundo são em número bem superior ao dos acontecimentos tratados nas e pelas mídias? Convém então se perguntar o que preside às escolhas efetuadas pela instância midiática. Ela o faz em função de dados mais ou menos objetivos na relação com o *tempo*, o *espaço* e a *hierarquia* que convertem o acontecimento em notícia.

Tempo: obsessão do presente e ausência de perspectiva

As mídias têm como tarefa dar conta de acontecimentos que se situam numa cotemporalidade enunciativa. Por isso, devem tentar aproximar ao máximo os dois momentos opostos na cadeia temporal: *instante do surgimento do acontecimento>* instante da produção midiática> instante da saída do produto midiático> *instante do consumo da notícia.* Cada suporte de difusão (imprensa, rádio, televisão) o faz à sua maneira, em função dos meios técnicos que lhe pertencem, mas o que é comum a todos é o quadro temporal que define a notícia como *atualidade.* A atualidade é, pois, o que responde à pergunta: "o que se passa neste momento?" É o que dá à notícia seu caráter factual desprovido, em seu princípio, de qualquer qualificação subjetiva e de qualquer tentativa de explicação de sua razão de ser.

Entretanto, esse caráter de cotemporalidade que define a atualidade midiática não deve ser confundido com o de outros domínios. Na história, por exemplo, o espaço de tempo coberto pela contemporaneidade é muito mais extenso, porque se define a partir da permanência das organizações sociais e dos comportamentos dos povos e das nações, através de seu imaginário social e dos valores simbólicos que os sustentam. No domínio das ciências e das técnicas, serão consideradas atuais as descobertas ou as máquinas que ainda são eficientes, isto é, ainda não suplantadas por outras mais eficientes. A contemporaneidade midiática está no fato de a aparição do acontecimento ser o mais consubstancial possível ao ato de transmissão da notícia e a seu consumo. Eis porque é preferível falar aqui de cotemporalidade em vez de contemporaneidade. A noção de atualidade é de importância central no contrato midiático, tanto que se pode dizer que é ela que guia as escolhas temáticas.[1] Isso explica duas características essenciais do discurso de informação midiático: sua *efemeridade* e sua *a-historicidade*.

Uma notícia é, por definição, efêmera. Dura tanto quanto um relâmpago, o instante de sua aparição. Uma notícia, nas mídias, tem uma definição mais extensiva; ela pode, por exemplo, ser repetida guardando um certo frescor (na matracagem), mas sob a condição de que permaneça no quadro de uma atualidade imediata. Com efeito, a notícia só tem licença para aparecer nos organismos de informação enquanto estiver inscrita numa atualidade que se renova pelo acréscimo de pelo menos um elemento novo; além do mais, é preciso que esse elemento novo seja portador de uma forte carga de inesperado para evitar o que as mídias mais temem – e que depende da representação que têm a esse respeito –, a saber: a *saturação*. Daí esse desfile de notícias, uma eliminando a outra, rapidamente relegadas no armário de achados e perdidos ou daí saindo sempre que a atualidade do insólito o exige – ou quando houver uma *comemoração* que a faça sair, no ato de celebração de um acontecimento pertencente a um passado cujo valor simbólico é preciso reviver (ou mumificar),[2] por ocasião de um aniversário: o passado se torna presente.

Isso explica a dificuldade das mídias em dar conta do passado e em imaginar o futuro. As mídias nunca podem garantir que o que é relatado traga alguma marca de perenidade. O discurso das mídias se fundamenta no presente de atualidade, e é a partir desse ponto de referência absoluto que elas olham timidamente para ontem e para amanhã, sem poder dizer muita coisa a respeito. Não raro fazem o que o meio profissional chama de *perspectivação*, que não pode trazer, no entanto, explicações históricas. Assim sendo, pode-se dizer que o discurso de informação midiático tem um caráter fundamentalmente *a-histórico*.

O tempo só se impõe ao homem através do filtro de seu imaginário e, para as mídias, através do imaginário da urgência. Urgência na transmissão da informação que faz com que, uma vez concluído o ato, produz-se um vazio que deve ser preenchido o mais rapidamente possível por uma outra urgência; assim, de vazios em urgências constrói-se atualidade com uma sucessão de notícias novas, num avançar sem fim, e mesmo por antecipação.[3]

---

[1] O *Guide de la rédaction* editado pelo cfpj (1992) diz: "uma informação tem algo em comum com o peixe e a salada, é que quanto mais fresca, melhor ela é."

[2] Para Godard, seria "o resgate de alguma coisa que poderia ter sido salva", logo, que se mumifica. (*Le Monde*, 21-22 de maio de 1995).

[3] Um exemplo dessa antecipação: a maioria das mídias europeias anunciou prematuramente a vitória de Shimon Peres nas eleições em Israel, quando na realidade ele foi derrotado. Isso mostra igualmente que o que importa, com relação ao tempo, é a divulgação da notícia, muito mais de que sua explicação.

O que é, então, essa visão superficial do mundo proposta pelas mídias, na qual não há nenhuma duração, nenhuma (ou quase nenhuma) perspectiva quanto ao passado, nenhuma (ou insignificante) projeção para o futuro? E como é que o homem, que passa sua existência interrogando-se sobre sua origem e seu destino, pode interessar-se por tal superficialidade quanto aos fatos do mundo? Eis um primeiro desafio a levantar para as mídias. Elas o conseguem, ao nosso ver, à custa de um blefe, mas um blefe nobre, um blefe pela boa causa do direito do cidadão à informação. Esse blefe é a narrativa. O acontecimento é convertido em notícia através de um processo narrativo que o insere numa interrogação sobre a origem e o devir, conferindo-lhe uma aparência (ilusória) de espessura temporal. E se é possível falar de blefe, é porque a narrativa se dá em detrimento da referencialidade do acontecimento, o qual, no entanto, fundamenta o contrato de informação. A palavra "blefe", aqui, não está revestida de nenhuma conotação moral. No pôquer, o blefe faz parte da regra, a ponto de caracterizar esse jogo e diferenciá-lo de outros. Isso é dito e admitido. Para as mídias, é a mesma coisa, com a diferença de que não pode ser dito nem admitido. E, no entanto, é a melhor resposta que as mídias podem trazer à questão do tempo.

O espaço entre ubiquidade e proximidade

As mídias têm por tarefa reportar os acontecimentos do mundo que ocorreram em locais próximos ou afastados daquele em que se encontra a instância de recepção. O afastamento espacial do acontecimento obriga a instância midiática a se dotar de meios para descobri-lo e alcançá-lo. Ela o faz utilizando as indústrias dos serviços de informação (agências), mantendo pelo mundo uma rede de colaboradores (correspondentes), solicitando informações da parte de diversas instituições ou de grupos sociais (fontes oficiais ou oficiosas), apelando para todo tipo de testemunhas.

Assim, ela pode, o mais rapidamente possível e quase de modo simultâneo, transmitir essas notícias à instância de recepção. Esta última se encontra, então, numa posição – ilusória – de ver, ouvir, ou ler o que se passa em diversos pontos do mundo ao mesmo tempo, o que a leva a crer, não sem razão, que está investida de um dom de ubiquidade.

A proximidade espacial, por sua vez, confere à notícia um caráter de interesse particular quando o fato ocorreu no mesmo espaço físico que o da própria instância de recepção. As representações profissionais postulam que um acontecimento próximo interessa mais de perto ao cidadão.[4] Isso é algo a verificar, mas é o que distingue uma informação nacional de uma informação regional, pois uma se situa num espaço de ação distante do sujeito, a outra, num espaço próximo, restringindo, por isso mesmo, seu caráter público. É também o que divide as opiniões do mundo profissional das mídias, sobre o papel que estas devem desempenhar em relação ao cidadão. Algumas criticam a mentalidade limitada e a falta de interesse das notícias locais, ou mesmo nacionais, em comparação com o que acontece no mundo (no estrangeiro), preconizando as informações internacionais,[5] outras buscando, ao contrário, desenvolver uma cidadania da proximidade, do convívio, voltada para a *aldeia*.[6]

Mas essa questão do *aqui* e do *fora daqui* é relativa, pois também tem a ver com o imaginário. Quando existiam os chamados países da "cortina de ferro", a Iugoslávia, para os ocidentais, era tão longínqua, no imaginário, quanto a Chechênia. A partir do conflito na ex-Iugoslávia, esses países estão situados na Europa, "às portas de Paris", como destacaram alguns jornais em suas manchetes. A Guerra do Golfo também contribuiu para aproximar os países árabes da Europa, enquanto durou o conflito. O pouco caso que se faz de outros conflitos que ocorrem no mundo (Chechênia) os afasta. É, pois, mais uma vez, o modo de tratamento da notícia que faz com que o lugar do acontecimento esteja próximo ou longínquo. Se o que acontece trouxer uma sombra de ameaça aos interesses daqueles que recebem a informação (a Guerra do Golfo com sua dupla ameaça econômica, o petróleo, e civilizacional, a do Oriente contra o Ocidente; o conflito na ex-Iugoslávia para a nova ordem europeia),[7] o local descrito pela notícia se tornará próximo; se, ao contrário, o conflito for tratado com distanciamento, sem que se sinta a pressão de uma ameaça, o espaço público será então avaliado como pertencente a um mundo diferente, num local geograficamente longínquo.

Essa questão do espaço revela, de maneira geral, o antagonismo que existe no ser humano, pois este se debate entre dois imaginários para modelar sua

---

[4] O *Guide de rédaction* [Guia de redação] editado pelo CFPJ (1992) diz o seguinte: "A 'proximidade' geográfica é um dos principais fatores de apreciação da importância de uma notícia."

[5] Exemplos: *Courrier International*, CBS *Evening News, Continentales sur* FR3.

[6] Exemplos: os jornais regionais que, na França, têm a maior difusão; as rádios locais e os canais de televisão regionais.

[7] No estudo do "Centre d'Analyse du Discours" da Universidade de Paris XIII sobre o conflito na ex-Iugoslávia, observa-se que a quantidade temática a respeito desse assunto na televisão aumenta à medida que o conflito era "afrancesado" em sua apresentação (ver "La construction thématique du conflit en ex-Yougoslavie par les journaux télévisivés français (1990 – 1994)", na revista *Mots* n. 47, junho 1996, Presses des Sciences Po).

identidade: o da *aldeia* e o do *planeta*. A aldeia, símbolo da força de campanário conservadora, que lança as raízes da identidade bem fundo na terra mãe, a terra dos ancestrais, da família, dos vizinhos, dos amigos, das relações íntimas; a aldeia que delimita o horizonte de vida, o campo de ação do homem, àquilo que lhe é mais próximo, em que ele pode tocar ou reconhecer imediatamente como familiar. O imaginário do planeta, símbolo do desejo de expansão, de expansão para outros horizontes, e que, inversamente à força de campanário, não deixa que as raízes cheguem a se firmar e faz com que o homem, como a rosa dos ventos, deixe-se levar através do espaço; o planeta que abre o horizonte de vida, o campo de ação do homem àquilo que é diferente, distante, exótico, que ele pode perseguir numa busca sem fim, vivendo permanentemente por procuração os mundos e os heróis que inventa para si.

As mídias estão presas a esses dois imaginários que determinam dois tipos de público: aqueles que se apegam à aldeia (a imprensa regional, com a caça, a pesca, a política local, os *faits divers* que envolvem as pessoas do local) e aqueles que sonham com o planeta (a imprensa nacional, com a política interna e externa, os esportes, os acontecimentos sociais). Mas qual é a mídia que não sonha poder atingir ao mesmo tempo esses dois tipos de público? Tanto mais que, dependendo do país, um imaginário tem mais aceitação do que o outro. Na França, por exemplo, produzem-se efeitos bem conhecidos: a imprensa nacional passa por dificuldades enquanto a imprensa regional vai muito bem, assim como as revistas semanais que preenchem a lacuna dos jornais locais quanto às informações planetárias. Como resolver esse novo dilema entre egocentrismo e desejo de ubiquidade? Nesse caso, o blefe é difícil. Mas um certo simulacro de participação cidadã (mais fácil de fazer no rádio e na televisão pela ilusão da interatividade) é uma tentativa de resposta.

Critério de importância na hierarquia dos acontecimentos

A seleção dos acontecimentos, operada pelas mídias, impõe um certo recorte do espaço público e uma certa configuração do acontecimento. A questão é saber quais são os critérios dessa seleção. Distinguem-se dois tipos de critérios, um externo, o outro interno.

Os critérios externos estão voltados para o modo de aparição do acontecimento, sendo que este pode ser de três tipos:

- *o acontecimento surge* em sua factualidade, com um caráter de inesperado, porque não podia ser previsto pelos sistemas de expectativa da vida social. É o *acontecimento-acidente*, o exemplo tipo sendo as chamadas catástrofes naturais (tremores de terra, tsunamis, inundações, furacões etc.).

- *o acontecimento é programado* pela existência de um calendário que pontua a organização e o desenvolvimento da vida social. Trata-se, aqui, de um advento, isto é, da aparição de algo conhecido ou anunciado antecipadamente, logo, esperado, como as manifestações esportivas (campeonatos de futebol, de rúgbi etc.), culturais (cantores num concerto, aberturas de exposições, estreias de filmes, de peças de teatro etc.) e os rituais da vida política institucional (inaugurações, festas oficiais, comemorações, eleições etc.).

- *o acontecimento é suscitado* porque é preparado e provocado por tal ou qual setor institucional – particularmente o setor do poder político – que faz pressão junto às mídias com fins estratégicos (desviar a atenção da opinião pública com relação a um problema, provocar descontentamento sobre uma medida social para fazer passar outras, revelar um escândalo para a imprensa para encobrir outro caso etc.). Coloca-se aqui um problema de manipulação na origem do acontecimento, o que põe as mídias numa posição desconfortável.

Os critérios internos são aqueles relativos às escolhas operadas pela instância midiática em função do princípio de saliência que já abordamos. Essas escolhas dependem da maneira pela qual as mídias constroem representações sobre o que pode interessar ou emocionar o público. Um dos aspectos é aquele que já abordamos, a respeito dos critérios de proximidade espacial ou temporal, mas há outros que se superpõem a esse ou mesmo o substituem. Por exemplo, por ocasião do conflito na ex-Iugoslávia houve acontecimentos dramáticos que ocorreram no mês de agosto de 1992 (descoberta de campos de prisioneiros na Sérvia) que, entretanto, foram relegados a um segundo plano nos telejornais em função da abertura dos Jogos Olímpicos.[8] Inversamente, vê-se que um detalhe da vida pessoal de um político pode transformar-se em escândalo de corrupção, chegando mesmo a consequências dramáticas.[9]

---

[8] Ver "La construction thématique du conflit en ex-Yougoslavie par les journaux télévisés français (1990-1994)", revista *Mots* n. 47 (p. 99), junho 1996, Presses des Sciences Po.

[9] Pensamos, aqui, no caso do suicídio do primeiro-ministro francês Pierre Bérégovoy, em1993.

Para explicar tais fenômenos poderíamos adotar a hipótese do *agenda-setting*, que se baseia na ideia de que os indivíduos participantes da vida social organizam seus comentários sobre o que acontece no espaço público de acordo com aquilo que as mídias lhes apresentam. Como consequência, as mídias, ao selecionar as informações e apresentá-las como o que realmente aconteceu, impedem que outros acontecimentos cheguem ao conhecimento do cidadão. Elas determinariam, impositivamente, o cardápio evenemencial do dia.[10] Entretanto, não se pode prejulgar dos efeitos reais da *agenda*, e isso pelas razões que discutiremos a seguir.

A primeira, é que a relação entre o externo e o interno não é uma simples questão de causa e efeito. Os jornalistas sabem que podem sofrer pressões e tentativas de manipulação por parte do poder político, e o poder político sabe que os jornalistas sabem disso. Instaura-se assim uma relação mais sutil do que se poderia imaginar entre essas duas instâncias, relação marcada pela desconfiança do poder político para com as mídias, e pelo distanciamento das mídias para com o poder político:

> A palavra de ordem do jornalismo político – diz o jornalista Fabien Roland-Lévy – é, na minha opinião, a distância. [...] Se um comando de partido quiser fazer, de um congresso, um grande acontecimento midiático, ele vai convidar jornalistas, trazê-los até o local, fazer correr, com antecedência, o rumor de que o presidente do partido vai fazer um pronunciamento importante. O resultado, na maioria das vezes, é que simplesmente nada acontece nesse congresso e que o discurso do presidente x merece apenas uma pequena nota. Tomar distâncias consiste em reduzir, na coluna inicialmente prevista, o lugar inicialmente dedicado ao acontecimento, em saber dar uma importância maior a uma atualidade aparentemente mais modesta. Uma boa hierarquização do tratamento da informação faz parte desse distanciamento indispensável. [...] Quando o jornalista e o secretário de imprensa [de um responsável político] são bons profissionais, eles cooperam, cada um sabendo o que quer.[11]

A outra razão reside no fato de que a *agenda* não inclui apenas os fatos, mas os fatos com seu tratamento. Ela não se constrói apenas segundo critérios

---

[10] A hipótese do *agenda-setting* foi lançada por Mc Combs, M. e Shaw num artigo intitulado "The agenda setting function of mass media", *Public Opinion Quaterly*, n. 36, 1972, depois foi retomada, desenvolvida e não raro criticada em outros estudos, principalmente nos Estados Unidos.

[11] Revista *Mots* n. 37, op. cit.

de saliência, mas também de pregnância, o que torna difícil a avaliação de seu impacto. Pregnância e saliência interagem, produzindo na organização dos fatos midiáticos um fenômeno de amálgama. Amálgama na origem, no momento da seleção-construção-tratamento do fato, pois, em nome da inteligibilidade (mas também da captação), as mídias apresentam os fatos estabelecendo, custe o que custar, relações de analogia ou de causalidade entre eles. Daí decorre uma racionalização do espaço público *compactada*, como se este só pudesse ser constituído de fatos solidários entre si. Amálgama também em seu término, na recepção, no momento do consumo das notícias, o qual não coincide necessariamente com o da produção, pois depende de operações de captura da informação efetuadas pelo receptor, da maneira pela qual este integra a notícia à sua bagagem de conhecimentos e de crenças e, por conseguinte, das analogias e causalidades que este produz. O amálgama da produção se realiza num fluxo de tratamento da informação que passa por uma programação mais ou menos consciente. O amálgama da recepção se produz num fluxo fragmentado do ponto de vista da prática de consumo da informação e contínuo do ponto de vista da interpretação.

Se não é possível negar que a *agenda* tenha alguma influência sobre a construção temática, não há como fazer disso uma teoria. Para designar o fenômeno de relação entre o externo e o interno na construção do espaço público midiático, preferimos falar de função de "filtragem" das mídias, como uma tentativa de domínio do evenemencial.

O acidente é o outro aspecto saliente de que as mídias tiram partido. Não é o acidente enquanto tal que interessa às mídias, mas o que ele comporta de drama humano. Quer sejam fatos de caráter político, fatos de sociedade, de justiça, ou mesmo os *faits divers*,[12] todos devem ser tratados segundo categorias próprias a evocar os dramas do destino humano: o *insólito*, que desafia as normas da lógica;[13] o *enorme*, que ultrapassa as da quantidade, obrigando o ser humano a se reconhecer como pequeno e frágil;[14] o *misterioso*, que remete ao além como lugar de poder, muito mais das forças do mal que

---

[12] O jornal *Libération* foi o primeiro, na França, a considerar que os *faits divers* são fatos de sociedade, revelando, tanto quanto os fatos políticos, o que é a realidade; por isso, houve uma mudança na apresentação desses fatos. Mais recentemente, esse mesmo jornal, em sua última versão, suprimiu essa rubrica para incluir tais fatos em outras, intituladas "Mundo", "França", "Você", "Metrô" etc., embora, em 1995, durante o verão, tenha dedicado uma série aos grandes *faits divers*.

[13] Título: "Ele se enforcou com o fio do interfone."

[14] Título: "Uma catástrofe: a lama que mata."

do bem;[15] o *repetitivo*, que transforma o aleatório em fatalidade;[16] o *acaso,* que faz coincidir duas lógicas em princípio estranhas uma à outra, obrigando-nos a pensar nessa coincidência;[17] o *trágico*, que descreve o conflito entre paixão e razão, entre pulsões de vida e pulsões de morte;[18] o *horror*, enfim, que conjuga exacerbação do espetáculo da morte com frieza no processo de exterminação.[19] Tais categorias mostram claramente dois estados do mundo: um estado de *desordem* e um estado de *triunfo* da ordem social. O primeiro é fácil de achar, pois é mais claramente perceptível por seu caráter de ruptura com normas estabelecidas, de infração às regras constitutivas da experiência humana: as guerras, a exclusão, a doença, o desemprego e todas as manifestações de transgressão à ordem social (greves, assassinatos, revoluções etc.). É o que justifica o julgamento que se repete a respeito das mídias: "só sabem dar notícias ruins". Além disso, "um cão que morde um homem" não é, *a priori*, digno de ser noticiado, mas "um homem que morde um cão", isto sim, é novidade! O segundo estado do mundo é menos esperado. É este que faz com que apareçam heróis que, através de combates e façanhas, conseguem triunfar dos malefícios e restabelecer um benefício, uma justiça, uma espécie de nova ordem na qual os homens poderiam reencontrar-se e comungar.[20]

Tais características colocam as mídias em contradição. O acontecimento é selecionado em função de seu potencial de saliência, que reside ora no notável, no inesperado,[21] ora na desordem.[22] Mas então são descartados dois

---

[15] Título: "O diabo compareceu ao encontro."

[16] Título: "Assaltado três vezes, resolve pôr fogo na casa."

[17] Título: "Uma chaminé cai: 10 mortos."

[18] Título: "Matou por amor."

[19] "Sarajevo: o que pode acontecer de pior depois deste último bombardeio?" (I. Ramonet). Ver o emprego abundante, na imprensa francesa, da expressão "purificação étnica". Ler, a esse respeito, o artigo de Alice Krieg, "La 'purification ethnique' dans la presse. Avènement et propagation d'une formule", revista *Mots* n. 47, op. cit.

[20] As seguintes manchetes da primeira página de um jornal mostram que tais características estão quase sempre presentes, mesmo que de maneira implícita: "A paz na Bósnia. Meio ambiente ameaçado em Sarajevo"; "Energia nuclear. Nova experiência, novos protestos"; "Templo solar, uma seita sem tostão"; "Exposição. O *design* como arte crítica"; "Dianteira francesa no rali Paris-Dakar". *Libération*, 29 de janeiro de 1995.

[21] A viagem de um chefe de Estado, a cúpula do G7, a declaração de um ministro etc. Mas principalmente, mais grave com relação ao papel da informação, é o que demonstra a seguinte declaração do diretor adjunto de preparação olímpica da equipe francesa para os jogos de Atlanta, quando tenta explicar o espanto dos franceses quanto ao número de medalhas conquistadas: "Escrever manchetes sobre Henri Leconte, quando se sabe que ele não passará das eliminatórias, e dedicar vinte linhas à medalha de ouro de um lutador na página 15, o qual estará no pódio olímpico [...]. Tem alguma coisa aí que não está batendo. [...] Mary Pierce será estrela ainda que perca dez partidas seguidas. O lutador Ghani Yalouz, medalha de prata nos Jogos, ganhou, nos últimos anos, sete medalhas em campeonatos europeus e mundiais. Mas quem ficou sabendo?" *Libération*, 5 de agosto de 1996.

[22] Num mesmo boletim de informação radiofônico: "Prisões: reivindicação dos policiais; Educação: reivindicação dos professores; Economia: os casos Péchiney e P. Pelat." São um prato cheio para as mídias: as epidemias (câncer, aids, vaca louca ou desemprego), os casos de corrupção, as catástrofes naturais, os desvalidos, os excluídos, as vítimas etc.

outros aspectos do acontecimento. Um deles reside em sua regularidade, o acontecimento podendo aparecer no *cotidiano* social. Daí a incapacidade das mídias em tratar da outra face do dia a dia, o verdadeiro cotidiano que Perec chama de *infraordinário:*

> Os jornais falam de tudo, menos do dia a dia. [...] O que se passa realmente, o que nós vivemos, o resto, todo o resto, onde está? O que se passa a cada dia, o banal, o cotidiano, o evidente, o comum, o ordinário, o infraordinário, o ruído de fundo, o habitual, como dar conta disso, como interrogá-lo, como descrevê-lo?[23]

O outro aspecto excluído reside na *distância*, o distanciamento histórico que suscita o que Ricoeur denomina um "retorno do acontecimento", a emergência de acontecimentos *suprassignificantes:* "a superação da história evenemencial por uma história de longa duração [que] cria acontecimentos numa outra escala histórica".[24] E passa a citar os três tomos de *O Mediterrâneo e o mundo mediterrânico na época de Filipe II*, de Braudel, que conta, além da morte de Filipe II, "o apogeu e a queda do herói mediterrâneo. O *status* desse superacontecimento é notável, pois é coextensivo à história de longa duração e só poderia ser revelado através dele".[25] Esse tipo de promoção evenemencial está em antinomia com a atualidade.

A máquina midiática não dispõe de meios para tratar dessas contradições, porque a informação procura exibir o esperado e o inesperado, colhida entre o *infra* e o *suprassignificante*.

ESTRUTURAÇÃO MIDIÁTICA DO ESPAÇO SOCIAL

O problema do recorte do mundo operado pelas mídias coloca-se de maneira diferente se o considerarmos em sua origem, ao se buscar e selecionar os acontecimentos, ou em seu término, uma vez concluída a seleção, ao se efetuarem as escolhas dos modos de apresentação da notícia, escolhas que, ao mesmo tempo, propõem à instância de recepção uma certa grade de leitura dos acontecimentos do mundo. No primeiro caso, trata-se da estruturação do

---

[23] *L'infra-ordinaire*, Paris, Le Seuil, 1989.

[24] "Événement et sens", em *L'événement en perspective*, op. cit., p. 51.

[25] Ibidem.

espaço, no segundo, das operações de distribuição em rubricas e de repartição temática, a primeira dependendo da segunda, e vice-versa.

A estruturação do espaço social depende da instância fornecedora de informação que é obrigada a construir seu propósito gerenciando a visibilidade pública dos acontecimentos de que trata. Essa instância não pode ignorar que existe "uma verdadeira dialética entre a descrição inicial do acontecimento e as reações que tal descrição suscita",[26] porque a instância de recepção à qual se dirige detém a qualidade de "ator participando da vida pública". A instância midiática deve então proceder a uma repartição do espaço público em categorias, o que deveria permitir a tais atores reconhecer e compreender essas categorias e reagir diante delas. São essas categorias – e não os fatos em si mesmos – que são apresentadas para serem consumidas. Tais categorias concernem, por um lado, ao modo de repartição do mundo social em espaços de ação e de representação que designaremos "domínios de atividade", por outro lado, concerne à "natureza dos atores" que dela participam, adquirindo, assim, o direito de acesso às mídias.

Os domínios de atividade refletem a maneira pela qual cada grupo social representa o conjunto das atividades realizadas por seus membros. Trata-se, pois, uma vez mais, da interação que se instaura entre as práticas sociais efetivas de uma comunidade e as representações que esta constrói para si mesma. Assim se opera um certo recorte do mundo social que, para cada comunidade, reúne os conhecimentos e as crenças sobre esse mundo e que as mídias se encarregam de tornar visível através de uma apresentação estruturante. Mas, ao mesmo tempo, as mídias sabem que se dirigem a um público que não é homogêneo, que pode ignorar alguns desses domínios, ou que, mesmo tendo conhecimento deles, não tenha a prática. Sendo assim, procedem a uma racionalização, de tal maneira que o público se habitua a recortar o mundo social como as mídias o fazem.

Pode-se distinguir essencialmente três domínios de atividade:

• o domínio da atividade política, no qual se situam aqueles que participam da cena do poder político, os eleitos e outros representantes acreditados, considerados responsáveis, e que as mídias põem em cena em diversos relatos que descrevem a vida do corpo social do estado, os atos e propósitos dos responsáveis políticos: reproduzindo-os da maneira

---

[26] Michel Barthélémy, "Événement et espace public: l'affaire Carpentras", revista *Quaderni*, n. 18, Paris, 1992, p. 134.

mais fiel possível ou questionando-os através de sondagens, entrevistas, debates, ou analisando-os.

• o domínio da atividade cidadã, no qual se encontram os que participam da cena da vida social. Os cidadãos participam da vida política, seja como contribuintes ou usuários, como contrapoder enquanto representantes acreditados de diferentes grupos de pressão mais ou menos institucionalizados, ou como cidadão de base, homem ou mulher da rua que têm o direito de opinar sobre a organização da vida política. Para as mídias, trata-se de reportar os atos de reivindicação mais ou menos organizados dos cidadãos (manifestações, greves etc.), assim como as palavras de protesto ou de interpelação que dirigem aos poderes públicos.

• o domínio da atividade civil cotidiana, na qual se encontram aqueles que participam da vida social como atores-testemunhas de seu próprio cotidiano, ordinário ou extraordinário, e tendo passado pela experiência de heróis ou vítimas. As mídias raramente os colocam em cena, a não ser para inseri-los em catástrofes ou em acontecimentos insólitos, para atender à sua finalidade de captação. Desse ponto de vista, criam a obrigação de recolher e pôr em cena uma palavra sofredora, através dos depoimentos das vítimas da injustiça social ou de histórias pessoais.[27] Assim, também as mídias podem dizer: "Nada do que é humano me é estranho."

Os atores sociais são aqueles que, de um jeito ou de outro, contribuem para o avanço da máquina social. Já vimos como podem ser implicados nos diversos domínios de atividade, mas é preciso, sobretudo, que sejam considerados dignos, pelas mídias, de se tornarem visíveis. Os critérios empregados ora correspondem a objetivos de credibilidade, ora a objetivos de captação. São eles:

• o critério de notoriedade, justificado pelo fato de que uma das funções das mídias é dar conta dos atores do espaço público que estejam mais em foco, que tenham responsabilidades coletivas, o que coloca o problema de acesso às mídias para os anônimos e os grupos minoritários.

• o critério de representatividade, justificado pelas mesmas razões já mencionadas, mas que circunscreve o espaço público à democracia política e civil, na medida em que se limita a atores que pertencem a

---

[27] Ver certas entrevistas e *talk shows*.

grupos reconhecidos como detentores de poder ou contrapoder (pessoas do governo, da oposição, dos sindicatos, das coordenações, dos diferentes corpos profissionais ou de diferentes associações).

• o critério de expressão, mais justificado pelo processo de captação: é preciso escolher pessoas que saibam falar com clareza e simplicidade, que saibam fazer-se entender pelas massas. Isso explica o gosto das mídias por uma fala que se expresse de maneira ao mesmo tempo segura (sem muitas hesitações) e simples (saber empregar as palavras de todos os dias).[28]

• o critério de polêmica, que também se justifica pela captação: é preciso organizar confrontos entre pessoas que têm posições antagônicas e que saibam polemizar. Isso explica o gosto das mídias (particularmente as francesas) pelas declarações bombásticas (suscetíveis de produzir impacto), pelos confrontos no domínio político em controvérsias pesadas,[29] e por aquilo que se poderia chamar de "fala populista".

As operações de distribuição em rubricas pertencem inteiramente à máquina midiática e recompõem, a seu modo, a estruturação do espaço social através de um jogo de repartição: considera-se que as "seções" e as "rubricas" correspondem às categorias de pensamento da opinião pública: a informação política internacional e nacional, a informação econômica, como o espaço em que se fala de tudo o que tem relação com o poder na vida social; a informação social, como o espaço em que se fala dos pequenos dramas humanos;[30] a informação cultural, como espaço em que se fala da vida artística e de seus atores; a informação esportiva, como espaço em que se fala do corpo, da performance física e de seus campeões; a informação prática, como espaço em que se faz o inventário dos dados relativos às práticas cotidianas de todos

---

[28] As mídias excluem aqueles cuja fala é técnica demais, aqueles que se expressam com dificuldade (a menos que fiquem fascinadas por tais pessoas: ver o caso do escritor Patrick Modiano, convidado várias vezes por Bernard Pivot); ou ironizam aqueles que se expressam de maneira complicada (reputação do político Michel Rocard, difundida pelas mídias).

[29] A demissão do jornalista Paul Amar, que apresentou luvas de boxe por ocasião do debate Tapie-Le Pen, pode explicar-se pelo fato de evidenciar um dos aspectos do contrato midiático, e que, sendo tal aspecto negado pelas mídias, só lhe restava a sanção. Entretanto, não se trata de uma transgressão. A máquina midiática não suportou mirar-se no espelho de seu próprio contrato.

[30] "Pequenos dramas" em oposição aos grandes dramas coletivos vividos pela sociedade. Trata-se, evidentemente, de uma representação própria ao campo das mídias. Sabe-se que a imprensa escrita, particularmente, tentou integrar os *faits divers* aos fatos de sociedade, para fazer com que o leitor compreenda que tais fatos revelam simbolicamente o que é o comportamento coletivo.

os tipos (farmácias de plantão, horários de abertura dos museus, listas das manifestações culturais, dos filmes, das peças de teatro etc.).

Essa distribuição em rubricas revela a maneira pela qual cada organismo de informação constrói seu espaço público: racionalizada e visível, como nos jornais ditos de opinião, tal racionalização é considerada no meio profissional a marca de um organismo de informação que se dirige a um público esclarecido e culto;[31] dispersa e pouco visível, como nos chamados jornais populares, ou invertida, como nos cotidianos regionais que dão preferência às notícias locais.

É claro que isso causa problemas à instância midiática: em que seção ou rubrica (política, econômica, internacional, sociedade) deverá ser tratado um determinado fato que tem a ver, ao mesmo tempo, com uma decisão política, com incidências econômicas e sociais, e que depende da política de outros países? Um jornalista, perguntado sobre sua prática, reconheceu que é difícil responder a essa pergunta:

> O orçamento não é nem política, nem economia, trata-se de política econômica. [...] É impossível tratar de uma sem a outra. [...] É cair na esquizofrenia jornalística, separar as duas. [...] Para todas as pessoas que gostam de trabalhar o acontecimento a fundo, aí está uma falha. A questão europeia, por exemplo: como tratá-la? E se o entrevistado é Jacques Delors, devo limitar-me ao que se passa em seu país?[32]

A repartição temática consiste em distribuir as notícias segundo as rubricas e em reunir, ou mesmo repetir, a informação de maneira apropriada, o que se faz diferentemente de acordo com o suporte.

Na imprensa escrita, a notícia é apresentada segundo critérios determinados de construção do espaço redacional e icônico, que seria[33] correspondente ao grau de importância que se atribui a ela: a localização (na primeira página ou numa página interna, no alto ou no fim da página, com pré-título, título ou subtítulo); a tipografia (dimensão e corpo dos

---

[31] Trata-se de uma representação, e de uma representação que ocorre particularmente no mundo midiático francês. Isso não quer dizer que ela só exista na França, mas sim que ela não é universal, e que a representação do que é racional ou não varia segundo os meios culturais.

[32] Revista *Mots* n. 37, op. cit.

[33] "Que seria", porque não se pode prejulgar de maneira absoluta o que serão as reais atitudes de leitura. Estudos experimentais mostram que há realmente correspondências entre uma certa organização do espaço redacional e os percursos visuais operados pelo leitor, mas essas experiências são muito limitadas a condições particulares para que se possa generalizar os resultados.

caracteres de impressão no conjunto dos títulos); a quantidade de superfície redacional (ou icônica) comparada à de outras notícias, em porcentagem.[34]

No rádio e na televisão, a notícia se reparte no tempo e, por isso, é inserida e hierarquizada numa certa unidade temporal, marcada pelo número de vezes que aparece, pela ordem de aparição (começo, meio, fim do jornal) e pelo tempo de palavra ou de imagem que lhe é dedicado.

As operações de distribuição em rubricas e de repartição temática são importantes, pois constituem a configuração temática do espaço público construído pelas mídias.[35] Revelam como cada organismo de informação trata os temas, os subtemas e os atores que integram uma mesma notícia, logo, a maneira pela qual cada um desses organismos constrói a "cobertura temática" do acontecimento. Isso permite, ao descrever tal "cobertura", que se tenha uma visão do conjunto, raramente percebido pelo leitor ou telespectador médio.

> A todos aqueles que, em sua maioria, indignavam-se pelo tempo concedido aos grevistas e aos sindicatos na televisão quando do recente conflito social [dezembro de 1995], o presidente do CSA responde: "contrariamente ao que foi difundido", os sindicatos nem de longe "dominaram totalmente" as telas. Na verdade as autoridades políticas "continuaram a dispor de um tempo de fala importante": 6 horas e 33 minutos nos telejornais de TF1, France 2 e France 3, contra 2 horas e 17 minutos concedidos aos sindicatos.[36]

IDENTIFICAÇÃO DAS FONTES

A instância midiática não pode, evidentemente, inventar as notícias. Ela deve utilizar fontes ou exteriores ao organismo de informação ou internas. As fontes podem ser identificadas, primeiramente, por sua relação com o mundo das mídias: internas ("int. mídias") ou externas ("ext. mídias"). As fontes internas às mídias são classificadas em relação aos organismos

---

[34] Um sistema de "sinopse dos espaços informacionais" bastante interessante foi elaborado por Roselyne Ringoot em sua tese de doutorado intitulada *La mémoire au quotidien. Approche sémiotique de l'événement dans le discours journalistique*, Université de Toulouse Le Mirail, 1995.

[35] Ver o estudo do Centro de Análise do Discurso da Universidade de Paris XIII, sobre "La couverture thématique du conflit en ex-Yougoslavie" na revista *Mots* n. 47, op. cit. Ver igualmente o estudo sobre "L'affaire du sang contaminé: la construction de l'événement dans *Le Monde* (1989-1992)", revista *Mots* n. 37, op. cit.

[36] Para maior precisão, ver o ponto de vista de Hervé Bourges publicado no *Le Monde* de 29 de dezembro de 1995. Também sobre a distribuição do tempo, o CAD, ao descrever a cobertura temática do conflito na ex-Iugoslávia por um período de cinco anos, chegou a resultados que desmentem um certo número de ideias preconcebidas. (Ver a revista *Mots* n. 47, op. cit.).

de informação: internas aos organismos de informação (int. org. info) ou externas a eles (ext. org. info). As fontes externas às mídias, enfim, são classificadas segundo seu caráter institucional ou não.

Figura 4
A identificação das fontes

"INT. MÍDIAS"		"EXT. MÍDIAS"	
"int. org. info"	"ext. org. info"	"institucional" (oficiais/oficiosas)	"não institucional"
• Correspondentes	• Agências e	• Estado-Governo	• Testemunhas
• Enviados especiais	indústrias de serviço	• Administrações	• Especialistas
• Arquivos próprios	• Outras mídias	• Org. sociais (partidos, sindicatos)	• Representantes (corpos profissionais)
		• Políticos (representantes sociais)	

A instância de produção tem, pois, uma dupla responsabilidade: a de obter os meios de aceder a um máximo de fontes possíveis, verificá-las e apresentá-las.

Para aceder às fontes, como se vê na figura acima, ora são as informações que chegam aos organismos de informação (fala-se de fontes passivas), ora são os atores das mídias que vão procurá-las (fala-se de fontes ativas). Coloca-se então o problema dos jogos de manipulação que podem instaurar-se entre as mídias e as fontes. De um lado, pressão da parte das instâncias de poder (Estado, governo) ou dos movimentos cidadãos (sindicatos, associações, manifestações); de outro, pressão das mídias junto a algumas dessas instâncias (oficiais ou não) para obter informações.

Para apresentar as fontes, é preciso, antes de tudo, querer fazê-lo, o que nem sempre é o caso. Em seguida, é necessário fornecer a origem das fontes e os meios de identificar os signatários pelo nome, pelo *status*, função e pelo pertencimento ou não ao organismo de informação considerado. Mas isso não é tudo, pois está também em causa o modo de nomear a fonte, escolhendo um modo de *denominação* e uma *modalidade de enunciação* que indique a relação que a mídia mantém com a fonte.

O *modo de denominação* pode consistir em identificar a fonte através: do *nome* de uma pessoa (François Mitterand, Jacques Chirac) ou de uma instituição (o governo, o Estado, o ministério da Educação nacional, ou a agência France Presse, ou o PS, o RPR etc.), com marcas de deferência (o senhor Édouard Balladur) ou não (Édouard Balladur), de maneira direta (o governo) ou indireta (os poderes públicos, o Eliseu, o Palácio do Planalto), manifestando assim uma familiaridade maior ou menor; o *título* de uma pessoa, que pode, aliás, combinar-se com o nome e com uma marca de deferência (o presidente da República ou o senhor Jacques Chirac, presidente da República), marcando autoridade e prestígio; a *função*, que se confunde muitas vezes com o *status* profissional (o perito, o especialista, o enviado especial, o relator da comissão, o professor x, presidente do Conselho), assinalando assim a tecnicidade da fonte;[37] e também, muitas vezes, por uma *denominação vaga*, quando se trata de preservar o anonimato da fonte ou quando se ignora sua identidade, por expressões do tipo: "de fonte bem informada", de meios autorizados"; ou por termos genéricos: "a oposição", "o mundo dos diplomatas"; ou por construções indefinidas: "dizem que", "algumas pessoas pensam que", "as pessoas dizem que" etc.

A modalidade de enunciação pode ser expressada por verbos de modalidade (diz, declara, faz saber, afirma, indica, anuncia, expõe) cujo semantismo é mais ou menos revelador da atitude da instância de enunciação com relação à fonte original do que é relatado,[38] por locuções ("segundo", "de acordo com", "na opinião de", "se é certo", "acredita") ou o emprego do condicional – procedimentos que indicam uma distância com relação ao valor de verdade da informação.

A instância de produção pode cumprir ou não as exigências de identificação (fontes e signatários), do mesmo modo que pode escolher os modos de identificação (nome próprio/nome comum e diversas modalidades). Tais fatores influem na credibilidade, produzindo efeitos diversos: efeito de evidência quando a fonte não é citada, mas com o risco de prejudicar a instância de informação se o receptor quiser saber de onde vem a informação sem obter resposta; efeito de verdade e de seriedade profissional se a fonte é identificada com precisão ou se é identificada com prudência sob o modo do provisório, da espera de verificação; efeito de suspeita, se a identificação se faz de maneira vaga, anônima ou indireta.

---

[37] Pierre Bourdieu, por ocasião da polêmica surgida com sua passagem pelo programa "Arrêt sur l'image" [Pausa na imagem], faz *a posteriori* uma análise do programa e destaca a maneira como foram apresentados alguns participantes: "o Sr. Alain Peyrefitte foi apresentado como 'escritor' e não como 'senador pelo RPR' e 'presidente do comitê editorial do jornal *Le Figaro*', o Sr. Guy Sorman como 'economista' e não como 'conselheiro do Primeiro Ministro Alain Juppé'", *Le Monde diplomatique* (abril 1996).

[38] Para maiores detalhes sobre esse procedimento, ver nosso capítulo sobre o discurso relatado (ou discurso indireto) na *Grammaire du sens et de l'expression* (2ª. parte), Paris Hachette, 1992.

Pode-se indagar, ainda, o que significa uma expressão como: "Segundo fontes bem informadas". Como verificar a validade de uma tal informação? O que vem a ser esse voto de confiança solicitado ao receptor da informação e, por outro lado, quando é que, excetuando-se as mídias, uma informação assim apresentada seria aceita? Mesmo que os jornalistas aleguem se proteger por trás do segredo profissional, a dúvida persistirá. Ora, grande número de informações que emanam das mídias são formuladas desse modo.

MODOS DE ORGANIZAÇÃO DO DISCURSO DE INFORMAÇÃO

O acontecimento midiático constrói-se segundo três tipos de critérios: de *atualidade*, pois a informação midiática deve dar conta do que ocorre numa temporalidade coextensiva à do sujeito-informador-informado (princípio de modificação); de *expectativa*, pois a informação midiática deve captar o interesse-atenção do sujeito alvo, logo deve jogar com seu sistema de expectativa, de previsão e de imprevisão (princípio de saliência); de *socialidade*, pois a informação midiática deve tratar daquilo que surge no espaço público, cujo compartilhamento e visibilidade devem ser assegurados (princípio de pregnância).

Trata-se de abordar agora a maneira pela qual a instância midiática procede à formulação de seu *propósito*, buscando as categorias que permitem, a todo sujeito falante, responder às questões do como descrever (o "descritivo"), como contar (o "narrativo"), como explicar e/ou persuadir (o "argumentativo");[39] além destas, as categorias particulares, que chamamos de "modos discursivos", que correspondem à especificidade das instruções dadas por cada situação de comunicação, no caso, a situação de comunicação midiática:

• *relatar* o que acontece ou aconteceu no espaço público, construindo um espaço de mediação que chamamos de "acontecimento relatado" (AR). Tal acontecimento é constituído por fatos e ações dos atores que aí se acham implicados: trata-se, nesse caso, de "fato relatado" (FR); mas também de palavras com declarações e demais reações verbais dos atores da vida pública: é o que chamamos de "dito relatado" (DR).

• *comentar* o porquê e o como do acontecimento relatado por análises e pontos de vista diversos mais ou menos especializados e justificar eventualmente seus próprios posicionamentos. A explicação dada pode

---

[39] Ver nossa *Grammaire du sens et de l'expression*, op. cit.

incidir tanto sobre o fato relatado quanto sobre o dito relatado. É o que chamamos de "acontecimento comentado" (AC).

• *provocar* o confronto de ideias, com o auxílio de diferentes dispositivos, tais como as tribunas de opinião (TO), entrevistas (E) ou debates (D) para contribuir para a deliberação social. É o que chamamos de "acontecimento provocado" (AP).

O esquema abaixo resume o que acabamos de expor:

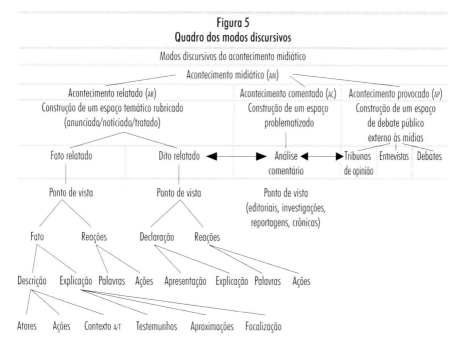

Figura 5
Quadro dos modos discursivos

O universo da informação midiática é efetivamente um universo construído. Não é, como se diz às vezes, o reflexo do que acontece no espaço público, mas sim o resultado de uma construção. O acontecimento não é jamais transmitido em seu estado bruto, pois, antes de ser transmitido, ele se torna objeto de racionalizações: pelos critérios de seleção dos fatos e dos atores, pela maneira de encerrá-los em categorias de entendimento, pelos modos de visibilidade escolhidos. Assim, a instância midiática impõe ao cidadão uma visão de mundo previamente articulada, sendo que tal visão é apresentada como se fosse a visão natural do mundo. Nela, a instância de recepção encontrará pontos de referência, e desse encontro emergirá o espaço público.

Relatar o acontecimento

Relatar o acontecimento tem como consequência construí-lo midiaticamente: no instante mesmo que ele é relatado, constrói-se uma notícia, no espaço temático de uma rubrica. A notícia é objeto de um tratamento discursivo desenvolvido sob diferentes formas textuais: de anúncio (os títulos), de notificação (as notas), de relatório (artigo) etc. É o que se denomina "acontecimento relatado" (AR).

O acontecimento relatado compreende *fatos* e *ditos*. Fatos que têm relação, por um lado, com o comportamento dos indivíduos e com as ações que estes empreendem (por exemplo, os "casos de corrupção"), por outro lado com "forças da natureza" que modificam o estado do mundo (por exemplo, as "catástrofes naturais"). Ditos que têm relação com pronunciamentos diversos, pronunciamentos que ora adquirem valor de testemunho, ora de decisão, ora de reação etc.

FATO RELATADO (FR)

O fato relatado é objeto de uma *descrição*, de uma *explicação* e de *reações*.

Descrever um fato depende, por um lado, de seu "potencial diegético", por outro, da encenação discursiva operada pelo sujeito que relata o acontecimento e, ao mesmo tempo, constrói uma "diegese narrativa".[1]

---

[1] Ver a esse respeito os trabalhos de semiótica narrativa.

Há potenciais diegéticos mais ou menos marcados. Assim, no domínio do esporte, uma corrida de bicicletas, de automóveis, de atletas a pé, de nadadores, de barcos, é mais diegetizada (com variantes, seguindo a cronologia temporal mais ou menos estreita) do que uma partida de tênis, de boxe, de futebol ou de rúgbi. A corrida se desenrola numa unidade de tempo extensiva, não delimitada antecipadamente, num espaço aberto que deve ser percorrido de maneira linear, e os corredores se encontram numa relação de perseguição uns para com os demais. A partida, entretanto, desenrola-se numa unidade de tempo limitada antecipadamente, num espaço delimitado que é percorrido em todos os sentidos, e os jogadores estão numa relação face a face, de confronto, de combate.

A diegese narrativa pode tanto "colar" na diegese evenemencial, quando o acontecimento é relatado numa temporalidade presente (trapaceando mais ou menos com a cronologia, pois, não raro, é difícil seguir o acontecimento em tempo real, como nas corridas de veleiros), quanto reconstituí-la, quando esta já ocorreu. Ou ainda: a diegese narrativa, em várias circunstâncias, constrói totalmente a diegese evenemencial, inscrevendo o acontecimento num antes e num depois que não aparecem em seu desenrolar (por exemplo, uma partida cujos resultados são comentados em função de um antes e de um depois do campeonato). Mas o que caracteriza a diegese evenemencial, em seu estado bruto, é que se trata de uma ação ou de uma sucessão de atos dos quais não se conhecem nem a intencionalidade nem a finalidade. O papel da diegese narrativa é então o de construir uma história segundo um esquema narrativo intencional, no qual se poderá identificar os projetos de busca dos atores e as consequências de suas ações. Em resumo, trata-se de construir uma *narrativa*, um *narrador* (a diegese evenemencial existe sem narrador, mas não a diegese narrativa) e um *ponto de vista* (não há narrativa sem ponto de vista). É por isso que a narrativização dos fatos implica a descrição do processo da ação ("o quê?"), dos atores implicados ("quem?"), do contexto espaço-temporal no qual a ação se desenrola ou se desenrolou ("onde?" e "quando?").

O problema que se coloca à instância midiática é o da *autenticidade* ou da *verossimilhança* dos fatos que descreve. Isso pode ser obtido recorrendo a diversos meios linguísticos e semiológicos que remetem a três tipos de procedimentos:

• de *designação identificadora*, que consiste em exibir as provas de que o fato realmente existiu. É essencialmente graças à imagem (fixa ou animada), pela designação de uma realidade que se desenrola sob nossos olhos ou de documentos que provam sua existência, que é acionado esse procedimento: "O acontecimento sobre o qual estou falando é este que estou mostrando."

• de *analogia*, que consiste, quando não se pode mostrar o fato diretamente, reconstituí-lo da maneira mais "realista" possível, com profusão de detalhes na descrição, comparações, reconstituições (através de encenações posteriores). A menos que se escolha fazer uma descrição subjetiva e sugestiva feita de nomeações oblíquas e de qualificações metafóricas.

• de *visualização*, que consiste em fazer ver o que não é visível a olho nu (graças ainda à imagem: mapas, maquetes, panoramas, closes, esquemas etc.), em fazer ouvir o que geralmente não se ouve (sonoridades obtidas com o auxílio de aparelhos especiais e de técnicas de gravação específicas). Tais procedimentos fazem com que o leitor-ouvinte-espectador penetre num universo desconhecido, que não pode ser captado pelo simples exercício dos sentidos, o que provoca a ilusão de estar em contato com um mundo no qual agem forças sobrenaturais cujas intenções não poderia conhecer de outro modo. As previsões meteorológicas são um exemplo perfeito disso: elas permitem visualizar elementos (anticiclones, depressões) e fenômenos (a chegada de uma frente fria, o movimento das nuvens) invisíveis a olho nu, com o auxílio de mapas, de fotos aéreas e de animação enviadas por satélites.

Explicar um fato é tentar dizer o que o motivou, quais foram as intenções de seus atores, as circunstâncias que o tornaram possível, segundo qual lógica de encadeamento, enfim, que consequências podem ocorrer. Isso porque toda narrativa se fundamenta não na simples lógica dos fatos, mas na conceitualização intencional construída em torno de diferentes questões: a da origem ("por que as coisas são assim?"), a da finalidade ("para onde vão as coisas?") e a do lugar do homem no universo ("por que eu sou assim no meio dessas coisas?"). São as respostas, ou tentativas de respostas, a essas questões que tornam o mundo inteligível – quanto mais não fosse para afirmar seu mistério – e que dão sentido – mesmo que ilusório – aos destinos humanos. É por isso que dentre os procedimentos necessários ao relato são esperadas explicações sobre o "por que é assim?" (remetendo à causa e à finalidade dos fatos) e sobre o "como é possível?" (remetendo à probabilidade e à consequência, real ou imaginada, dos fatos).

Tais explicações não devem ser confundidas com aquelas que se encontram no "acontecimento comentado" (ver adiante). Trata-se, aqui, de fornecer apenas as causas e consequências que estão direta ou estreitamente ligadas ao fato, sem que haja análise ou comentários globais propriamente ditos. Por exemplo: "Desgostoso da vida, atirou-se no canal", "Pressionado pelo governo, ministro pede demissão", "Uma velha cabana de madeira perdida na montanha salvou os alpinistas da morte", são títulos que incluem causa, consequência, circunstâncias, os quais não constituem uma análise. Há procedimentos, no entanto, que são comuns às duas categorias: *encenar um discurso de depoimento* a fim de validar as explicações causais e consequenciais; *aproximar fatos* passados ou presentes similares, compará-los, estabelecer paralelismos, para confirmar a justeza da explicação; *fazer ver focalizando* detalhes suscetíveis de sugerir explicações (uma foto autenticando um acidente, documentos atestando a origem do fato, boxes propondo definições-chave, quadros com estatísticas, um close na televisão mostrando um detalhe não visível do lugar do espectador, como a expressão de raiva de um jogador que perdeu um gol, ou o *replay* de uma sequência anterior, ou ainda a repetição imediata de uma sequência em câmera lenta).

Descrever as reações ao fato é igualmente uma tarefa necessária, pois todo acontecimento que se produz no espaço público concerne a todos os cidadãos e particularmente àqueles que, de uma maneira ou de outra, têm uma responsabilidade social ou política. É esse jogo de inter-relações entre os diferentes atores sociais que as mídias têm por obrigação descrever, porque interfere no funcionamento democrático da sociedade. As reações podem tomar a forma de uma *declaração* (oral ou escrita) ou de um ato.

Como declaração, a reação mostra o interesse que os atores atribuem ao fato que acaba de ocorrer, qualquer que tenha sido a maneira pela qual souberam do ocorrido. Não reagir seria dar a entender que não se tem nada a ver com o fato, o que é redibitório para um responsável político. Isso explica o porquê das mídias não terem nenhuma dificuldade em veicular reações. A reação-declaração consiste em emitir um julgamento que pode ser uma opinião pessoal ou oficial (favorável ou desfavorável), em fazer uma confissão ou uma denúncia, se for o caso. Ela pode converter-se num miniacontecimento associado ao precedente, e acabar por suplantá-lo.[2]

---

[2] Os políticos de comportamento populista são especialistas nesse gênero de conversão. Eles reagem a uma notícia com fórmulas de impacto tais que são estas que se tornam um acontecimento, a ponto de fazer desaparecer os fatos que provocaram a declaração (cf. Jean-Marie Le Pen e a declaração conhecida como do "detalhe").

Como ato, a reação mostra a iniciativa de um ator, mas, nesse caso, cabe à instância midiática registrá-lo e noticiá-lo (a menos que o próprio protagonista o faça, de uma maneira mais ou menos sutil). A reação se apresenta então como uma consequência explicativa, ainda que se possa distinguir a descrição de uma reação de uma simples consequência explicativa. No título: "Fortes precipitações no sul da França. Muitas localidades inundadas", corresponde a dar, na segunda parte do título, a consequência do fato descrito na primeira parte. Mas, no título: "Pressionado pelo governo, x, diretor-presidente do Canal+, pede demissão", o que se tem é a descrição da reação de um protagonista implicado no fato. É claro que a reação se encontra numa relação de consequência com o fato descrito, mas, enquanto no primeiro título a consequência não tem autonomia, sendo diretamente dependente do fato de origem sem que se possa atribuir-lhe intencionalidade, no segundo título a consequência resulta de uma nova iniciativa tomada por um outro ator, o qual é dotado de intencionalidade, tornando-se agente de um novo ato. Dito isso, é sempre possível apresentar uma reação como uma consequência explicativa: "Sob a mira de um revólver, passageiro entrega sua carteira"; nesse caso, entretanto, trata-se de uma estratégia discursiva que consiste em mostrar a inelutabilidade da reação do protagonista, o qual não teria nenhuma margem de manobra, nenhuma iniciativa, nem autonomia como agente. O indivíduo é *desumanizado*, tratado como um fato e não como um ator responsável.

Sobre algumas características da narrativa midiática

Todo sujeito que quer relatar um acontecimento se vê diante do problema da relação entre realismo e ficção. Mas a instância midiática tem problemas particulares ligados às restrições situacionais do contrato de informação.

Essas restrições fazem com que a instância midiática não tenha a liberdade, como na ficção, de inventar uma história. Ela parte de um acontecimento que tanto pode já estar significado por uma outra instância de informação (agência de imprensa), quanto se apresentar em estado bruto, sendo portador de potencialidades significantes múltiplas. Partindo do acontecimento, o jornalista interpreta e analisa em função de sua própria experiência, de sua própria racionalidade, de sua própria cultura, tudo isso combinado com as técnicas próprias a seu ofício. Ele não está, portanto, na posição de um relator que tem de expor as conclusões de um estudo diante de uma comissão, nem na de um especialista que deva apresentar os resultados de uma perícia ou de um estudo científico, o que exigiria um ponto de vista particular e uma instrumentação de análise exterior ao especialista. A posição do jornalista é a da testemunha esclarecida, o que aumenta sua responsabilidade em relatar fielmente o acontecimento e, ao mesmo tempo, o compromete, pois a narrativa que constrói não pode prescindir da visada de captação.

A instância midiática está, pois, colocada diante de um acontecimento exterior a si mesma, o qual deve ser considerado segundo suas potencialidades de atualidade, de diegese, de causalidade e de dramatização, acontecimento que deve ser transformado em narrativa midiática através de escolhas efetuadas a partir de uma série de roteiros possíveis. E como para isso é preciso levar em conta restrições e possibilidades do suporte e do dispositivo (imprensa e papel, rádio e ondas sonoras, televisão e imagem), dir-se-á que a instância midiática institui-se num "meganarrador"[3] compósito, incluindo aí a fonte da informação, o jornalista que redige a notícia e a redação que a insere numa determinada encenação. Essa particularidade do narrador da narrativa midiática suscita dois problemas: o de saber quem é o responsável por tal narrativa;[4] o de saber o que significa o conselho dado aos jornalistas nos guias de redação: "Pegue o essencial".

Sem entrar no detalhe das estratégias particulares que poderiam ser utilizadas com finalidades de captação, evocaremos as operações que o meganarrador é levado a realizar para construir sua narrativa em dois casos: quando o acontecimento bruto desenrola-se paralelamente à narrativa (*narrativa em simultaneidade*) e quando o acontecimento bruto já se produziu (*narrativa de reconstituição*).

O caso da *narrativa de simultaneidade* é aquele em que os acontecimentos (esportivos, casamentos reais, exéquias nacionais, cerimônias religiosas, comemorações e aniversários, e todos os momentos da vida social e política que são ritualizados ou previstos num calendário) são relatados no mesmo instante

---

[3] Esse termo é tomado de empréstimo a Benoît Grevisse, utilizado em seu estudo "Les miroirs du Tour de France" (em *Réseaux* n. 57, CNET, Paris, 1993) e foi usado inicialmente por André Gauldreault (*Du littéraire au filmique. Système du récit*, Klincksieck, 1988). Distinguimos, entretanto, o "meganarrador fílmico" e o "meganarrador midiático". Como já mostramos, por trás do primeiro há um autor, o que não é o caso do segundo.

[4] Juridicamente, é o organismo de informação que deve responsabilizar-se, mas discursivamente não se sabe. Essa é a grande diferença com relação à narrativa romanesca. Mesmo quando a instância que conta a história é um narrador, sabe-se que por trás se encontra um autor que decide tudo, e estaria apto, se quisesse e pudesse, a responsabilizar-se por tudo.

em que ocorrem: há simultaneidade entre o tempo do acontecimento e o tempo de sua transmissão. Somente o rádio e a televisão podem produzir uma narrativa em simultaneidade e em continuidade: a imprensa escrita só pode produzi-la *a posteriori*. Sem detalhar aqui o que podem ser os meios materiais de que dispõe o meganarrador (número de câmeras, de microfones), nem suas possibilidades de montagem da narrativa, espera-se que a instância midiática utilize:

• a *descrição*, porque é preciso assegurar a sequência no desenrolar do acontecimento. Entretanto, tendo em vista o risco de recortes e redundâncias entre a descrição do narrador e o que o telespectador-ouvinte vê e ouve, esta será enriquecida com uma profusão de qualificações mais ou menos subjetivas com relação aos protagonistas da cena, aos objetos, ao ambiente. Na televisão, será muitas vezes entrecortada por imagens secundárias destinadas a mostrar de perto, com a ajuda de closes, as fisionomias e suas expressões, os objetos e suas formas, as cores etc.

• a *explicação* (diegetizada), porque o meganarrador que explica em narrativa simultânea deve: elucidar o que acontece no presente através do que aconteceu antes (preparativos do casamento real ou principesco, encontros ou feitos anteriores etc.) ou explicitar as supostas intenções dos protagonistas da cena. A televisão, em particular, graças aos *closes* e ao *replay*, pode reproduzir em câmera lenta as ações que acabaram de produzir-se, para melhor captar as intenções (procedimento utilizado na transmissão de todas as partidas e torneios de futebol, de rúgbi, de tênis etc.). Com isso, justificam-se explicações do gênero (numa partida de futebol): "Ah! Que pena! Ele quis cruzar para a área, quando poderia ter ido sozinho até o gol!"; ou então (quando Jacques Chirac entrega a echarpe de Danièle Mitterand que havia caído, numa cerimônia oficial durante o período de "coabitação"): "Ele quis mostrar que sua oposição política não impede que seja cavalheiro."

• *apreciações*, porque, para manter a captação, o narrador deve mostrar suas emoções. Estas, fingidas ou sinceras, destinam-se a dramatizar a narrativa e incitar o telespectador ou o ouvinte a compartilhar entusiasmo, indignação ou sonho. Basta lembrar o famoso "Vamos, garotos!" dirigido ao time francês pelo comentarista das partidas de rúgbi na televisão, Roger Couderc. Também famosas as apreciações do jornalista Léon

Zitrone, comentando com desagrado ou entusiasmo a maneira como os jurados atribuíam notas aos patinadores ou patinadoras, ou descrevendo o comportamento de um casal de príncipes durante uma cerimônia de casamento ou de investidura.

O caso da *narrativa reconstituída* corresponde às reportagens da imprensa e a certas reportagens de televisão difundidas *a posteriori* com comentário não simultâneo. Espera-se, aqui, que o meganarrador, liberado das restrições da simultaneidade, empreenda um trabalho de montagem, de roteirização, numa posição semelhante à do narrador de uma narrativa de ficção. Contudo, uma vez mais, é pressionado pelo dever de credibilidade que o obriga a "colar" no acontecimento bruto. Com isso, ele se encontra numa posição ambígua que faz com que, quaisquer que sejam as variantes da narrativa, ele deva:

• introduzir uma *abertura* (o "ataque", como se diz no jargão jornalístico) mais ou menos dramatizante, de diferentes maneiras: apresentando um resultado espantoso (número de vítimas de uma catástrofe) ou insólito (como o de um *fait divers*);[5] descrevendo um ambiente inquietante para criar um clímax à moda de algumas narrativas de suspense ("Evry, oito horas da noite. Já não há mais ninguém nas ruas. Ouve-se o miado lancinante de um gato [...]"); apresentando os protagonistas de maneira falsamente ingênua ("Uma jovem passeava tranquilamente às margens do Loire").

• tentar *reconstituir* os fatos segundo um princípio de coerência que corresponda a uma lógica de encadeamento mais próxima da experiência ingênua, por ser esta a mais facilmente apreendia por todos: a cronologia.[6] Depois de apresentar o resultado como ponto final de uma série de fatos ainda desconhecidos, procede-se a uma volta ao passado para descrever o encadeamento desses fatos a partir de um momento que se considera o começo. Não raro esse começo é um estado estável e não ameaçado, que não permite prever um drama ("Como todas as noites, Valérie acaba de chegar em casa, no conjunto habitacional onde mora há mais de dez anos"); depois apresenta-se o momento em

---

[5] Sobre o caráter insólito do *fait divers*, ver nosso *Langue et discours*, Paris, Hachette, 1983.

[6] Há várias lógicas. Essa se refere principalmente à ilusão lógica que consiste em acreditar que a simples sucessão temporal de um antes/depois basta para justificar a relação de causalidade existente entre os fatos.

que o drama se desencadeia ("subitamente, tudo acontece"); segue-se então uma acumulação de fatos com qualificativos dramatizantes ("e então começa o horror, o pesadelo"); para chegar enfim ao ponto de conclusão que retoma o resultado trazido pela abertura ("Foi naquela noite que sua desgraça aconteceu"). Quando o fato não se presta a uma cronologização (o potencial diegético sendo fraco), é a narrativa que o constrói inteiramente, inserindo-o numa perspectiva cronológica. Nas previsões meteorológicas, os elementos tornam-se atores (nuvens, ventos, chuvas), vão e vêm, aparecem, desaparecem, depois reaparecem; quanto à Bolsa, ela passa o tempo todo subindo e descendo.

• desenvolver um *comentário explicativo* inserido na reconstituição (mais particularmente na imprensa escrita) ou após a reconstituição (mais particularmente na televisão), para tentar explicar, como na narrativa simultânea, o porquê e o como dos fatos, recuperando o desenrolar dos acontecimentos, ou desvendando as intenções dos responsáveis por esses fatos. Mas, tendo em vista que aqui o meganarrador se beneficia de uma certa distância com relação aos fatos, ele pode se permitir proceder a aproximações, a abordagens em perspectiva e a recortes que tornam esse comentário mais explicativo do que o da narrativa simultânea.

• enfim, o meganarrador deve *fechar* a narrativa. Não se trata necessariamente do fechamento do próprio fato, mas do fechamento de sua narrativa, embora as duas possam coincidir. Com efeito, o fechamento dificilmente é apresentado como o fim do acontecimento, porque o discurso de informação midiática se sustenta num processo evenemencial em perpétua reativação. Assim sendo, o fechamento caracteriza-se, geralmente, por um novo questionamento que reabre a narrativa sob novas perspectivas: não raro, redramatiza o acontecimento sugerindo um novo encadeamento dos fatos, marcados pela fatalidade (o efeito *folhetim*); interpela o leitor-telespectador, sob a aparência de uma indagação moralizante feita pelo narrador ("A França vai continuar a expulsar aqueles que ela, outrora, acolheu, nutriu e instruiu, e que acabaram por tornar-se seus filhos legítimos?"); põe em causa, de uma forma paradoxal, uma consequência mais ou menos previsível ("E se, sob o pretexto de acabar com a violência nas periferias (*banlieues*), só se conseguisse aumentá-la e produzir uma exclusão maior?").

Dito relatado (dr)

Todo fato de linguagem poderia ser considerado um discurso relatado se este último fosse definido de maneira ampla: ao vir ao mundo, cada ser humano é imediatamente mergulhado num oceano de palavras; não de palavras circulando no ar como as dos anjinhos anunciando seu advento, mas palavras corporificadas em seres humanos, seres humanos que durante toda a vida constituirão esse outro eu com quem e contra quem cada um deverá travar combates para construir sua identidade. Retomando, repetindo, imitando o que outros disseram, apropriando, reconstruindo, modificando, ou mesmo inovando o dito através de seu próprio ato de enunciação é que se constrói a identidade do ser falante, o que faz com que falar seja, ao mesmo tempo, dar testemunho de si e do outro, do outro e de si.

Assim, a palavra do outro está sempre presente em todo ato de enunciação de um sujeito falante, instituindo um "dialogismo"[7] permanente entre o outro e o sujeito que fala, fazendo de todo discurso um discurso heterogêneo por definição, uma vez que se compõe frequentemente "dos traços das enunciações do outro".[8] A palavra do outro aparece, entretanto, sob diferentes formas, de maneira mais ou menos explícita, com significações diversas, daí por que seja necessário distinguir diferentes tipos de heterogeneidade,[9] dentre os quais o "discurso relatado".

Definição do "discurso relatado"

O discurso relatado é o ato de enunciação pelo qual um locutor (Loc/r) relata (Dr) o que foi dito (Do) por um outro locutor (Loc/o), dirigindo-se a um interlocutor (Interloc/r) que, em princípio, não é o interlocutor de origem (Interloc/o). A isso é preciso acrescentar que o dito, o locutor e o interlocutor de origem (Do, Loc/o, e Interloc/o) encontram-se num

---

[7] Ver, a esse respeito, M. Bakhtin e seu ponto de vista sobre o "dialogismo", em *Le marxisme et la philosophie du langage*, Paris, Minuit, 1977.

[8] Pierre Fiala, "Polyphonie et stabilisation de la référence: l'altérité dans le texte politique", Travaux du Centre de recherches sémiologiques, Université de Neuchâtel, 1986, p. 18.

[9] Vários autores têm se dedicado a essa questão. Retomaremos aqui a distinção proposta por Jacqueline Authier entre "heterogeneidade constitutiva" e "heterogeneidade mostrada", embora num sentido ainda mais restritivo, com fins puramente operatórios. Ver "Hétérogénéité énonciative", *Langages* n. 73, março de 1984, p. 102.

espaço-tempo (Eo-To) diferente daquele (Er-Tr) do dito relatado (Dr), do locutor-relator (Loc/r) e do interlocutor final (Interloc/r). Representaremos esse mecanismo da seguinte maneira:

$$Eo / To \qquad\qquad Er / Tr$$
$$[\ Loc/o \rightarrow Do \rightarrow Interloc/o]\ \text{-----}\rightarrow [Loc/r \rightarrow Dr \rightarrow Interloc/r]$$

O discurso relatado caracteriza-se, então, pelo encaixe de um dito num outro dito,[10] pela manifestação da heterogeneidade do discurso. Essa heterogeneidade está marcada por índices que indicam que uma parte, pelo menos, do que é dito, deve ser atribuída a um locutor diferente daquele que fala. Por vezes essas marcas são discretas e surge então o problema da fronteira entre "discurso relatado" e "interdiscursividade", fenômeno geral de inserção de fragmentos de discursos uns nos outros, não necessariamente explicitada. É que pode ser estrategicamente útil jogar com a possibilidade de não fornecer índices do dito relatado, ou de sugeri-los, ou de deixá-los à apreciação do interlocutor. Com isso, o locutor-relator apaga o locutor de origem, como se o que ele enuncia só pertencesse ele. É nesse jogo de marcação-demarcação, por um lado, não-marcação-integração, de outro, que se situa o discurso das mídias de informação.

Enfim, deve-se prever o caso em que o locutor-relator (Loc/r) não teve contato direto com o dito (Do) do locutor de origem (Loc/o), e o obtém de um outro locutor que assume o papel de intermediário (Loc/i). Nesse caso, o locutor intermediário torna-se um primeiro locutor-relator, podendo haver vários locutores intermediários. Na informação midiática, as agências de imprensa, por exemplo, funcionam como locutor intermediário, o que nos leva a completar o esquema precedente da seguinte maneira:

$$Eo / To \qquad\qquad Er / Tr$$
$$[\ Loc/o \rightarrow Do \rightarrow Interloc/o]\ \text{-----}\rightarrow [Loc/r \rightarrow Dr \rightarrow Interloc/r]$$

$$[Loc/i \rightarrow Dr(1) \rightarrow Interloc/i]$$

---

[10] Razão pela qual seria melhor utilizar a expressão "dito relatado" do que "discurso relatado".

Funções e efeitos do "discurso relatado"

Como acabamos de ver, o discurso relatado se constrói ao término de uma dupla operação de reconstrução/desconstrução. De reconstrução, porque se trata de tomar um dito para reintegrá-lo a um novo ato de enunciação, passando esse dito a depender do locutor-relator. Assim, o discurso relatado opera uma transformação enunciativa do já dito e, ao mesmo tempo, aponta para uma apropriação ou rejeição deste último pelo locutor-relator. De desconstrução porque o discurso relatado mostra que se trata realmente de um dito tirado de um outro ato de enunciação, distinguindo o dito relatado do dito de origem e operando uma reificação deste último, que serve para provar a autenticidade do discurso do relator. Assim, o discurso relatado funciona estrategicamente como um *discurso de prova*, tanto em relação ao outro quanto a si mesmo.

Com relação ao outro, apoiando-se na operação de empréstimo, o discurso relatado visa a produzir diferentes tipos de prova: de *autenticidade* do dito de origem ("Isso realmente foi dito", "É indiscutível", "É realmente disso que se tratou", "Não estou inventando nada. Ele disse que viria. Você também ouviu."); de *responsabilidade* daquele que disse ("Foi ele que disse isso, e não uma outra pessoa, nem eu"), com um desvio lógico que deixa entender que se ele disse o que disse, é porque pensa o que disse ("O senhor se lembra de que foi o senhor e seus partidários que preconizaram uma redução de salários"); de *verdade* do que foi dito, verdade que vem sustentar, e mesmo justificar ou fundamentar, os *propósitos* do locutor-relator ("Não devemos esquecer o que nosso pai nos disse quando éramos crianças: 'não pensem na glória, pensem em vocês'").

Com relação a si, apoiando-se na operação de demarcação, o discurso relatado visa a produzir a prova de um certo posicionamento do locutor-relator: posicionamento de *autoridade*, na medida em que relatar é mostrar que se sabe, é dizer: "Eu sei" (as citações nos trabalhos científicos têm, entre outros, esse papel): posicionamento de *poder*, na medida em que citar é fazer saber alguma coisa ao outro, revelar-lhe o que foi dito e que ele ignora, é dizer: "Eu faço saber a você o que você não sabe" (as mídias, ao relatar as declarações dos políticos, assumem essa posição de poder); posicionamento de *engajamento*, na medida em que relatar revela, por uma determinada escolha de palavras, a adesão do locutor-relator aos *propósitos* do locutor de origem ("É verdade que, como ele diz, 'a Guerra do Golfo não aconteceu'") ou sua não adesão ao contestar o conteúdo de verdade do já dito ou ao distanciar-se com relação a este, ou mesmo ao denunciar sua falsidade ("Ele alegou que a Guerra do Golfo não tinha acontecido").[11]

Descrição do dito relatado

A descrição do dito relatado se baseia em três tipos de operação: a *seleção* feita a partir do dito de origem (Do), a *identificação* dos elementos dos quais depende o Do e a *maneira de relatar*.

A *seleção* pode ser total ou parcial. Total, quando apresenta o dito *in extenso*, o que produz um efeito de objetivação, de apagamento do locutor-relator e de autenticação do dito. Parcial, quando apresenta o dito relatado de maneira truncada (em trechos), o que produz um efeito de subjetivação na medida em que apenas uma parte do dito de origem é imposta ao olhar (ou ao ouvido).

A *identificação* dos elementos (Loc/o, Interloc/o, Eo, To, ou mesmo Loc/i) dos quais depende a enunciação do dito de origem pode ser também total (todos os elementos), parcial (apenas alguns elementos) ou não existir. Quanto mais o locutor que relata identifica (ainda que seja necessário considerar o modo de identificação), mais ele produz uma garantia de autenticidade ao que foi dito. "Tenho a consciência tranquila", como título no jornal *Le Monde* não identifica o locutor de origem, o que contrasta com o título do *Le Figaro*: "François Mitterand: 'tenho a consciência tranquila.'" O contexto geral faz com que se deduza no primeiro título quem é o autor da declaração, mas não identificá-lo pode produzir um efeito de incorporação do enunciado pelo jornal (a menos que seja uma estratégia de suspense: "Quem disse isso?"), enquanto a identificação feita por *Le Figaro* manifesta um distanciamento. Oralmente, os efeitos são ainda mais sutis.

A *maneira de relatar* pode ser de diferentes formas:[12]

---

[11] Destacamos dois pontos: 1) Segundo a situação de comunicação e o contexto linguístico, vários desses efeitos podem estar superpostos, embora alguns possam ser dominantes em relação a outros. 2) O caso da palavra litúrgica e de todas as situações de comunicação em que os locutores devem retomar tais quais textos dos quais nada pode ser mudado, não pertence ao dito relatado. Trata-se de um "dito repetido" (preces, catecismos, *slogans* de marcha etc.).

[12] Remetemos à descrição das diferentes "maneiras de relatar" proposta em nossa *Grammaire du sens et de l'expression* (Hachette, 1992, pp. 624-625), de que apresentamos aqui apenas o essencial.

• "citando" (a citação) o dito de origem que é relatado, mais ou menos integralmente, numa construção que se apresenta como a reprodução fiel do que foi enunciado, com marcas de autonomia no dizer do locutor que relata.[13] As marcas mais usadas são os dois-pontos e as aspas, além de dois outros tipos de construção: identificação ou não do locutor de origem seguida de dois-pontos, que introduzem o discurso de origem enquadrado por aspas ("Jean-Pierre Thomas: 'Teremos sucesso com a moeda única se fizermos mais política'"), o qual também pode vir após ponto final, num procedimento clássico da imprensa francesa ("Françoise Berthelot, farmacêutica. 'A angústia das pessoas está aumentando'"); identificação ou não do locutor de origem seguida de dois-pontos, ou de ponto final, introduzindo o discurso de origem sem aspas (procedimento frequente no romance moderno), podendo haver diferença de estilo e de dimensão nos caracteres ("O doutor Rousset. É um fato de sociedade.").

• "integrando" parcialmente o dito de origem, na terceira pessoa, ao dizer daquele que relata, com modificações no enunciado de origem: os pronomes e o tempo verbal dependem, não do momento de enunciação de origem, mas do momento de enunciação do locutor que relata. Assim: "Minha vida corre perigo" será relatado como: "Ele disse que sua vida corria perigo", ou então, como num romance moderno, em dois enunciados separados por ponto final ou dois-pontos: "Ele acabou falando. Sua vida corria perigo." Este último tipo de construção confere uma certa autonomia ao dito relatado (com relação à construção precedente), embora o integre ao dito do locutor que relata.[14]

• "narrativizando" o dito de origem que é relatado, de tal maneira que se integre totalmente, ou mesmo desapareça, no dito de quem relata. O locutor do dito de origem torna-se agente de um ato de dizer. Assim: "Eu te amo" poderá ser relatado como: "Ele lhe declarou seu amor", procedimento frequente nos títulos de jornais que resumem uma longa declaração por: "Jean-François Deniau confirma sua missão na reforma do Tribunal", ou por: "Charles Pasqua e Philippe Séguin querem retomar a aliança de seus partidos." Vê-se que, nesse caso, o dito de origem sofre uma dupla transfor-

---

[13] Este caso corresponde ao que a gramática tradicional chama de "estilo direto".

[14] A gramática tradicional fala de "estilo indireto" e "estilo indireto livre".

mação morfológica: a modalidade de enunciação é retomada ou explicitada por um verbo de modalidade ("declarou", "confirma", "querem"), e o dito de origem se acha resumido, na maior parte das vezes, por um nome ("amor", "missão") ou um verbo no infinitivo ("retomar").

• "evocando" (a alusão) o dito de origem, que aparece apenas como uma evocação do que o locutor de origem disse ou costuma dizer. Essa maneira, que não raro é marcada por uma palavra ou grupo de palavras entre aspas, travessões ou parênteses, corresponde a um "como você diz", "como ele diz", "como se diz", "como eu gosto de dizer". Assim, em: "Você não vai me dizer que é 'um detalhe'", a palavra entre aspas é uma alusão a: "como diz Le Pen."[15] A imprensa utiliza igualmente esse procedimento, seja evocando somente uma palavra ou uma expressão da declaração de origem que significa "como ele mesmo diz" ("Millon acha a situação do emprego 'muito preocupante'"), seja introduzindo uma expressão que está na moda, sem que o locutor de origem a tenha utilizado, significando "como se diz neste momento" ("O primeiro ministro destaca 'o diálogo social'").[16]

Explicação sobre o dito relatado

Como para o fato relatado, também aqui se esperam explicações, mas somente sobre as causas e consequências do dito relatado, pois o "como" está incluído na maneira de relatar.

As *causas* resumem-se aos motivos, externos ou internos, que levaram o locutor de origem a fazer tal ou qual declaração. Os motivos externos são causas independentes do declarante de origem que o obrigaram a falar (pressões dos poderes públicos, de grupos organizados, de indivíduos que exercem uma chantagem ou de toda uma situação ameaçadora): "A pedido do primeiro- ministro, o senhor x apresenta sua demissão", "Pressionado pela rua, Chirac assume a trincheira", "O depoimento de sua própria secretária o obriga a recuar em sua declaração". Os motivos internos dependeriam mais

---

[15] Alusão à declaração feita pelo político francês, Jean-Marie Le Pen, tratando as câmaras de gás relativas ao genocídio nazista como um "detalhe" da história.

[16] A notar que as citações de máximas e de provérbios correspondem a esse caso, fazendo alusão ao saber popular, à *vox populi*, ao "como se diz".

da intenção, da vontade, do cálculo estratégico do declarante, muitas vezes apresentados de maneira integrada à descrição do dito relatado: "O ex-ministro Alain Madelin esforça-se por apagar sua imagem ultraliberal", "Philippe Séguin afia suas armas sobre o desemprego". É claro que esses exemplos são retirados de títulos, mas muitas vezes uma declaração pode ser comentada longamente e ser objeto de uma espécie de exegese.

As *consequências* podem ser apresentadas como já tendo ocorrido: "O 'não' de Delors mergulhou o PS na morosidade", ou como eventuais: "Esperemos para ver como reagirão os sindicatos à última declaração de A. Juppé." Sobre as consequências, as mídias são evidentemente menos prolixas do que a respeito às causas, pois é preciso ser prudente!

Reações ao dito

Como para o fato relatado, as mídias são levadas a expor as reações dos atores do mundo político ou dos simples cidadãos quando estes são diretamente implicados pelas declarações. Mas quando se trata de um dito de reação, supõe-se que sejam réplicas que correspondam a uma espécie de *direito de resposta* social.

Essas reações têm as mesmas características daquelas motivadas por um fato, mas aqui aparece mais sistematicamente o fenômeno que descrevemos nas condições gerais do discurso de informação, o da suspeição que pode surgir no informado, pois o autor de uma reação está marcado por sua posição social ou política. Assim, se, ao lado do nome da personalidade que reage está escrita sua ligação política, isso nos levará a fazer predições sobre a orientação de seu julgamento, mas também fará com que o teor de informação da reação se aproxime do zero. Um jornal apresenta, numa coluna, as reações de diferentes líderes políticos a uma declaração do primeiro ministro: Véronique Neiertz (PS), Jean-Pierre Chevènement (Movimento dos cidadãos), Alain Bocquet (PCF), Pierre Méhaignerie (UDF – Força democrata), Jean-Marie Le Pen (FN). De acordo com o matiz político do primeiro-ministro em questão, pode-se prever a orientação (positiva ou negativa) do julgamento ou da argumentação de cada um dos "reactantes". De fato, à leitura de tais reações, dificilmente nossas previsões deixam de se confirmar.[17]

---

[17] Por que lê-las, então?, dirão. Porque o leitor gosta de ter confirmadas suas previsões.

Problemas do dito relatado nas mídias

A imprensa diária no século XIX era essencialmente o vetor da palavra do político ou do cidadão na tribuna. No começo do século XX, confundiu-se com frequência com o partido de que era porta-voz.[18] Depois, progressivamente, uma certa visão da democracia se impôs como um espaço em que se entrecruzam e se confundem diferentes falas, que podem até mesmo ser opostas, conferindo à imprensa um novo papel, o de reflexo, espelho, eco das diversas falas que circulam no espaço público. Pode-se estender tal constatação ao conjunto de suportes da informação e considerar que o fenômeno da fala relatada é um dos grandes desafios das mídias modernas. Isso ocorre, talvez, porque o exercício do poder nas sociedades ocidentais necessite cada vez mais do álibi democrático, o qual se institui graças a um jogo de troca de palavras que se mascaram, se modificam, se transformam. Com isso, os problemas que se colocam para as mídias têm a ver com as características gerais do discurso relatado, pois toda escolha efetuada dentre os diversos procedimentos que acabamos de descrever é suscetível de produzir efeitos que influenciam sua credibilidade. Mais particularmente, destacamos cinco tipos de problemas, ligados às operações de *seleção*, aos modos de *identificação*, de *reprodução*, de *citação* e aos tipos de *posicionamento*.

Operação de seleção

Tendo em vista o número elevado de atores do espaço público que dão declarações ou são suscetíveis de tomar a palavra, é preciso proceder a uma seleção. Esta se faz em função da identidade do declarante e do valor de seu dito. A identidade do declarante pode variar da maior notoriedade possível ao anonimato absoluto. Com isso, surge o seguinte problema: dar a palavra aos notáveis corresponde a mostrar-se como organismo da informação institucional; dar a palavra aos anônimos corresponde a mostrar-se como organismo da informação cidadã ou mesmo popular. No primeiro caso, as mídias podem ser consideradas sérias, mas ao mesmo tempo podem ser consideradas suspeitas; no segundo caso, as mídias apresentam-se como a imagem da democracia, mas também podem ser acusadas de demagogia.

---

[18] Mouillaud, M. e Tétu, J. F. *Le journal quotidien*. Presses Universitaires de Lyon, 1989.

O valor do dito intervém igualmente na medida em que a instância midiática pode ser levada a escolher (ou provocar) a declaração a ser relatada com base num efeito valorativo:

• *efeito de decisão*, quando a declaração emana de um locutor que tem o poder de decidir. Trata-se do que em pragmática é chamado de palavra performativa: a declaração é, ao mesmo tempo, a realização de uma ação. Aqui, evidentemente, trata-se de uma decisão relatada, o que faz perder a performatividade do enunciado: "O ministro declarou à Assembleia que retirava sua proposição de lei para reformulá-la." Mesmo assim, o fato de relatar uma enunciação performativa confere factualidade à instância midiática.

• *efeito de saber*, quando a declaração emana de um locutor que tem uma posição de autoridade pelo saber. É o caso da palavra de análise produzida por locutores especialistas de um domínio particular. A declaração relatada vem em apoio a uma explicação sobre o porquê e o como de um acontecimento: "De acordo com os peritos que trabalham no local, o incêndio foi causado por 'uma conexão defeituosa dos cabos do sistema de alarme.'" O efeito de saber é endossado pela instância midiática que relata a declaração, com maior ou menor distanciamento, conforme o caso.

• *efeito de opinião*, quando a declaração emana de um locutor que expressa um julgamento ou uma apreciação[19] dos fatos. Partindo de uma personalidade conhecida ou de um anônimo, em ambos os casos trata-se de uma avaliação: "P.N. declara que tal medida 'é inútil.'" Nesse caso, a instância midiática parece assumir um papel de desvendamento das opiniões, principalmente se as declarações soarem como confissões ou denúncias.

• *efeito de testemunho*, quando a declaração emana de um locutor que se contenta em descrever o que viu ou ouviu a respeito de um certo fato. Quase sempre se trata de um *homo quotidianus*, mas qualquer que seja a identidade do locutor, trata-se de uma palavra testemunhal. A instância midiática parece ganhar em credibilidade: a declaração relatada se reveste de um caráter de veracidade por ter como única finalidade descrever a realidade

---

[19] A diferença entre "julgamento" e "apreciação" foi abordada na seção *Da opinião à opinião pública*, na conclusão do "Contrato midiático".

tal como foi vista e ouvida: "Um vizinho: 'Eu estava tranquilamente vendo televisão quando, de repente, escutei o barulho de uma explosão. Então corri para a janela e vi as chamas que saíam do primeiro andar.'"

Assim sendo, o problema da seleção é saber se o organismo de informação quer produzir de si uma imagem institucional (efeito de decisão), democrática (efeito de opinião) ou populista (efeito de testemunho).[20]

Modo de identificação

A identificação depende de três categorias linguísticas: a *denominação*, a *determinação*, a *modalização*:

• a *denominação*, como vimos, consiste em designar o locutor de origem por um nome que o identifique do ponto de vista de seu patronímico, de seu título, de sua função ou de uma forma coletiva, quando o indivíduo não é identificável. O problema que se coloca aqui, para o consumidor de informação, é saber o crédito que pode dar a uma informação cujo locutor de origem é designado de maneira coletiva, anônima ou vaga: "fontes próximas ao presidente dizem que...", "de porta-vozes autorizados soubemos que...", "o mundo político é unânime em condenar..."; e mesmo: "o Palácio Eliseu informa que...", "o Ministério anuncia que...", "os corredores da Câmara recusam-se a comentar o fato", "o Itamaraty já se manifestou" etc. Com efeito, a instância midiática parece proteger-se ou proteger suas fontes, a não ser que ignore sua identidade – o que pode pôr em dúvida se ela cumpre realmente o dever de informar.

• a *determinação*, intrinsecamente ligada à denominação, consiste em definir esta última pelo emprego de um nome, de uma marca de deferência ou mesmo de um possessivo (nosso correspondente, nosso enviado especial), assinalando, de passagem, o tipo de relação que a instância midiática se atribui pela maneira de tratar os atores do espaço público. Por exemplo, em se tratando de políticos, certos jornais franceses tendem a utilizar senhor (*monsieur*) ou senhora (*madame*) diante de um sobrenome precedido da inicial do nome, outros tendem a utilizar o

---

[20] Uma certa quantidade de seleção de declarações relatadas pode ser reveladora do fato de que a mídia (ou as mídias) não pode ter acesso ao acontecimento bruto, como no caso da Guerra do Golfo.

sobrenome, ou o nome seguido do sobrenome, sem marcas de deferência. Isso depende, evidentemente, das pessoas citadas, de sua notoriedade, do sexo, das rubricas em que aparecem. Tais tendências são reveladoras, pois se tal organismo de informação trata as personalidades do mundo político como pessoas civis, um outro organismo pode tratá-las da maneira característica do mundo militante.[21]

• a *modalização*, como sabemos, é o meio de que dispõe o locutor-relator para expressar a atitude de crença para com a veracidade dos *propósitos* do locutor de origem. Essa atitude se reflete na escolha dos verbos que descrevem o modo de declaração (x diz, declara, informa, relata, anuncia, indigna-se etc.) ou nas diversas marcas de distanciamento (segundo, de acordo com, acredita, acha etc., ou o emprego do condicional), e depende do que se pode chamar de "posicionamento" do locutor-relator (ver adiante).

O problema do modo de identificação nas mídias é o da imagem de familiaridade ou de respeito que a instância midiática quer manter em relação ao mundo político, através da escolha da denominação e da determinação, e o da prudência ou não prudência com relação à informação contida na declaração de origem, através da escolha da modalização.

Modo de reprodução

A reprodução do dito concerne à operação de seleção do dito relatado, podendo ser total ou parcial, dando uma garantia maior ou menor de seriedade. Assim, certos jornais reproduzem *in extenso* as declarações políticas mais importantes.[22] Mas o modo de reprodução concerne igualmente à apresentação formal da declaração relatada (localização no espaço do jornal, destaque por recursos tipográficos, relação com uma fotografia etc.), apresentação que, em seu procedimento de focalização, pode produzir efeitos diversos de dramatização. Como o modo de reprodução é o mais suscetível de produzir efeitos deformantes da declaração de origem, é aí que o organismo de informação joga com sua credibilidade.

---

[21] Na França, o jornal *Le Monde* exemplifica o primeiro caso e *Libération*, o segundo.

[22] *Le Monde*, na França.

Modo de citação

Cada um dos modos de citação descritos acima é suscetível de produzir efeitos. Para as mídias, produzem-se alguns efeitos particulares: o modo de *citação direta* tende a um efeito de objetivação da informação (dependendo do que é citado e como é citado); o modo de *citação integrada* tende a um efeito de desidentificação do locutor de origem, na medida em que a palavra não lhe é conferida de maneira autônoma e , ao mesmo tempo, na medida em que é assimilado pelo locutor-relator (como se o locutor de origem não se pertencesse e pertencesse ao próprio discurso de informação); o modo de *citação narrativizada* tende a um efeito de actancialização, isto é, o locutor de origem não é mais apresentado como o locutor de um dito, mas como o agente de um fazer que seria então descrito como um fato relatado; o locutor de origem é praticamente fagocitado pela instância midiática.

Um estudo sistemático sobre a maneira pela qual os organismos de informação utilizam os modos de citação ainda não foi feito. Mas já se pode considerar que o modo de citação direta produz um efeito de objetivação, que o modo integrado produz um efeito de vagueza[23] e o modo narrativizado, um efeito de dramatização.

Tipo de posicionamento

Vimos nas considerações iniciais que o problema do discurso relatado era essencialmente o da fidelidade quanto à maneira de relatar a palavra de um outro. Na maior parte do tempo, o locutor-relator opera, de maneira consciente ou não, transformações no dito de origem. Assim, essas transformações revelam um certo posicionamento do locutor-relator, quer sejam voluntárias quer não.

Apresentamos a seguir diferentes casos de intervenções do locutor-relator, reveladoras de seu próprio ponto de vista sobre a declaração de origem, e que representam um verdadeiro problema para a instância midiática – quando tem consciência disso. É claro que, para poder julgar tais intervenções, seria

---

[23] Para esse efeito de vagueza, ver o artigo de Jeanine Richard-Sappella, "De l'usage politique du discours rapporté", em *Parcours linguistiques des discours spécialisés*, Berne, Peter Lang, 1993.

necessário conhecer o dito de origem, o que raramente é possível.[24] No caso em que é possível fazer a comparação, pode-se observar que as intervenções consistem em transformar uma parte do enunciado de origem ou de sua enunciação, ou então em explicitar seu próprio ato de enunciação:

- intervenção nas palavras do enunciado de origem, operando uma transformação lexical: Do [Despacho de Agência] "O ex-ministro deixou a França" > Dr [Manchete de jornal] "O ex-ministro escapa da justiça francesa". O Dr transforma a descrição de uma ação de partida, apresentada como uma "constatação", em ação de fuga cuja causa ("a justiça") é explicitada, o que faz com que a ação se transforme num ato "voluntário e repreensível".

- intervenção nas palavras da enunciação de origem, operando uma transformação da modalidade do dito: Do: [Declaração de um deputado na Assembleia Nacional]: "Sustento que a França não tem nada a aprender com ninguém" > Dr [Artigo de jornal] "Ele sustentou que a França não tinha nada a aprender com ninguém". O Dr transforma uma modalidade de "afirmação" (Eu sustento = eu declaro com segurança e solenidade) em modalidade de "dúvida" (ele sustentou = ele declarou sob sua própria responsabilidade, sem fundamento verdadeiro).

- Intervenção na significação enunciativa da declaração de origem, transformando o dito em ação de dizer, e o locutor de origem em agente desta ação (modo *narrativizado*): Do: [Na ONU, o representante do Irã] "Podemos provar que o Iraque utiliza armas químicas" > Dr: [Jornal] "Irã acusa Iraque de utilizar armas químicas". Ao dizer-se "provar", introduz-se uma demonstração que deve finalizar num resultado–constatação. Relatar tal declaração por "O Irã pode provar [...]" teria sido mais fiel. Mas relatar por "acusa" é, para o locutor-relator, explicitar o que está apenas implícito, a saber, que o Irã está na posição de um juiz que designa o outro como culpado.[25]

---

[24] É possível descobri-lo quando é citado mais adiante no corpo do artigo: [Título] "A.C. almeja manter-se como presidente do conselho". [Artigo] "O prefeito condenado a cinco anos de prisão [...] decidiu continuar no cargo." (*Le Monde*).

[25] Ver igualmente o estudo de Jean-Noël Darde, "Discours rapporté – Discours de l'information: l'enjeu de la vérité", em Charaudeau, P. (éd.), *La presse. Produit, production, réception*, Didier érudition, Paris, 1988.

• Intervenção na enunciação do próprio locutor-relator, marcando uma certa "distância" com relação à veracidade da declaração. Esse distanciamento, que pode chegar a um questionamento, é expresso com o uso do modo condicional e com o uso de diversos componentes introdutórios (segundo, de acordo com, acredita etc.): "A CIA teria declarado que desbaratou uma tentativa de corrupção feita pela Thomson no Brasil"; "De acordo com uma fonte próxima ao governo, essas escutas telefônicas não teriam sido encomendadas pelo Ministério". Esse tipo de intervenção deixa a moral a salvo, pois não é o discurso de origem que se modifica, mas sim a explicitação da atitude enunciativa do locutor-relator.

Comentar o acontecimento

Comentar o mundo constitui uma atividade discursiva, complementar ao relato, que consiste em exercer suas faculdades de raciocínio para analisar o porquê e o como dos seres que se acham no mundo e dos fatos que aí se produzem. No fundo, desde a Antiguidade, pelo menos, o homem sempre tentou responder à questão de seu destino, desenvolvendo duas atividades discursivas complementares: o relato e o comentário.

Relato (narrativa) e comentário estão intrinsecamente ligados, a ponto de os teóricos da linguagem se dividirem, ainda hoje, entre duas posições extremas: os que sustentam que "tudo é narrativa"[1] e aqueles que afirmam que "tudo é argumentação".[2] Na verdade, essa dupla atividade discursiva empreende a mesma busca: conhecer o porquê dos fatos, dos seres e das coisas, e, com essa finalidade, comenta-se contando ou conta-se comentando. Apesar dessa convergência, essas duas atividades apelam para diferentes faculdades da mente e para diferentes processos de discursivização.

O relato propõe uma visão de mundo da ordem do *constativo*, mesmo quando se trata de uma pura invenção.[3] Descrito como um estar-aí imutável, em sua essência, ou como uma sucessão de ações cuja lógica depende dos

---

[1] Na linha de um Paul Ricoeur.

[2] Na linha de um Oswald Ducrot.

[3] Aqui não se trata de distinguir entre relato realista ou relato de ficção.

atores aí implicados, o mundo proposto no relato é um testemunho possível da experiência humana. Cada um pode encontrar-se ou projetar-se no mundo relatado, ou então, rejeitá-lo.

O comentário argumentado impõe uma visão do mundo de ordem *explicativa*. Não se contenta em mostrar ou imaginar o que foi, o que é ou o que se produz; o comentário procura revelar o que não se vê, o que é latente e constitui o motor (causas, motivos e intenções) do processo evenemencial do mundo. Problematiza os acontecimentos, constrói hipóteses, desenvolve teses, traz provas, impõe conclusões. Aqui não se é chamado a projetar-se no mundo contado, mas a avaliar, medir, julgar o comentário, para tomar a decisão de aderir ou rejeitar, seguindo a razão.

Pode-se então dizer que o relato é aparentemente menos agressivo do que o comentário. O relato apenas solicita uma possível identificação da parte de quem toma conhecimento dele, e se, apesar de tudo, é recusado, ninguém (nem autor, nem leitor) precisa sentir-se culpado (feliz liberdade do relato!). O comentário, em contrapartida, põe o leitor em questão: exige uma atividade intelectiva, um trabalho de raciocínio, uma tomada de posição contra ou a favor, e desta atividade não há ninguém, no fim da troca, que saia incólume (o comentário é histérico).

Estamos longe, no entanto, de opor essas duas atividades discursivas de maneira radical. Elas se opõem em sua finalidade, mas no uso comunicativo estão intrinsecamente ligadas. Um determinado relato, sob a forma de uma historieta, poderá ter um valor argumentativo, e um determinado desenvolvimento argumentativo, por analogia, poderá tomar a forma de um relato. Trata-se, aqui, de descrever as características do comentário enquanto modo discursivo desenvolvido pelas mídias.

O QUE É COMENTAR O ACONTECIMENTO NAS MÍDIAS

Compreende-se porque a relação entre relato e comentário é tão espinhosa. No mundo profissional das mídias (escolas de jornalismo, reflexões dos jornalistas e dos patrões da imprensa), essa questão vem à baila como sintoma da indagação sobre o papel social das mídias. Não raro é colocada em termos opostos: "O que deve ser fornecido pelas mídias, fatos ou comentários? Qual é o papel principal do jornalista, descrever ou comentar?" Entretanto, levando-se em conta as restrições situacionais da comunicação midiática quanto à sua finalidade, a oposição descrição dos fatos/comentário dos fatos se resolve numa complementaridade: a visada informativa de fazer saber engloba, ao mesmo tempo, a existência dos fatos e sua razão de ser. Não é possível informar se não se pode, ao mesmo tempo, dar garantias sobre a veracidade das informações transmitidas, logo, fazer saber implica, necessariamente, um "explicar": o comentário jornalístico é uma atividade estreitamente ligada à descrição do acontecimento para produzir um "acontecimento comentado" (AC).

Mecânica argumentativa

Para argumentar, o sujeito deve problematizar seu propósito, elucidar e avaliar seus diferentes aspectos.

Problematizar

Todo propósito a respeito do mundo deve ser questionado. Deve ser objeto de uma indagação quanto a sua razão de ser, com fundamento, pelo menos, em duas proposições – senão o propósito é pura asserção sobre a qual não há nada a dizer (uma asserção é aceita ou rejeitada). Nada se tem a dizer do enunciado "Ele mede um metro e meio", mas diante de "Com cinco anos, ele já media um metro e meio", tem-se o direito de perguntar se tal fato é normal ou não, e como é possível? Mas isso não basta. É preciso que, ao mesmo tempo que surge a interrogação (de maneira explícita ou implícita), o sujeito que tomou a iniciativa proponha a seu interlocutor uma maneira de tratá-la, seja a favor ou contra tal proposição, ou examinando os prós e os contras de cada uma das proposições. Espera-se, assim, do sujeito enunciador do propósito, que ele produza argumentos em apoio às proposições. Pode-se dizer que a problematização baseia-se em três atividades mentais: emitir um propósito (o tema de que se fala), inseri-lo numa proposição (o questionamento) e trazer argumentos (persuadir).[4]

Nas mídias, a problematização pode ser apresentada de diferentes maneiras. Sob a forma de uma pergunta: "Por que a França não interessa à América?" (= seria por causa da França ou por causa da América?); sob a forma de várias

---

[4] Ver nossa *Grammaire du sens et de l'expression*, op. cit., p. 803.

asserções que se combinam, como um pré-título "A Assembleia nacional se pronuncia sobre a supressão da imunidade parlamentar" (deve-se ou não suprimir a imunidade?) precedendo o título: "As propostas do Sr. Séguin" (= deve-se reformar? como?); sob a forma de uma asserção negativa: "Nós não iremos a São Francisco" (deve-se ir? e por que não ir?); sob a forma de uma dupla asserção apresentada como uma alternativa: "A Suíça: estranho modelo ou modelo do estranho" (= qual dos dois?); enfim, sob forma de uma asserção simples que incluiria uma opinião engajada ou uma apreciação orientada: "Adeus século xx!" (= será mesmo o fim do século?), "Xenofobia, quando acontece conosco!" (= somos xenófobos ou não?).

Elucidar

Uma vez feita a problematização, passa-se a tentar fornecer as razões pelas quais um fato pôde produzir-se e o que ele significa. Como o comentário pressupõe a veracidade do fato, é preciso então explicar o porquê e o como, abordando-o de um ponto de vista global e distanciado. Elucidar será, então, esclarecer o que não se vê, o que está oculto, o que é latente, e que constitui as razões mais ou menos profundas do surgimento do fato. Esse oculto, esse latente, é o que as mídias se propõem fazer emergir, para fornecer ao consumidor de informação as circunstâncias e as implicações do fato. Isso pode ser obtido tanto desvendando as intenções, os motivos que animaram os protagonistas dos acontecimentos, quanto expondo suas causas externas.

Desvendar as intenções dos atores dos acontecimentos é mostrar que se tem o poder de passar para o outro lado do espelho. Os atos humanos seriam a realização de um projeto elaborado na cabeça dos indivíduos. Esse projeto não é visível, e sua intenção não corresponde necessariamente ao que sua manifestação pode fazer supor. O terreno do acontecimento político é ideal para esse trabalho de desvendamento. Como já se disse, o exercício do poder no campo político só é possível na dissimulação, e o papel do jornalista, que tem o dever de elucidar, consistiria em descobrir a intenção dissimulada por trás das declarações e dos atos de tal ou qual político. Isso só pode ser feito com o apoio de um trabalho de pesquisa em arquivos, de observação de comportamentos do passado, de entrevistas provocadoras etc., o que tende a atribuir ao jornalista, dependendo do caso, uma imagem de detetive, de inquiridor, que aumenta sua credibilidade, principalmente quando sua pesquisa consegue bons resultados.

Expor as causas externas é mostrar a lógica de encadeamento dos fatos, sua coerência interna, logo, mostrar como foi possível que tal acontecimento se produzisse. Essa atividade de elucidação se faz com o auxílio de diversos procedimentos, dentre os quais os mais frequentes são:

• reconstituir uma sequência de fatos, seguindo relações de causa a consequência entre eles, num procedimento dedutivo[5] que pressupõe conhecida a origem, o ponto de partida, e orienta a explicação segundo uma direção única sem deixar lugar para outros possíveis encadeamentos. Trata-se aqui de uma reconstituição do que se poderia chamar de causalidade evenemencial. Mas esse procedimento apresenta uma variante, que consiste em decompor as engrenagens internas que tornam um fenômeno possível: os vínculos de solidariedade e de causalidade entre elementos, as etapas, nos procedimentos de fabricação, o escoamento de fluxos que desembocam em pontos terminais. É o caso do "Como funciona"[6] dos jornalistas especializados que expõem as realizações científicas e tecnológicas, acontecimentos culturais e manifestações esportivas. Seu comentário apresenta-se como uma tradução simplificadora da complexidade dos fenômenos para torná-los acessíveis à massa (vulgarização). Trata-se aqui de um tipo de explicação determinista.

• raciocinar por analogia, isto é, apresentar explicações comparando o fato com outros similares que se produziram em outras ocasiões, ou então com outros diferentes que, no entanto, parecem depender do mesmo encadeamento causal. No primeiro caso, coloca-se em perspectiva um encadeamento de fatos aparentemente idênticos: como o acontecimento 1 é igual ao acontecimento 2, as causas e consequências deste último são as mesmas que as do primeiro. No segundo caso, apresenta-se uma espécie de revelação, na medida em que fatos aparentemente diferentes são tratados num mesmo encadeamento causal: o acontecimento 1 é diferente do acontecimento 2, mas as causas (ou as consequências) são as mesmas, logo os dois acontecimentos pertencem à mesma ordem.

---

[5] As mídias utilizam pouco o procedimento indutivo que consistiria em remontar progressivamente a cadeia das causalidades. Esse procedimento é o mais adotado na observação científica e no pensamento hipotético-dedutivo do detetive, o que não corresponde ao imaginário de eficácia das mídias. Entretanto, as mídias também os utilizam em determinadas circunstâncias.

[6] Aludimos aqui ao especialista das novidades científicas e técnicas, Michel Chevalet, que atua na TF1, aproximando-se, por vezes, da caricatura, mas sempre com um entusiasmo aparentemente ingênuo.

O raciocínio por analogia explica através de estudos de casos, isto é, constrói hipóteses sobre desdobramentos possíveis que permitiriam prever a resolução dos fatos ou explicar suas causas.[7] Infelizmente, esse raciocínio também produz amálgamas que, numa perspectiva de informação cidadã, podem ter efeitos perversos.[8]

Avaliar

Não há comentário sem que o sujeito informador expresse um ponto de vista pessoal, e isso apesar de suas próprias denegações. O sujeito o faz, conscientemente ou não, expondo sua própria opinião (tomada de posição no debate de ideias), ou formulando uma apreciação subjetiva (projeção de sua afetividade). Essa avaliação pode surgir a qualquer momento, inclusive em meio à descrição do fato, mas trata-se aqui daquela que surge de maneira explícita em determinadas formas textuais. Diz-se que as mídias não têm de tomar posição, que devem mostrar neutralidade, mas sabe-se que essa neutralidade é ilusória. Entretanto, há gêneros redacionais que se prestam mais ou menos a uma avaliação. Nos editoriais e em algumas crônicas, por exemplo, espera-se que o jornalista nos esclareça sobre o debate de ideias, dando sua opinião e argumentando.[9] Nas crônicas sobre as artes e espetáculos, ou mesmo no esporte, o sujeito goza de uma relativa liberdade quanto às apreciações a fazer sobre tal filme, peça de teatro, livro ou manifestação esportiva. É que o jornalista parte do princípio de que o consumidor de informação tem uma relação afetiva com esses tipos de acontecimento, esperando que o jornalista lhe dê razões para gostar ou detestar.[10]

Encenação midiática do comentário

O comentador sabe que precisa ser credível, mas sabe também que nenhuma análise ou argumentação terá impacto se não despertar o interesse

---

[7] Os desdobramentos possíveis são sugeridos mais particularmente quando um acontecimento é suscetível de prolongar-se.

[8] Assim, "a purificação étnica" durante a guerra na ex-Iugoslávia foi comparada com o genocídio judeu durante o nazismo (ver a revista Mots n. 47, op. cit., dedicada a essa questão, particularmente a contribuição de Alice Krieg, "La 'purification ethnique' dans la presse. Avènement et propagation d'une formule."

[9] É por isso que todos os jornais, mesmo os mais populares, contratam cronistas especializados.

[10] Ver, por exemplo, nosso "La critique cinématographique: faire voir et faire parler", em *La presse, produit, production, réception*, op. cit.

do consumidor de informação e se não tocar sua afetividade. Assim, o jornalista, preso entre o martelo (credibilidade) e a bigorna (captação), tenderá a preferir modos de raciocínio que julgará simples e motivadores.

Fazer simples

Para fazer simples, diversos procedimentos são utilizados. Entre esses, a "restrição", que consiste em fazer uma afirmação para corrigi-la em seguida (x, mas, entretanto, no entanto, embora y), modo de raciocínio que obriga o sujeito receptor a reorientar seu próprio julgamento: "O governo deve manter uma atitude firme, embora não ignore que nas circunstâncias atuais é preciso ser flexível"; "O presidente não pode se comportar como um chefe de partido, entretanto, ao mesmo tempo, deve garantir a coesão do grupo político que o sustenta". A "alternativa", que consiste em contrapor duas afirmações, focalizá-las alternadamente e colocá-las em deliberação (ou bem x, ou bem y), modo de raciocínio que obriga o receptor a acompanhar a deliberação e até mesmo a esquecer ou a ignorar que existem outras possibilidades: "A dificuldade da situação é que, no que tange à universidade, a maneira forte não obtém sucesso, e a maneira suave corre o risco de fracassar." A "comparação", de que já falamos, que consiste em aproximar o fato particular de um fato próximo à experiência humana amplamente compartilhada (estereótipo), sob uma forma mais ou menos metafórica, o que supõe tornar a explicação luminosa: "Em face da via expressa preconizada por Jacques Chirac, François Bayrou agita imutavelmente o estandarte do gradualismo"; "as paixões desencadeiam-se e os antagonistas embaralham-se como as galhadas de dois cervos". Acrescentemos que, para tornar a explicação acessível, é necessário que as sequências dos raciocínios sejam simples, isto é, que sejam curtas, com algumas ideias-chave bem marcadas, sem muitas digressões nem parênteses: "Jacques Chirac dispõe de autoridade e de poder. Alain Juppé, de influência e de pilotagem na manobra. François Bayrou, de competência e habilidade. Se a reforma se concretizar, será pelo milagre da reunificação dessas três forças disparatadas."

Ser motivador

Para ser motivador, o raciocínio deverá implicar de maneira direta ou indireta o consumidor cidadão. Para isso utilizam-se vários tipos de procedimentos. Por um lado, os argumentos que servem de apoio à análise são escolhidos em função de seu valor de crença, mais do que de conhecimento, pois as crenças são amplamente compartilhadas pelo grande público, sendo pois suscetíveis de atingi-lo com mais eficiência. Há uma espécie de maior denominador comum dos saberes, que concernem à experiência social e aos julgamentos que circulam a seu respeito em amplos setores da sociedade: os lugares-comuns, que facilitam a compreensão do público. Por outro lado, uma psicologização da explicação dos fatos, que consiste em emprestar uma intenção a instâncias coletivas ou a entidades anônimas e mesmo não humanas. Por exemplo, no dia seguinte à vitória do partido popular espanhol (o PP), não se diz que existe um movimento de baixa na bolsa, mas sim: "A Bolsa sanciona o PP." Por exemplo, ainda, para comentar o resultado dessas mesmas eleições, age-se como se a intenção que presidiu ao voto dos eleitores e suas consequências já fossem conhecidas: "A sabedoria dos eleitores. Dão uma chance ao PP de negociar e à democracia de funcionar." Ou, então, à leitura dos boletins meteorológicos no rádio ou na televisão: "O sol é contrariado por uma leve camada de nuvens", "os ventos mostram sua força", "o anticiclone resiste" etc. Esses diferentes procedimentos produzem um efeito de dramatização ao qual o público não pode ficar insensível.

PROBLEMAS DO COMENTÁRIO MIDIÁTICO

Os problemas que o comentário coloca paras as mídias residem nas características do que pode (deve) ser o posicionamento do comentarista e seus modos de raciocínio.

Problemas ligados ao posicionamento

O problema do posicionamento coloca-se principalmente para os próprios jornalistas,[11] pois sobre eles costuma-se repetir o seguinte adágio: "o jornalista não pensa e sabe tudo". É verdade que a posição dos cronistas e editorialistas não é confortável. Estes, como se sabe, têm, no máximo, direito a um engajamento pontual (sobretudo os editorialistas diretores de publicação) que depende de uma moral social que se baseia em critérios de ordem humanitária,[12] o que lhes permite tratar da mesma maneira os

---

[11] Excluímos provisoriamente o político solicitado pelas mídias, que por princípio está preso a um engajamento, bem como o perito exterior às mídias cuja posição é, em tese, de neutralidade, embora possa ser acusada de complacência.

[12] "Esta porcaria de guerra!", permite-se dizer B. Guetta em sua crônica de "Geopolítica" pela manhã, na rádio France-Inter (18/04/1996).

beligerantes[13] ou, às vezes, fustigar o agente do mal.[14] Além disso, em sua apresentação, o engajamento é submetido à interpelação do cidadão,[15] como se fosse preciso justificar-se apelando para uma moral supostamente comum ou mesmo universal. De maneira geral, os editorialistas[16] – e principalmente os outros jornalistas – só podem adotar uma posição distanciada, pois, submetidos à restrição de credibilidade do contrato de comunicação, devem saber preservar sua razão diante das opiniões tendenciosas que se expressam por ocasião de tal ou qual acontecimento, e devem até manifestar certo ceticismo diante de tal ou qual explicação fácil demais ou partidária demais. Assim, o discurso do comentário jornalístico é, em princípio, marcado por uma argumentação de ponderação: uma dosagem equilibrada entre julgamento pró e julgamento contra, entre apreciação favorável e apreciação desfavorável, entre exposição de uma determinada opinião ou de uma outra (muitas vezes contrária). Disso decorre uma argumentação em forma de gangorra, que corresponde, de fato, a uma recusa em escolher entre os termos de uma alternativa, entre uma opinião e seu contrário.[17] Se o discurso do comentário jornalístico coloca uma problematização, não desenvolve um ato de persuasão que, ao final da argumentação, revele o ponto de vista do argumentador e permita ao leitor ou ouvinte tomar partido. Supremo paradoxo, pois o comentário midiático deveria ajudar na constituição da opinião pública: informar para auxiliar o cidadão a formar uma opinião equivale a não tomar partido; mas não tomar partido seria desenvolver a argumentação de um ponto de vista externo, onipotente (acima da multidão), ao qual somente uma argumentação de tipo científico poderia pretender. Ora, o comentário jornalístico, por definição, não pode ser uma análise científica.

Uma análise científica caracteriza-se pela trilogia (implícita ou explícita): teoria, objeto, método. A teoria estabelece um quadro de postulação que determina um campo de pensamento e de raciocínio fora do qual toda

---

[13] "Quando as vítimas são crianças e inocentes, qual a diferença entre o Hezbollah e Israel?" – a respeito do bombardeio de Caná pelo exército israelita, dito em France-Inter, em 18/04/1996.

[14] Ver a maneira como a Guerra do Golfo foi tratada pelas mídias, que consistiu, entre outras coisas, em satanizar Saddam Hussein.

[15] Muitas vezes sob a forma de títulos interrogativos.

[16] A não ser que pertençam a um organismo midiático engajado.

[17] Os cronistas profissionais são os especialistas da "gangorra": a opinião de uns e (mas) a opinião de outros; as suposições sobre as intenções de uns e as dos outros; os efeitos da ação de uns e os efeitos da ação dos outros; o aspecto positivo e negativo da política de uns, o aspecto positivo e negativo da política dos outros.

discussão é não pertinente, isto é, torna-se impossível. O objeto não é empírico, mas uma construção, a partir deste, do que será o objeto de análise, o qual integra os objetivos, as hipóteses e as possibilidades metodológicas que o sujeito analisante seleciona. O objeto nada mais é do que uma parcela do mundo observada, um fragmento do real que impede generalizações apressadas. O método supõe a aplicação rigorosa dos pressupostos teóricos e implica uma sistematicidade nos protocolos de análise, a utilização de regras e o estabelecimento de resultados que afaste ao máximo as aproximações. A posição do comentarista midiático não pode ser a do cientista, pois se tornaria incompreensível para o público, nem a do sábio, pois o jornalista é, ele próprio, um ator social que reage aos acontecimentos. Então, o que é um discurso de análise para as mídias?

Que tipo de engajamento pode ter o sujeito que procura comentar fatos, sabendo que não pode tomar partido, mas querendo, ao mesmo tempo, interpelar a consciência cidadã? E como interpelar sem tomar partido? Toda interpelação em nome de uma moral ou de uma causa, qualquer que seja sua extensão humana, implica tomar partido. Isso deveria ser levado em consideração pelos atores das mídias modernas que têm uma tendência cada vez mais marcada de fazer o jogo da interpelação.[18]

Problemas ligados ao modo de raciocínio

O problema que se coloca pelos procedimentos de simplificação do raciocínio remete à questão mais geral da vulgarização, que se manifesta cada vez que se tenta tornar claro o que é complexo. A vulgarização, considerada em sentido amplo (pôr um discurso erudito ou técnico ao alcance de não especialistas), é o que caracteriza o discurso didático. Entretanto, este não pode ser confundido com o discurso jornalístico – mesmo quando este último estiver recheado de traços de didaticidade[19] –, pois existe entre eles

---

[18] Isso pode ser constatado em muitos jornalistas, e particularmente: Anne Sinclair no programa 7/7, Bernard Guetta em suas crônicas, Ivan Levaï em sua revista, Jacques Juillard e Philippe Alexandre nos editoriais, e mesmo em alguns apresentadores de telejornais quando confidenciam, a meia voz, reflexões ou emoções que o estado do mundo lhes inspira.

[19] Como o mostram os trabalhos do grupo de pesquisa Cediscor da Universidade de Paris III, em sua revista *Les carnets du Cediscor*, Paris, Presses de la Sorbonne Nouvelle.

duas importantes diferenças. A primeira reside no fato de que o discurso didático é sempre dirigido a um alvo específico, bem determinado segundo um certo número de parâmetros – o que não é o caso do discurso jornalístico –, e o contrato que se instaura entre professor e aluno é um contrato de aprendizagem – e não de informação. A segunda é que todo discurso didático pressupõe um saber já estabelecido em um lugar de verdade, enquanto o discurso jornalístico é voltado para a descoberta dos fatos e do saber que aí se acha oculto. Como, então, estar ao mesmo tempo voltado para a busca de uma verdade, e direcionado a um público não definido ao qual se deveria transmitir um saber? Assim, pode-se dizer que há escolhos que ameaçam a vulgarização midiática: a deformação, o amálgama e a psicologização.

A deformação depende, ao mesmo tempo, do tipo de receptor do discurso de informação e do processo de captação: o jogo entre o explícito e o implícito do discurso, próprio a todo ato de linguagem, não pode ser realizado da mesma maneira por cada uma das duas instâncias. Ora uma informação sugere mais do que aparentemente diz, para aqueles que já conhecem algo sobre a questão e, assim, pode ser contestada, ora ela diz menos, por conta da ignorância do público. Num dos artigos da rubrica "Ponto de vista do mediador", publicado no jornal *Le Monde*, André Laurens tenta explicar um dos títulos de seu jornal que havia sido muito contestado pelos leitores, título que relatava a decisão do Parlamento a respeito do controle das despesas da seguridade social: "O Parlamento retira dos sindicatos a gestão das despesas sociais."[20] Em resumo, a contestação consistia em dizer que, como os sindicatos nunca haviam tido por função definir o orçamento da seguridade social, não era certo dizer que lhes foi retirado um poder que nunca tiveram. A defesa insiste em justificar o título: "Muito ou muito pouco [...] foi muito quando se considera a realidade da situação, e muito pouco quando se considera aquilo que a revisão constitucional havia inspirado, após a Segunda Guerra Mundial, em termos do estabelecimento de uma cogestão, pelos interessados, do sistema de proteção social." E depois de fornecer uma longa elucidação (para um título!), conclui: "[...] a reforma da Constituição contempla uma transferência de responsabilidades potenciais dos atores sociais para os atores políticos. Redigido dessa maneira, o título teria sido longo demais e abstrato demais! A formulação redutora escolhida contraria um estado de fato, admitimos, mas o foi para destacar o resultado brutal de

---

[20] *Le Monde*, 3-4 de março de 1996.

uma evolução tacitamente aceita." Mais valia ficar calado! A explicação não é convincente, pois dizer "retirar a gestão" pressupõe que ela era exercida, logo, se não é esse o caso, é uma desinformação; por outro lado, é claro que o título poderia ter sido redigido de outra forma. Mas isso ilustra nossa questão: toda produção ou interpretação de um ato de discurso envolve o implícito, e querer simplificar a todo custo é correr o risco de deformar.

O amálgama também é um efeito discursivo proveniente do duplo desejo de simplificação e de dramatização: colocam-se sob uma mesma etiqueta geral fatos particulares, ou fazem-se aproximações e estabelecem-se analogias. Isso vem ocorrendo nos últimos anos a respeito dos "casos de corrupção". Todo fato que se julga pertencer de perto ou de longe a essa prática recebe a mesma etiqueta, ou uma de suas variantes, produzindo assim um efeito de acumulação (quantidade) e de causalidade (qualidade). Se amanhã aparecer um novo caso de desvio de fundos numa empresa ou numa coletividade local, este, mesmo que nada tenha a ver com os precedentes, receberá a mesma qualificação, ainda que de maneira abusiva. Isso ocorre também com relação a uma outra etiqueta: "a violência na escola", que designava somente os atos cometidos pelos próprios alunos nas dependências da escola. Mas eis que um pai de aluno ataca um diretor de colégio porque seu filho havia sofrido uma sanção, e esse ato individual, por motivos psicológicos pessoais, é classificado discursivamente sob aquela mesma etiqueta, e acrescentado aos outros atos numa relação de causalidade. Todas as expressões ou formas simplificadoras e dramatizantes do tipo: "purificação étnica", "racismo", "fundamentalismo" etc., que tiveram e têm grande expansão porque são suscetíveis de atingir o imaginário dos leitores, ouvintes e telespectadores, funcionam como etiquetas que permitem designar e classificar todo novo acontecimento que tenha uma relação qualquer com elas. Produz-se um efeito de amálgama, porque elas participam de um modo de raciocínio que, por similaridade, obriga o receptor a aproximar, em seu espírito, fatos que não teria tido a ideia de aproximar.

A psicologização da explicação produz um efeito, pode-se dizer, de "paranoia polêmica". Paranoia porque, ao apresentar os fatos desse modo, faz pensar que são o resultado de um cálculo, de uma decisão voluntária que emana de um indivíduo ou de um grupo (se possível abstrato ou anônimo) cujos membros estariam combinados, agindo como um terceiro todo poderoso, com a vontade mais ou menos confessada de criar vítimas.

Isso produz reações de conversa de bar, cuja fórmula prototípica é: "Mas o que é que eles querem?" ou sua variante "O que mais eles não vão inventar?" – reações que desencadeiam uma polêmica social que terá um efeito de retorno amplificador sobre as próprias mídias. Entretanto, de fato, nada mais são do que correlações. A explicação de um discurso de informação deveria tentar estabelecer correlações sem necessariamente supor as intenções. Mas sabe-se que descrever os fatos como simples correlações não é muito atraente. Assim sendo, o discurso das mídias procura pôr em cena responsáveis e mesmo eventuais culpados. Assim estaria assegurada uma possível captação, estaria assegurada, em todo caso, a repercussão.

* *

*

Na realidade, o comentário jornalístico, tomado pela dupla restrição de credibilidade/captação do contrato de comunicação midiática, retira sua legitimidade de uma oscilação permanente entre, de um lado, um discurso de engajamento moral, de outro, um discurso de distanciamento; de um lado, uma manifestação de entusiasmo, de outro, de frieza; de um lado, de argumentos baseados em crenças (no saber amplamente compartilhado), de outro, de argumentos baseados em conhecimentos (no saber reservado). Pode-se dizer que a instância midiática que comenta assemelha-se a um jogador que deve ganhar uma série de apostas: analisar para esclarecer, mas esclarecer sem deformar; comentar para revelar, mas revelar sem acusar; argumentar com imparcialidade, mas argumentar denunciando; enfim, supremo paradoxo, alimentar os boatos, mas também desmascará-los (ou talvez, alimentar o boato para melhor desmascará-lo).

O comentário midiático corre o risco constante de produzir efeitos perversos de dramatização abusiva, de amálgama, de reação paranoica. Assim, a instância midiática procura, para compensar tais efeitos, multiplicar os pontos de vista e colocar num plano de igualdade os argumentos contrários. Talvez esteja aí a especificidade do comentário jornalístico: uma argumentação que, certamente, bloqueia a análise crítica, mas que, pela sua própria fragmentação, sua própria multiplicidade de pontos de vista, fornece elementos para que se construa uma verdade mediana. É uma atitude discursiva que aposta na responsabilidade do sujeito interpretante.

Provocar o acontecimento

O espaço público não é somente um lugar em que se produzem acontecimentos sob a maior ou menor responsabilidade dos atores políticos e cidadãos. É também o lugar de construção da opinião, que é o resultado da busca de uma verdade mediana. Esse espaço pode, pois, ser igualmente considerado lugar de surgimento e de confronto de palavras que revelam análises feitas a respeito dos acontecimentos sociais e dos julgamentos que são emitidos sobre a significação destes. Um espaço de debate em sentido amplo, isto é, de troca linguageira entre os participantes da vida social, que, a um só tempo, se baseia na simbólica da democracia e contribui para lhe dar vida, ao permitir que a verdade seja submetida à deliberação.

Esse espaço de debate precisa ser organizado. Isso é realizado pelas instituições políticas, por diversas organizações cidadãs e pelas mídias de informação, organização recente que ocupa uma posição não negligenciável na medida em que estendeu (e o faz cada vez mais graças à tecnologia) seu campo de influência sobre os participantes da vida em sociedade, a uma cidadania que ultrapassa o âmbito das nações, que abole fronteiras.

As mídias de informação, como já se disse inúmeras vezes, não se contentam em relatar as falas que circulam nesse espaço, elas contribuem de maneira muito mais ativa para a realização do debate social, dispondo num lugar particular – que é o delas, e que elas dominam – dispositivos que proporcionam o surgimento e o confronto de falas diversas. Esse surgimento e esse confronto não são espontâneos ou ao sabor do debate social que se instaura no espaço público. Trata-se, ao contrário, de uma encenação organizada de tal maneira que os confrontos de falas tornam-se, por si, um acontecimento notável (saliente). O acontecimento é proveniente, aqui, de um dizer que não é um simples recurso para descrever o mundo (a fala do apresentador, do jornalista ou da testemunha), mas uma construção com fins de revelação de uma determinada verdade sobre o mundo. Essa construção é, então, exibida (na imprensa, no rádio, na televisão), e para tanto ela é objeto, como no teatro, de uma *mise-en-scène* nos dispositivos instalados pelas mídias.

Assim, as mídias assumem uma parte da simbólica democrática, a que se constrói através do dizer social, mas apenas uma parte, mesmo quando dá a impressão de querer ser a única a representá-la. Existe um espaço público próprio às mídias que não deve ser tomado pela totalidade do espaço público; um espaço público midiático[1] que provoca o acontecimento, daí porque se possa dizer que existe um modo discursivo do "acontecimento provocado" (AP).

DISPOSITIVO E ENCENAÇÃO DO DEBATE

Faremos um resumo de algumas das características discursivas de tais dispositivos no próximo capítulo, pois se trata de uma tarefa particular, a de proceder à descrição sistemática de cada um em função dos tipos de discursos que põem em cena.[2] Aqui, nos limitaremos a assinalar quais são as características gerais da encenação do acontecimento provocado. As falas convocadas devem ser: *exteriores* à mídia (elas não emanam de um jornalista);[3] motivadas pela escolha de um *tema de atualidade* (de política ou de sociedade); justificadas pela *identidade* daqueles que falam (notável, especialista, testemunha etc.); apresentadas por um *representante das mídias* (entrevistador, animador), num espaço de visibilidade apropriado (as páginas Tribuna ou Opiniões da imprensa escrita, as entrevistas, bate-papos ou debates do rádio e da televisão).

---

[1] Grande parte do que se conhece como "casos de repercussão" surgem nesse espaço público midiático: o caso do "sangue contaminado", o caso da "vaca louca" etc.

[2] Ver, a esse respeito, os trabalhos do Centro de Análise do Discurso (Universidade de Paris XIII): *La télévision, les débats culturels*, op. cit.; *Paroles en images, images de paroles*, Didier Érudition, 1999; *La parole confisquée, un genre télévisuel: le talk show*, op. cit.

[3] Exceto quando ele próprio é convocado como testemunha exterior à mídia que o solicita.

Critério de exterioridade

Esse critério corresponde a uma exigência de credibilidade. É uma maneira, para as mídias, de reconhecer que não são os únicos a comentar o mundo, que outros atores da vida social têm algo a dizer, como testemunhas, analistas ou pensadores, tanto quanto representantes diretos, de diferentes áreas, do debate social. As mídias mantêm, entretanto, uma relação ambivalente com esses representantes. Ao solicitá-los constantemente, exibem-se como campeões de uma "democracia direta" – na tentativa de substituir a ágora política –, mas, ao mesmo tempo, usam desse procedimento como álibi para a própria legitimação. Na verdade, esses representantes só são chamados por causa da fala que produzem,[4] uma fala que vem confirmar, do exterior, que o que está no centro da atualidade e do debate social é exatamente o que as mídias põem em cena. Além disso, é preciso que essa voz tenha (ou adquira) certa autoridade, a qual depende de certo reconhecimento social. Isso explica o fenômeno da "logocracia": as mídias convocam comentaristas da vida social que falam de maneira midiática (o que é paradoxal, pois sendo externos às mídias, deveriam falar de maneira diferente) e entram num jogo de conivência com as mídias, a pretexto de serem compreendidos por todo mundo; ou então convocam testemunhas anônimas consideradas representativas de certas categorias profissionais (o operário, o bancário, o artista, o intelectual etc.) ou representativas de certos problemas de caráter social, psicológico e mesmo patológico (crianças maltratadas, mulheres violentadas, doentes crônicos ou condenados, autistas etc.), os quais seriam o reflexo da opinião, sob forma estereotipada, do cidadão médio.

Escolha do tema de atualidade

A escolha também corresponde a uma exigência de credibilidade. Com efeito, a seleção realizada pelas mídias a partir do conjunto dos acontecimentos que se produzem no espaço público poderia ser constantemente criticada. Desse modo, para justificar as escolhas, as mídias precisam "trancar" o espaço temático. Isso é feito de diversas maneiras, mas há uma que consiste em provocar o acontecimento pela ênfase dada a certas questões, nas manchetes das primeiras

---

[4] Mesmo que na televisão o atrativo seja a presença corpórea: uma voz que se corporifica numa fisionomia ganha em fascinação, principalmente quando a pessoa tem notoriedade.

páginas dos jornais, nas reportagens de capa dos semanários, nas colunas de opinião, na organização de entrevistas e debates. Ao decidir o que deve ser discutido, as mídias convencem a opinião pública de que o debate social é o que elas apresentam. Assim acontece, atualmente, com "a violência na escola": não se contentando em relatar fatos de violência que se produzem aqui e ali em algumas escolas na França, as mídias, para evitar serem acusadas de colocar sob uma lente de aumento o que só ocorre em 2% das escolas (porque o simples fato de abordar esse assunto nas diferentes mídias produz um efeito de inchaço), promovem diferentes confrontos e depoimentos. Isso justifica tanto a importância da questão tratada quanto sua seleção, o que acentua o efeito de inchaço.

Papel dos representantes das mídias

O papel dos representantes das mídias atende mais a uma exigência de captação do que de credibilidade. Com efeito, quer sejam jornalistas ou simples animadores, eles desempenham um papel fundamental na encenação, ao construir e gerenciar o espaço do que se vê e se ouve: selecionam os convidados em função de critérios *ad hoc*; escolhem o dispositivo de exibição das intervenções que, ao mesmo tempo, possa satisfazer a condições ótimas de espetacularização e manter-se sob seu controle; enfim, organizam a distribuição das falas dos participantes, atribuindo a si mesmos diversos papéis, como o de *tradutor* de um discurso que consideram por demais obscuro e que tratam de simplificar, o de *inquiridor* que procura colocar o outro na defensiva ("o senhor é ou não avesso à vida social?"), o de *provocador* que suscita a polêmica entre os vários participantes ("Foi o senhor que, de início, acusou o senhor x aqui presente"), o de *comentarista* que pontua as diferentes intervenções com reflexões dramatizantes ("Mas esse caso é realmente bastante estranho!").

PROBLEMAS RELATIVOS AO ACONTECIMENTO PROVOCADO

Se os acontecimentos relatados e comentados suscitam muitos problemas com relação à parte de subjetividade que interfere em seu tratamento, o acontecimento provocado, por sua vez, suscita a questão de saber onde estão os limites do campo de ação das mídias. Fazer da informação um objeto de espetáculo é arriscar-se a ultrapassar as instruções do contrato, a eliminar a finalidade informativa em prol da captação, e a cair num discurso de propaganda com fins de autopromoção. Em todos os casos, coloca-se a questão da escolha dos atores convocados à cena midiática – escolha que deveria ser em nome da simbólica democrática – e do dispositivo de debate que põem em cena – dispositivo que deveria estar a serviço da clareza das opiniões. Ora, as mídias não podem deixar de estabelecer preferências entre esses atores, nem de colocar em cena dispositivos (principalmente no rádio e na televisão) que transformam as falas de seus convidados em falas de combate.

Problemas de escolha dos atores: a armadilha da notoriedade

Os atores do espaço público aos quais a mídia concede a palavra prioritariamente não são sempre aqueles que estão implicados de modo direto nos fatos, mas aqueles *eleitos, especialistas* ou *cidadãos* suscetíveis de ter certa visibilidade social, o que acarreta alguns problemas.[5]

Os eleitos

O problema dos eleitos tem a ver com a retórica que utilizam, e que constitui um jargão característico dos políticos. Representando a instituição política, produzem uma fala que se petrifica numa linguagem mais ou menos codificada, compreensível apenas pelos iniciados, desfiando sempre os mesmos julgamentos, as mesmas apreciações, os mesmos argumentos;[6] essa linguagem, apesar de sua aparente simplicidade, tem o efeito de ofuscar o cidadão de base. Com isso, as mídias se encontram numa situação contraditória: ou convidam os políticos para falar, mas então devem tentar destrinchar o jargão que eles usam (o que nem sempre acontece), senão se tornam cúmplices, ou não concedem mais a palavra aos políticos e, nesse caso, só podem tratar o espaço da democracia política através de comentários. Como exemplo, temos a intervenção de um jornalista que, atuando como mediador, responde às cartas dos leitores de um jornal, que manifestam indignação por ter sido concedida a palavra a um político muito contestado, Bernard Tapie:

---

[5] Jean Mouchon (1997) resume bem esse fenômeno da "palavra não igualitária" em seu estudo: "Visibilité médiatique et lisibilité sociale", em *La communication de l'information*.

[6] A caricatura ocorre no momento do resultado das eleições, em que todos os representantes dos diferentes partidos, vitoriosos ou derrotados, declaram-se satisfeitos, fazendo uma análise positiva da situação.

> Alguns leitores não se conformam, assim como alguns redatores, embora não seja exatamente pelas mesmas razões. Os primeiros nos comunicam sua surpresa, ou sua indignação, ao ver a primeira página de seu jornal dedicada a um personagem tão contestado e tão contestável e, ainda por cima, por deixá-lo expressar-se em nome dos excluídos. Os outros contestam a posição que lhe foi conferida e a apresentação do artigo, no que concerne à atualidade e ao assunto tratado.

E o mediador destaca mais adiante:

> [...] nosso cuidado em informar o mais completamente possível nossos leitores a respeito das diferentes facetas dessa personalidade muito presente na mídia fez com que recebêssemos, há alguns meses, uma grande quantidade de cartas que nos censurava por fazermos campanha contra um homem que julgavam capaz de renovar o discurso e a ação políticas. Fomos acusados, então, de rejeitar, em nome do *establishment* que representamos, uma forma de contestação populista da elite tecnocrática dominante.[7]

A obrigação da escolha segundo a *notoriedade*, e particularmente no mundo político, faz com que as mídias se tornem o receptáculo da palavra do *establishment*, seja quando funcionam como transmissores, seja quando provocam o processo evenemencial ao suscitar declarações por parte desses mesmos atores. Vê-se assim que os acontecimentos não residem nos próprios fatos, mas nas reações dos políticos ou das personalidades notáveis.[8] Pois aqui é como a brincadeira de gato e rato: as mídias só podem relatar o visível das ações e do discurso político;[9] como os políticos sabem disso, mostram o visível que querem, o qual, verdadeiro ou falso, está destinado a mascarar uma outra coisa, com fins estratégicos.[10]

Os especialistas

Os especialistas podem parecer intocáveis. São considerados representantes do saber, pronunciando-se fora do campo do poder, sem restrições, sem

---

[7] *Le Monde*, sábado, 7 de janeiro de 1995.

[8] Na França, nas declarações de um Rousselet, de um Badinter, de um Le Pen, de um Tapie.

[9] O que levou Noël Nel (1997) a afirmar que o discurso da televisão é "um discurso travado e pré-restritivo" pela lógica midiática.

[10] O lance midiático da publicação de Jacques Attali, *Verbatim*, tira partido dessa brincadeira de gato e rato: expor as palavras ditas pelo presidente da República na intimidade de seu gabinete é como revelar o que está oculto. Jacques Attali beneficiou-se de uma posição que é o sonho de todo jornalista: "estar embaixo da mesa".

nenhuma pressão, qualquer que seja. Na realidade, estes não agem com total independência. Ora estão ligados ao poder porque foram chamados ou nomeados por um governo – logo, mesmo que tenham sido designados por seu espírito de independência, estão ligados ao aparelho do Estado. Ora estão ligados às mídias pelo fato de que, solicitados a pronunciar-se, sabem que devem falar de uma determinada maneira e, ao mesmo tempo, exibir-se como um "bom especialista". Além do mais, as mídias não convocam um especialista qualquer. Elas apelam para aqueles que são considerados como "tendo sempre alguma coisa para dizer em nome das testemunhas".[11]

Os cidadãos

Se nos voltarmos agora para o lado dos cidadãos ou de seus diversos representantes, o problema que se coloca é o de sua aparição na cena midiática, pois diante da posição de poder de representantes do aparelho do Estado, eles são vistos como minorias. As opiniões majoritárias aí aparecem praticamente de direito, pois existe uma conivência de fato entre as mídias – que suscitam ou provocam as declarações dos representantes do *establishment* – e o mundo político, que, tendo necessidade de aparecer no palco das mídias, toma iniciativas para aí estar presente através de entrevistas, de confrontos ou de debates. Assim sendo, como fazer falar os anônimos que, ao que parece, não interessam a ninguém? Observando-se a presença do cidadão de base nas mídias, percebe-se que ele aparece essencialmente sob duas figuras: o do cidadão *vítima* ou *reivindicador*, ou o do cidadão *testemunha*.

A primeira figura se explica pelo fato de que, na qualidade de minoria anônima, o cidadão só se torna interessante se sofre, vítima de uma injustiça social ou de uma desgraça do destino, ou se clama por reparação e chega a brigar para obtê-la. O cidadão, então, faz parte das intrigas dramáticas do mundo social e pode ser exibido em espetáculo. Existe, aliás, uma conivência entre estes e as mídias, pois os cidadãos reivindicadores são levados, em nome da eficácia,

---

[11] Os jornalistas sabem disso, e mesmo o declaram, e é por isso que mantêm em dia um bom caderno de endereços.

[12] É assim que se explica o que se pode chamar de "armadilha de Le Pen". As mídias, apesar de o negarem, não podem deixar de passar a palavra a J.-M. Le Pen, representante do FN, partido minoritário julgado moralmente condenável por dedicar grande parte de seus esforços a organizar sua "visibilidade", particularmente pelo emprego de fórmulas provocantes e de choque ("o detalhe", "*Durafour* crematório", "os naturalizados da complacência"), o que, precisamente, é um prato cheio para as mídias. Há casos em que as mídias tentam escapar dessa armadilha, como o jornal *Le Monde*, que recusou um "direito de resposta" da Frente Nacional. Mas o processo que se seguiu e os comentários que o acompanharam na própria imprensa (ver o número de 30/06-1/07/1996) não continuam a ser uma maneira de fazer existir essa palavra política?

a buscar uma *visibilidade*, seja ao manifestar-se, seja ao participar de protestos públicos, chegando a envolver-se com ações mais ou menos violentas.[12]

A segunda figura, a da testemunha, está ainda mais ausente. Quer sejam atores, quer sejam observadores, são apenas representantes arquetípicos de uma categoria, são seres sem rosto, indivíduos sem personalidade, sem afetividade, sem opiniões, sem outra identidade a não ser a de testemunha. Essas testemunhas são pura enunciação e funcionam como um álibi para as mídias: autenticar os fatos ou os comentários.[13] O jornal *Le Monde* relata que, ao passar por Deux-Sèvres, Jacques Chirac, presidente da República, visita a sede a empresa Heuliez. Lá, um almoço o esperava, com 19 empregados da empresa em questão, escolhidos pela direção. Cena ensaiada, destinada a movimentar as mídias e a fazer com que a visita fosse amplamente difundida. Mas eis que esta, nos telejornais, "enfrentou a concorrência imprevista de uma outra cena, totalmente espontânea" (*sic*). Alguns minutos antes do almoço. Gilles Sarrazin, de 57 anos, operário da Heuliez, destacou-se de um grupo de empregados para vir ao encontro do ilustre convidado. "Senhor Presidente", exclamou, "é de todo coração que o recebo na Heuliez." Buscando produzir uma boa imagem da empresa em que trabalha há 35 anos, o Sr. Sarrazin ofereceu ao chefe de Estado uma pedra de esmeril, que serve para polir a lataria das carrocerias. Um verdadeiro presente para os canais de televisão[14] tanto quanto para Jacques Chirac: uma câmera colocada por trás do Sr. Sarrazin não perdeu nada. A cena serviu de abertura para as reportagens do telejornal das "20 horas", permitindo que os telespectadores, por sua vez, "apertassem a mão do presidente".[15]

É claro que não é somente a busca desses momentos imprevistos que alimenta as mídias. Estas procuram igualmente organizar confrontos entre a palavra da maioria e a da minoria. Mas como esta última só aparece em contraponto da outra, como não tem rosto – excetuando-se alguns grandes líderes conhecidos, os locutores são desconhecidos –, como está inserida num dispositivo em que o papel dos eleitos e dos notáveis é preponderante,[16] a palavra da minoria funciona mais como um álibi, sendo utilizada para

---

[13] Entretanto, há momentos em que as mídias atribuem outros papéis às testemunhas, com fins estratégicos. Ver o estudo das reportagens sobre os sem-teto por Guy Lochard, "La parole du téléspectateur dans le reportage télévisuel", em *La télévision et ses téléspectateurs*. J. P. Esquenazi (ed.),Paris, L'Harmattan, 1995.

[14] E para os jornais que podem relatar o mesmo fato e comentá-lo de maneira crítica, como foi o caso.

[15] *Le Monde*, 4-5 de fevereiro de 1996.

[16] É o que se verificou no programa de televisão animado por Guillaume Durand quando debateram, na Sorbonne, o presidente da República e um grupo de cidadãos de base. Estes últimos atuavam como coadjuvantes, estavam lá só para aparecer. O cálculo da distribuição do tempo de fala entre os participantes e o jogo do direito de fazer perguntas ou de intervir é uma prova que não pode ser descartada.

justificar que o espaço da democracia civil está bem repartido, permitindo o confronto das opiniões contrárias.

Vê-se que o acesso às mídias não é uma coisa simples, e que elas têm um domínio real sobre a escolha dos atores. A representação da simbólica democrática tem suas próprias exigências, que devem ser satisfeitas. Trata-se de pôr em cena personalidades cuja palavra, por sua função institucional, tem poder de decisão, pondo em evidência o jogo de um espaço político no qual regras e convenções constituem atos destinados a atingir, idealmente, um objetivo ético: o bem-estar coletivo. Além disso, trata-se de fazer falar aqueles que não têm poder, os representantes do corpo social, cidadãos anônimos, que têm, entretanto, o direito de opinar, pondo em evidência um espaço de discussão[17] no qual se comunica uma palavra crítica, que pode pôr em causa as regras e convenções do poder político, em nome de uma causa ética: justiça e igualdade entre cidadãos.

Na realidade, a balança nunca é igual entre esses dois espaços, nem no interior de nenhum deles. Se, no primeiro turno da última campanha eleitoral francesa para a presidência da República, apesar de um planejamento estrito e da existência de quotas de representatividade dos diferentes partidos, falou-se mais de Chirac e de Balladur que dos outros candidatos, não foi porque, como sugeriu um comentarista, eram "os candidatos de maiores chances",[18] mas porque é mais cômodo explorar, com fins dramatizantes, o fato de que esses dois candidatos são amigos de trinta anos", têm "temperamentos antagonistas" e vão enfrentar-se num "combate fratricida", provocar o "esgarçamento do RPR" pela "esquerdização de um e a direitização do outro". Um candidato é um candidato, mas para as mídias, o melhor candidato é aquele que pode ser transformado em cavalo branco ou negro entrando na liça para um combate assassino.

Problemas ligados ao dispositivo de espetacularização: espelho deformante do saber

Qualquer que seja o dispositivo, é a instância midiática que tem total domínio sobre ele, impondo o ponto de vista através do qual o tema será

---

[17] Para essa interação entre "espaço de discussão", "espaço público" e "espaço político", ver Livet, P., "Les lieux du pouvoir", em *Pouvoir et légitimité*, Raisons pratiques, Paris, EHESS, 1992.

[18] I. Levaï na rádio France-Inter em 20 de janeiro de 1995.

tratado e relegando os convidados, quer sejam políticos, especialistas ou simples cidadãos testemunhas, a papéis de coadjuvante ou a álibis: o conjunto do dispositivo é convertido, voluntariamente ou não, numa máquina de bloquear toda troca racional e explicativa sobre a questão tratada.

Inicialmente, pela própria escolha do tema, que atende a imperativos da atualidade, e deve conter os mais fortes índices de dramatização (é mais interessante montar um debate ou uma reportagem sobre o caso da "vaca louca" do que sobre a enésima manifestação contra a reforma da seguridade social).[19] Esse índice de dramatização faz com que o tratamento do tema seja obrigatoriamente passional, sem muitos dados técnicos (apesar de pesquisas frenéticas sobre o tema e da presença de especialistas), tendo em vista a novidade do acontecimento. Além disso, pela escolha dos convidados, que atende ao mesmo tempo ao imaginário dos profissionais das mídias sobre como deve ser um debate democrático e sobre a motivação dos ouvintes ou telespectadores, tudo isso combinando como que por milagre,[20] para produzir o valor espetacular do debate. No centro desses imaginários, três noções: *representatividade, contradição* e *papel do animador*.

A *representatividade* exige que seja construído um palco, uma amostra, um painel, como se diz nesses casos, de diferentes categorias sociais implicadas pela questão abordada. Evidentemente, nem todas as categorias implicadas podem ser convidadas. Trata-se de escolher aquelas socialmente mais visíveis e de fechar a escolha por um discurso de apresentação dos convidados que dê uma ilusão de exaustividade da amostra.[21] Aqui, algumas negociações poderão ser feitas com os políticos, mas coisas pouco importantes, a não ser a guerra habitual entre o mundo político e as mídias. Mas isso não é tudo, pois é preciso ainda que tais convidados saibam "falar a língua da mídia", isto é, manejar uma certa retórica de maneira a passar a ilusão de naturalidade, de simplicidade e de combatividade. Daí uma escolha de convidados em função de sua faculdade de saber falar (um desembaraço midiático), saber replicar, saber expressar-se "com temperamento", como se costuma dizer.

---

[19] O que, evidentemente, não seria o caso no momento das greves de dezembro de 1995, pela lei de proximidade. Ainda assim...!

[20] Trata-se de estabelecer uma relação sutil entre racionalizações diferentes que se procura, a todo custo, fazer coincidir.

[21] Coisa fácil de fazer, já que nenhum cidadão tem os meios de verificar essa exaustividade.

A *contradição* parece mais próxima das exigências da democracia. Entretanto, ela não está isenta, nesse imaginário midiático, de efeitos perversos, dentre os quais a neutralização e o bloqueio argumentativo. O embate de opiniões contrárias produz uma acumulação de réplicas que não seguem mais a mesma temática, que se desdobram em problematizações diferentes, sem que possam articular-se uma à outra. Em resumo, o embate produz discursos paralelos de que só resta a impressão de antagonismo (sem que se saiba sequer a razão), o que tem por efeito não somente neutralizar essas opiniões, que são dadas por equivalentes, como também neutralizar as falas de outros convidados que seriam mais analíticas. Acha-se então bloqueada qualquer possibilidade de argumentação com visada demonstrativa (sendo certo que a demonstração é muito pouco valorizada na televisão). As mídias parecem confundir contradição e análise crítica, pois há contradição e contradição. Há uma contradição que reside numa simples oposição de opiniões, de julgamentos contrários emanando de pessoas diferentes, que não têm necessariamente a vontade de mudar de opinião ou de persuadir o outro a mudar a sua. Há uma outra contradição que está embutida na própria argumentação de um discurso, pois toda argumentação necessita, para sua visada demonstrativa, basear-se em teses contrárias. Essa contradição exige que se possua os meios de expô-la: tempo, sequência na tomada de palavra, rigor no raciocínio; na intervenção oral, uma expressão cautelosa, com retomadas, hesitante, voltando atrás, retificando-se, características bem distantes da espetacularização midiática. As mídias, por fazerem questão da presença de um contraditor[22] (como se o contraditor fosse, *a priori*, um estado ou uma qualidade de natureza virtuosa), confundem a crítica deste com a crítica do analista.[23]

O *papel do animador* é também uma peça importante nesse bloqueio argumentativo. Em dois estudos anteriores,[24] evidenciamos as características da fala do animador, a qual comanda o jogo: não somente é dono de sua própria fala, mas também é gerenciador da fala dos outros. É ele que introduz os temas e subtemas, que orienta, por seu questionamento, a maneira pela qual gostaria que respondessem à sua pergunta ou às dos outros (determina

---

[22] A obsessão das mídias é tal, com relação a isso, que se não encontram algum, tratam de criá-lo pela escolha dos outros convidados, pela disposição topológica do palco, e/ou pelas próprias perguntas do animador.

[23] P. Bourdieu teve uma experiência desse tipo contada no *Monde diplomatique* de abril de 1996.

[24] Ver *La télévision. Les débats culturels...*, op. cit., *La télé du talk show...*, op. cit. e *Images de paroles...*, op. cit.

os pressupostos); é ele que dá a palavra aos convidados, às vezes a retira, ou mesmo a corta de maneira convencionalmente brutal; é ele que constrói a identidade de fala do convidado impondo-lhe "a que título" ele deve falar (a título de especialista "o senhor que elaborou um relatório sobre a questão [...]", a título de testemunha "o senhor que assistiu à cena/ que viveu essa situação [...]", a título de advogado de defesa etc.); é ele que pontua a fala dos demais por apreciações positivas ou negativas (sob a forma de muxoxos, de exclamações, de traços de humor discretos, de palavras de conivência); ele que, suprema marca de autoridade, pede que se fale com brevidade e precisão, que se reformule uma explicação de maneira clara, como um professor faria com seus alunos. Assim, o animador, mesmo que não o deseje, encontra-se preso a um papel que está mais a serviço do espetáculo do que de uma democracia de opiniões. Se as opiniões são expressas sob a forma de explicação por especialistas não habituados às mídias, estas logo são entrecortadas por numerosas intervenções, imersas numa série de comentários, dentre os quais o do animador que se coloca no dever de esclarecer um discurso considerado *absconso*; se são expressas pelo cidadão de base sob a forma de testemunho, de queixa ou de reivindicação, tais opiniões só aparecem de maneira fragmentária, sendo a palavra concedida ao cidadão apenas por alguns instantes, o suficiente para mostrar que ele teve o direito de falar.

Enfim, na televisão, a imagem[25] vem somar-se a esses efeitos, e intervém na maneira de planejar, produzir e realizar o programa. Assim, o poder da instância midiática na gestão da emissão aumenta, o que faz com que o animador represente, ao mesmo tempo, o papel de um guia de alpinismo, de um juiz numa luta de boxe,[26] de um oficiante de uma cerimônia religiosa, o que levou Pierre Bourdieu a afirmar que esta instância "age como um mestre abaixo de Deus", mas um mestre para o espetáculo da palavra, e não para a sua verdade.

* *

*

São esses os efeitos perversos da máquina midiática: atores que são álibis para uma argumentação bloqueada numa encenação que está a serviço do espetacular. É o que se pode chamar de "um simulacro de democracia".

---

[25] Nesse ponto, a televisão é uma mídia à parte, que, devido a seu dispositivo, caricaturiza esses efeitos perversos.

[26] Ver nota 2.

Os gêneros do discurso de informação

Gêneros e tipologias

A noção de *gênero*, como a de *tipologia* que lhe é correlata, vem sendo bastante debatida já há algum tempo e se refere a aspectos da realidade linguageira bastante diferentes uns dos outros. Originária da retórica antiga e clássica,[1] abundantemente utilizada pela análise literária com múltiplos critérios, retomada pela linguística do discurso a propósito de textos não literários,[2] essa noção também está presente na análise das mídias, acompanhada de qualificativos que a especificam segundo o suporte midiático: os gêneros jornalísticos (entenda-se a imprensa escrita), os gêneros televisivos, os gêneros radiofônicos.

Não entraremos nos detalhes de uma discussão que se estenderia por mais de um capítulo, mas convém fazer aqui algumas precisões sem as quais não se pode compreender verdadeiramente o mecanismo da escritura midiática.[3]

---

[1] Na qual essa distinção se limita a três "gêneros oratórios" (deliberativo, judiciário, epidítico).

[2] Sobre critérios diversos de características estruturais dos textos: gêneros científico, didático, publicitário etc., ver *Dicionário de análise do discurso*, São Paulo, Contexto, 2004.

[3] "Escritura" entendida aqui no sentido do que preside à produção do discurso em situação de comunicação, cujo resultado é o texto.

GÊNERO

Não retomaremos essa noção segundo a tradição literária em razão da multiplicidade dos critérios que utiliza e que não são de muita valia para a análise dos discursos não literários,[4] pois há gênero e gênero. Um gênero é constituído pelo conjunto das características de um objeto e constitui uma classe à qual o objeto pertence. Qualquer outro objeto tendo essas mesmas características integrará a mesma classe. Para os objetos que são textos, trata-se de *classe textual* ou de *gênero textual*.

Condições para uma teoria dos gêneros

Três aspectos devem ser tomados em consideração para determinar uma classe textual: o de *lugar de construção do sentido* do texto, o de *grau de generalidade* das características que definem a classe, o do *modo de organização discursiva* dos textos.

O lugar de construção do sentido corresponde à definição que demos na introdução geral: lugar da produção, lugar da recepção, lugar do produto acabado. Nos lugares de produção e recepção, a análise chegaria a modos de fabricação dos textos, por um lado, de reconhecimento de textos de outro, segundo parâmetros próprios a cada um deles. Como prova disso, na produção, os termos utilizados pelos profissionais do jornalismo quando se trata de determinar tipos de escritura ou de encenações de programas de televisão, e na recepção, as classificações efetuadas pelos institutos de sondagem ou de medida de audiência. Essas denominações não coincidem nem entre si nem com as definições dadas por semiólogos e analistas do discurso.[5] Além disso, nada indica que essas categorias possam ser consideradas gêneros, embora constituam um princípio de classificação.[6] Em todo caso, o lugar de pertinência que escolhemos aqui é o do *produto*

---

[4] Ver esses critérios em "Les conditions d'une typologie des genres télévisuels d'information". *Réseaux* n. 81, Paris, CNET, 1997.

[5] Basta, para isso, examinar o emprego do termo *talk show*. Ver *La parole confisquée*, op. cit.

[6] Ver a tentativa bastante promissora de Guy Lochard nos "Ateliers de recherche méthodologique de l'ina" (Relatório 1996) e em "Les images à la télévision. Repère pour un système de classification", revista MEI (Médiations et Informations), n. 6, Paris, L'Harmattan, 1997. Além disso, é preciso lembrar que, de uma outra maneira, os guias de redação elaborados por profissionais ou por escolas de jornalismo participam de uma tipologia de produção (porque estão no fazer), assim como de uma tipologia do produto acabado (porque estão no dizer).

acabado, aquele no qual se configura um texto portador de sentido como resultado de uma encenação que inclui os efeitos de sentidos visados pela instância midiática e aqueles, possíveis, construídos pela pluralidade das leituras da instância de recepção numa relação de cointencionalidade.

O grau de generalidade das características textuais tem igualmente sua importância porque quanto mais gerais forem, menos são discriminantes. Isso ocorre com as grandes funções da linguagem, como as de Jakobson (*emotiva, conativa, fática, poética, referencial, metalinguística*),[7] de Halliday (*instrumental, interacional, pessoal, heurística, imaginativa, ideacional, interpessoal*).[8] Do mesmo modo, há classificações que se baseiam num certo número de princípios gerais de organização dos textos (princípios de *coerência*, de *coordenação*, de *conclusividade comunicativa*, de *composição macroestruturante*). Num grau menor de generalização, encontram-se os princípios de classificação um pouco mais operatórios, mas que fornecem ainda classes de atos de linguagem[9] (mais do que de textos) muito amplas, como propõe Bakhtin,[10] entre *gêneros primários*, simples, e *gêneros secundários*, complexos, classificação que se baseia em condições de interação espontâneas ou institucionais. É a oposição entre textos dialógicos e textos monológicos baseada numa diferença de situação de troca – se essa inclui ou não o direito à alternância do turno de fala;[11] é também a oposição entre oralidade e escrituralidade que se baseia nas diferenças da materialidade linguageira e das condições de produção. Nesse grau de generalidade das classes, coloca-se o problema de saber se as características que as definem são propriedades *constituintes* ou *específicas*. Como propriedades constituintes, definem grandes classes antropológicas (o ato de linguagem humano em oposição a outras linguagens ou a outros comportamentos humanos); como propriedades específicas, podem ter o papel de traços definidores de um ato de linguagem ou de um texto, cuja conjunção poderá especificar

---

[7] Ver Jakobson, R. *Essais de linguistique générale*, Paris, Minuit, 1963.

[8] Ver Halliday, M.A.K., "The functional basis of language", em Bernstein, D. (ed.), *Class, codes and control*, vol. 2, London, Routledge and Kegan Paul, 1973; "Dialogue with H. Parret", em Parret, H. (ed.), *Discussing language*, Mouton, La Haye, 1974.

[9] Aqui, "ato de linguagem" não é tomado no sentido da filosofia analítica, mas numa acepção ampla de produção linguageira.

[10] Bakhtin, M. *Esthétique de la création verbale*, Paris, Gallimard, 1984.

[11] Ver Charaudeau, P., "L'interlocution comme interaction de stratégies discursives", revista *Verbum*, T. VII, Fasc. 2-3, Université de Nancy II, 1984.

um tipo; por exemplo, um tipo de texto poderia ser caracterizado pelos traços: "oralidade" + "dialogismo" + "dominante conativa" + "em situação espontânea". Entretanto, não é certo que um conjunto de traços definidores seja suficiente para constituir um gênero.

A questão dos critérios de organização dos textos é ainda mais crucial, pois se trata de escolher entre dois objetos: o discurso como *procedimento de organização* ou o discurso como *texto configurado*. As tipologias que propõem distinguir textos "narrativos", "descritivos", "argumentativos", "explicativos"[12] etc. ou textos "injuntivos", "declarativos", "promissivos" são tipologias de procedimentos discursivos. Mas esses tipos não são necessariamente distintivos dos tipos de texto. Na verdade, muitos textos são compósitos do ponto de vista dos procedimentos de organização; eles podem, em algumas de suas partes, ser ora descritivos, ora narrativos, ora argumentativos. Certamente poder-se-ia constatar que alguns procedimentos são dominantes em tal tipo de texto: por exemplo, os verbetes de dicionário são predominantemente descritivos, as placas de trânsito são, na maioria, injuntivas. Entretanto, não é certo que se possa fazer dessas dominantes um princípio de definição dos gêneros. O mesmo ocorreria com os gêneros audiovisuais: distinções entre *ao vivo* e *diferido, continuidade* e *montagem, tipos de roteirização, regimes de exibição* etc. são procedimentos de organização da semiologia visual que não podem ser denominados gêneros propriamente ditos, embora, também aqui, possam existir coincidências.

Gênero informação midiática

Propomos definir o gênero de informação midiática segundo o resultado do cruzamento entre um tipo de *instância enunciativa*, um tipo de *modo discursivo*, um tipo de *conteúdo* e um tipo de *dispositivo*:

* o tipo de *instância enunciativa* caracteriza-se pela origem do sujeito falante e seu grau de implicação. A origem pode estar na própria mídia (um jornalista) ou fora da mídia (um político, um especialista, uma personalidade convidada a falar-escrever na mídia). Essa origem é

---

[12] Ver Adam, J. M., *Les textes: types et prototypes*, Nathan Université, Paris, 1994; Hamon, P. *Analyse du descriptif*, Paris, Hachette-Université, 1981.

marcada pela maneira pela qual é identificado o autor do texto (escrito ou oral) e pelo lugar da mídia onde está inserido. Isso permite distinguir, por exemplo, o texto escrito por uma personalidade do mundo político ou intelectual (instância externa) e que aparece numa tribuna, do editorial escrito pelo diretor de um jornal (instância interna).

• o tipo de *modo discursivo* transforma o acontecimento midiático em notícia atribuindo-lhe propriedades que dependem do tratamento geral da informação. Os modos discursivos organizam-se em torno de três categorias de base definidas anteriormente: "relatar o acontecimento", "comentar o acontecimento", "provocar o acontecimento". Isso permite distinguir, por exemplo, a *reportagem* ("acontecimento relatado"), o *editorial* ("acontecimento comentado") e o *debate* ("acontecimento provocado").

• o tipo de *conteúdo temático* constitui o macrodomínio abordado pela notícia: acontecimento de política nacional ou estrangeira, acontecimento esportivo, cultural etc. Isso permite fazer uma distinção que nem sempre fica clara nas mídias entre *seção* e *rubrica*. A seção procede a um recorte do acontecimento em macrotemas correspondendo a grandes áreas de tratamento da informação ("Política", "Exterior", "Sociedade", "Esportes", "Cultura"); a rubrica corresponde à combinação de um modo discursivo com um tema particular que se situaria no interior de uma seção (por exemplo, na seção "Cultura", as rubricas: cinema, teatro, artes plásticas). Mas é certo que a denominação é instável e que se fala, no uso corrente como no profissional, tanto da rubrica das "amenidades" quanto da rubrica ou seção "exterior", ou da rubrica "cultura e cinema". De qualquer maneira, é da combinação entre modo discursivo e tema que se pode distinguir subgêneros. Assim, é possível diferenciar tipos de debate segundo o tema, que pode ser ligado a um universo cultural, científico ou de sociedade.[13]

• o tipo de *dispositivo*, por sua materialidade, traz especificações para o texto e diferencia os gêneros de acordo com o suporte midiático (imprensa, rádio, televisão). Isso permite distinguir, por exemplo, uma *entrevista radiofônica* de uma *entrevista televisionada* pela simples presença da imagem nesta última e suas múltiplas incidências nos papéis desempenhados por entrevistador e entrevistado.

---

[13] Ver *La télévision. Les débats culturels*, "Apostrophes", Paris, Didier Érudition, 1991.

Uma tipologia dos textos de informação midiática

O que é tipologia?

Tipologia é o resultado de uma determinada classificação dos gêneros. Para construir uma tipologia é necessário operar uma escolha das variáveis que se decide levar em conta, pois é difícil construir uma tipologia com muitas variáveis. O problema, no caso, é a eficácia do modelo proposto: ao se buscar integrar o maior número de variáveis possíveis em nome da complexidade dos gêneros, ganha-se em compreensão, mas perde-se em legibilidade, pois pelo fato de ser complexa, a representação da tipologia torna-se inoperante; ao se reter um número limitado de variáveis, ganha-se

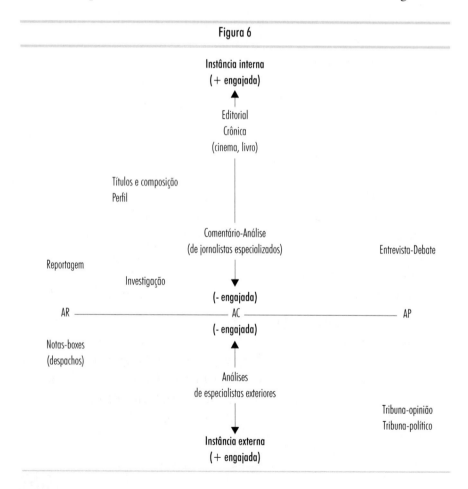

Figura 6

em legibilidade, mas perde-se em compreensão, pois a tipologia torna-se redutora. Pode-se, entretanto, escapar a esse dilema procedendo a uma hierarquização: constrói-se uma tipologia de base, em seguida, inserindo-se outras variáveis no interior dos eixos de base, constroem-se tipologias sucessivas que se encaixam no modelo de base. Será esse nosso princípio de tipologização dos gêneros: uma tipologia de base que entrecruza os principais *modos discursivos* do tratamento da informação ("acontecimento relatado", "acontecimento comentado", "acontecimento provocado") colocados sobre um eixo horizontal, e os principais tipos de *instância enunciativa* (instância de "origem externa", instância de "origem interna"), às quais superpõe-se um *grau de engajamento* (+/-), colocados sobre um eixo vertical.

Comentários

O eixo horizontal da tipologia não é graduado entre dois polos opostos. Trata-se do eixo no qual se situam os modos discursivos em três grandes zonas: numa extremidade, o "acontecimento relatado", zona na qual se impõe o acontecimento exterior; na extremidade oposta, o "acontecimento provocado", zona na qual se impõe o mundo midiático; entre as duas, o "acontecimento comentado", pois este pode abarcar os outros dois.

O eixo vertical opõe duas zonas de instanciação do discurso midiático, de acordo com as intervenções que partem de jornalistas ou de pessoas exteriores ao organismo de informação. Em cada uma dessas zonas inscreve-se um eixo graduado que representa o grau de engajamento, maior ou menor, da instância de enunciação. Entenda-se por engajamento o fato de que o enunciador manifeste mais ou menos sua própria opinião ou suas próprias apreciações na análise que propõe, ou na maneira de encenar o acontecimento (como nas entrevistas ou debates).

Na zona superior, temos o *editorial* e a *crônica*, que se incluem na categoria "acontecimento comentado" e aparecem na parte superior do eixo. *Títulos, composição da primeira página* e *perfis* encontram-se na zona de "acontecimento relatado", mas integrando elementos de comentário mais ou menos explícitos, daí porque se acham entre AR (acontecimento relatado) e AC (acontecimento comentado), com um grau médio de engajamento. Os *comentários* e *análises* dos especialistas jornalistas situam-se no meio do eixo horizontal porque se incluem na categoria de "acontecimento comentado", e estão colocados numa altura média porque, embora os jornalistas sejam especialistas, eles são analistas engajados. A *reportagem* está mais alinhada com "acontecimento relatado" e a *investigação* (ou *pesquisa*) está mais orientada para uma problemática, logo, mais próxima do "acontecimento comentado". Mas é bem difícil estabelecer uma distinção quanto ao grau de engajamento, que depende do modo de presença do jornalista em sua enunciação. Digamos que, idealmente, na investigação o jornalista deveria estar mais apagado do que na reportagem.[14] A posição do gênero *entrevista-debate* se justifica pelo fato de que é a instância midiática que monta todas as peças do acontecimento pela exibição espetacular da palavra, mesmo quando essa instância deva obrigatoriamente fazer o jogo da transparência.

Na zona inferior, destacaremos somente que os *especialistas-analistas* são geralmente especialistas de ciências humanas e sociais ou técnicos num domínio particular, daí o seu menor engajamento. Nas *tribunas de opinião*, em contraste, os que fazem intervenções são especialistas exteriores à instância midiática, engajados em suas declarações: comentam o acontecimento e, muitas vezes, ao fazê-lo, o provocam.[15] Quanto aos *políticos*, também instância externa, apesar de todo o desejo que teriam de proceder a uma análise objetiva dos fatos, expressam sempre um ponto de vista partidário (engajamento +).

Esses diferentes gêneros são fundadores dos modos de escritura jornalística (oral ou escritural) qualquer que seja o suporte midiático. Embora nem todos estejam igualmente presentes nos diferentes suportes, cada um deles é portador de especificidades: o rádio, por exemplo, desenvolveu o modo entrevista jogando com as sutilezas da voz; a televisão conferiu ao debate o que ele não tinha na escrita, a saber, alternâncias de réplicas diretas e regulação das intervenções por encenações diversas, oferecendo em espetáculo uma democracia midiática. Esses diferentes suportes tratam a reportagem, a investigação, o perfil, a análise etc. cada um à sua maneira, constituindo assim subgêneros.

Deve-se notar, igualmente, que se esses gêneros são inerentes ao discurso jornalístico, é também certo que eles podem mudar com o tempo, de acordo com a própria evolução da tecnologia dos suportes, com as modas vigentes

---

[14] Essa distinção é ainda mais difícil de estabelecer para a televisão.

[15] Com efeito, muitos acontecimentos são provocados pelos debates que aparecem nas mídias (o GATT e a exceção cultural; a morte de François Mitterand e as revelações feitas sobre sua doença).

em relação à maneira de contar, de analisar, de entrevistar, de debater etc. Assim, podem-se observar mudanças na maneira de entrevistar políticos, na maneira de organizar e animar os debates (dos debates face a face eleitorais aos *talk shows* mais descontraídos), na maneira de apresentar os telejornais ou os jornais radiofônicos com uma tendência marcante para o corte das sequências de planos e para a segmentação das frases, seguindo o modelo do *clip*, que faz furor na apresentação das canções. Trata-se de variantes de gêneros, de subgêneros ou de novos gêneros? A questão permanece, pois é sempre difícil discernir o que, sob as variações da forma, estabelece uma ruptura e, por conseguinte, a aparição de uma nova categoria.

O estabelecimento de uma tipologia deve, de fato, constituir o ato final – e não primeiro – de um trabalho minucioso de descrição e de análise. O que nós propomos é de ordem metodológica, como bases de um modelo possível de tratamento dessa questão. Mas importa destacar duas coisas: uma é que, com tal definição, não se pode mais confundir gênero e procedimento, pois uma argumentação, uma montagem de imagem ou uma simulação[16] são procedimentos que, com certeza, podem intervir como traço definidor de um gênero, mas não podem ser confundidos com este; a outra é que, como dissemos ao começar, os gêneros inscrevem-se numa relação social de reconhecimento, trazendo uma codificação que lhes é própria – própria a seu contexto sociocultural – e podem então variar de um contexto a outro (um *talk show* à francesa é diferente de um *talk show* à italiana ou à espanhola)[17] e de uma época à outra (um telejornal dos anos 60 é, ao mesmo tempo, semelhante e diferente de um telejornal dos anos 90).

---

[16] Ver Jost, F. "Le feint du monde", revista *Réseaux*, n. 72-73, Paris, CNET, 1995.

[17] Ver *Paroles en images, images en parole*, Paris, Didier Érudition, 1997.

Sobre alguns gêneros e variantes de gêneros

Os gêneros de informação são, como já demonstramos, o resultado do entrecruzamento das características de um dispositivo, do grau de engajamento do sujeito que informa e do modo de organização discursivo que é escolhido. Além disso, como o contrato midiático se desdobra numa relação triangular entre uma instância de informação, um mundo a comentar e uma instância consumidora, três desafios estão presentes na construção de qualquer gênero de informação: um desafio de visibilidade, um desafio de *inteligibilidade* e um desafio de *espetacularização*, que fazem eco à dupla finalidade de informação e de captação do contrato.

O desafio de visibilidade faz com que as notícias selecionadas pela instância midiática sejam percebidas o mais imediatamente possível, com que elas possam atrair o olhar ou a atenção e que possam ser reconhecidas simultaneamente em sua distribuição temática. Esse desafio corresponde ao que se costuma chamar de "efeito de anúncio", indispensável para que se produza a entrada dos Ali Babás, que são os consumidores de notícias na caverna da informação midiática, e cria uma estruturação "sinóptica" do processo evenemencial.

O desafio de inteligibilidade leva, por um lado, a operar hierarquizações no tratamento das notícias, tratadas ou como acontecimento relatado ou como acontecimento comentado ou provocado. Por outro lado, leva a trabalhar a encenação verbal (a escritura), visual (a montagem icônico-verbal) e auditiva (a fala e os sons) de tal maneira que dê a impressão de que o conteúdo da informação é acessível. Esse desafio cria uma estruturação "taxionômica" do processo evenemencial.

O desafio de espetacularização leva a trabalhar essas diferentes encenações, de tal maneira que, no mínimo, elas suscitem interesse e, na melhor das hipóteses, emoção. Esse desafio cria uma estruturação imaginária do processo evenemencial.

Esses três desafios coexistem e se misturam intimamente nos dispositivos, tanto na primeira página dos jornais, dos semanários e das revistas, quanto na composição dos telejornais e de algumas reportagens. Alguns dispositivos, no entanto, estão mais ligados do que outros ao cumprimento desses desafios.

ENTREVISTA: PALAVRA DA INTERIORIDADE

Ao descrever um dos dispositivos do contrato midiático, assinalávamos que a característica principal do suporte rádio, "a voz", instaurava uma relação muito particular entre instância midiática e receptor: a de uma intimidade e convivência intelectual, ausentes tanto da imprensa quanto da televisão. Intimidade, no melhor e no pior, porque a voz revela à audição, atenta ou inconsciente, os movimentos da afetividade, sentimentos favoráveis ou desfavoráveis, o tremor das emoções, frieza ou paixão, as vibrações do espírito, sinceridade ou mentira. Convivência (ou rejeição) porque a voz se manifesta numa relação de oralidade que implica, segundo modos de regulação diversos, trocas de réplicas, logo, diálogo. A união dessas duas características, situação dialógica e relação de intimidade, explica porque a mídia rádio seja, por excelência, a mídia da entrevista. Não se trata, evidentemente, de excluir o rádio de outras especificidades, tais como o boletim de informação, o dossiê de imprensa[1] ou o relato,[2] mas esse gênero é talvez o que mais contribui para a deliberação democrática pelo fato de ser palavra pura e palavra questionada.

Dentre as diferentes situações dialógicas, existem três que estão próximas umas das outras, a *entrevista*, o *bate-papo* e a *conversa*, que, no entanto,

---

[1] Ver "Approche du phénomène citationnel dans un corpus radiophonique", por Claquin, Françoise. Dissertação de DEA, Université de Paris v.

[2] Ver "Le récit radiophonique et son écoute", por Anne-Marie Houdebine, em *Aspects du discours radiophonique*, Didier Érudition, Paris, 1984.

merecem ser diferenciadas. De maneira geral, essas situações têm em comum o fato de serem uma forma de troca linguageira na qual os dois parceiros estão fisicamente presentes um diante do outro[3] e têm direito a uma alternância nos turnos de fala. Elas se distinguem pelo modo de regular essa alternância. O *bate-papo* supõe que os dois parceiros têm igualdade de *status*, que eles tratam do mesmo tema com uma competência que se supõe igual e com o cuidado de pôr essa competência a serviço da melhor compreensão do problema,[4] o que tem por efeito tornar a alternância dos turnos de fala mais ou menos regular.[5] A *conversa* não exige nada de particular quanto ao *status* dos participantes nem quanto ao tema tratado. Ela se caracteriza, ao contrário, por sua diversidade, pela possibilidade de mudar de tema sem ter necessariamente de se justificar (direito à não sequenciação temática), e por uma alternância de fala não controlada (interrupções constantes) e não necessariamente igualitária de fato, mas igualitária de direito, cada um tomando a palavra como e quando acha melhor.[6] A *entrevista*, ao contrário das duas outras, exige uma diferenciação de *status*, de tal modo que um dos parceiros seja legitimado no papel de "questionador" e o outro num papel de "questionado-com-razões-para-ser questionado".[7] A alternância de fala se acha então regulada e controlada pela instância entrevistadora segundo suas finalidades.

Entrevista jornalística

A entrevista jornalística possui as características de qualquer entrevista, mas, além disso, ela é especificada pelo contrato midiático: entrevistador e entrevistado são ouvidos por um terceiro-ausente, o ouvinte, num dispositivo triangular. O primeiro tira sua legitimidade de um "Procurar fazer falar seu convidado para revelar uma verdade oculta", pelo fato de que seu papel consiste em fazer surgir opiniões; o segundo de um "Tenho algo a dizer que concerne ao

---

[3] Mesmo que o fosse parcialmente, como ao telefone.

[4] O que exclui os debates políticos face a face.

[5] Pode-se dar como exemplo os bate-papos científicos ou literários difundidos por France Culture nos anos 73-74, dos quais uma parte foi publicada em *Écrire... Pourquoi? Pour qui?*, Presses Universitaires de Grenoble, 1974.

[6] O que não impede que a conversa se torne objeto de julgamentos diversos: uma conversa de qualidade, de alto nível, de baixaria etc. Mas o que caracteriza esse gênero é uma espécie de "direito à frivolidade". Ver também nosso artigo "La conversation entre le situationnel et le linguistique", revista *Connexions* n. 53, Paris, Erès 1989.

[7] Essa situação se produz nas investigações, na consulta médica, nas experimentações científicas etc., qualquer que seja a sua denominação.

bem comum", pelo fato de que sua presença no rádio o consagra nesse papel; o terceiro de um "Estou aqui para ouvir alguma coisa de interesse geral que me seja dada como uma revelação", pelo fato de que ele está ali para saber. A partir destas condições de base são postas em cena diversas variantes de entrevistas:

• a *entrevista política*, que se define pelo propósito de concernir à vida cidadã, e pela identidade do entrevistado. Este, enquanto convidado, é um ator representante de si mesmo ou de um grupo que participa da vida política ou cidadã, e que tem um certo poder de decisão ou de pressão. Ele sabe que o que disser será interpretado de maneiras diversas, razão pela qual não pode se permitir dizer as coisas como ele pensa. O entrevistador, por seu turno, tenta tirar do convidado o máximo de informações e fazer aparecer as intenções ocultas deste, com o auxílio de um jogo de questionamento sutil alternando, ou misturando, falsa inocência, falsa cumplicidade, provocação, e trazendo à luz as posições contraditórias do convidado; mas ele deve, sobretudo, parecer sério e competente, mostrando que conhece bem o domínio em questão. A entrevista política é um gênero que se presume pôr à disposição da opinião pública uma série de julgamentos e de análises que justifiquem o engajamento do entrevistado. Esse gênero se baseia então num "é-preciso-dizer-a-qualquer-preço".

• a *entrevista de especialista* (ou de *expertise*), que se define por um propósito técnico concernente a diversos aspectos da vida social, econômica e científica. Um especialista, sábio, experto, geralmente desconhecido do grande público (a não ser que se trate de um *habitué*), cuja competência seja reconhecida ou suposta, é convidado para responder a questões técnicas, esclarecer um problema, orientar o debate público sobre o tema tratado, sabendo que deve simplificar sua explicação para torná-la acessível a não especialistas. O apresentador representa então o papel do questionador ingênuo, como se ocupasse o lugar do cidadão de base, de tradutor (através de reformulações) para simplificar ainda mais a explicação, de animador, para tornar a entrevista viva e atraente, fragmentando-a em nome de regras profissionais. A entrevista de expertise é um gênero que se resume a fornecer à opinião pública um conjunto de análises objetivas, trazendo a prova de sua legitimidade pelo "saber" e pelo "saber dizer".

• a *entrevista de testemunho*, que se define por seu propósito, de ser ora o relato de um acontecimento considerado suficientemente interessante para ser tratado pelas mídias, ora uma breve opinião emitida em relação aos fatos da atualidade. O entrevistado, na maior parte do tempo, é anônimo, tendo o papel de testemunhar por ter sido observador ou vítima do acontecimento em questão. Presume-se que relate apenas o que viu-ouviu e nada mais, sem julgamento de valor e se possível com emoção, a menos que ao se considerar representante do cidadão médio, sinta-se legitimado para reagir. Em alguns casos presume-se que a testemunha represente uma categoria de indivíduos (o trabalhador das minas, o pastor)[8] cujo destino tenta-se definir ao produzir uma "história de vida".[9] O entrevistador também faz o jogo da emoção pela maneira de fazer perguntas ou de fazer comentários, mas, além disso, contribui para fragmentar ainda mais a entrevista, pois um bom testemunho deve ser breve. A entrevista de testemunho é um gênero que se presume confirmar a existência de fatos e despertar a emoção, trazendo uma prova de autenticidade pelo "visto-ouvido-declarado".

• a *entrevista cultural*, que se define igualmente por seu propósito que trata, no caso, da vida literária, cinematográfica, artística, procurando penetrar os mistérios da criação. O convidado, geralmente autor de obras publicadas (ou simplesmente um crítico), tem maior ou menor notoriedade, mas, de todo modo, fica consagrado pelo simples fato de ter sido convidado. O entrevistador representa vários papéis discursivos, de intimidade, de conivência, de entusiasmo, visando, pelo conhecimento que possui a respeito da obra do autor, arrancar uma explicação que seria suscetível de revelar os arcanos do mistério da criação artística, como se esta dependesse de uma intencionalidade consciente. Com isso, o convidado, protegendo o seu mistério, tenta escapar o tempo todo ao questionamento no qual o entrevistador quer encerrá-lo. A entrevista cultural é um gênero que se presume enriquecer os conhecimentos do cidadão, e que se justifica pela resposta à pergunta: "Como é que ele faz?" que se opõe ao "Como funciona?" do especialista.

• a *entrevista de estrelas*: seu propósito diz respeito à vida das personalidades do mundo do espetáculo (atores, cantores etc.). O convidado, mais ou menos em evidência, está obrigado a aparecer na mídia e fazer uma boa figura para alimentar sua notoriedade; ele se presta, com maior ou menor boa vontade, às perguntas do entrevistador, que procura fazê-

---

[8] Como no programa *Radioscopies* de Jacques Chancel.

[9] Ver nosso "L'interview médiatique: qui raconte sa vie?", *Cahiers de sémiotique textuelle*, n. 8-9, Université de Paris x, 1986.

lo falar de sua vida particular. Este último, com efeito, baseando-se no conhecimento e no convívio com o mesmo meio artístico, utiliza estratégias discursivas ora de conivência e de sedução,[10] ora de provocação, e mesmo de impertinência e insolência,[11] para tentar penetrar no espaço privado e no universo de intimidade do convidado.[12] Pode-se dizer que esse gênero exibe à opinião pública uma série de apreciações emocionais visando a suscitar um "prazer culpado".[13]

Problemas de credibilidade

A entrevista jornalística, radiofônica ou televisiva é um gênero que obedece a um conjunto de limites. Há um problema de credibilidade no subgênero político, na medida em que se pode prever antecipadamente as perguntas e as respostas: perguntas provocadoras mas pouco convenientes do entrevistador, com direito de resposta difícil de levar a bom termo, respostas de defesa, de esquiva ou de contra-ataque do entrevistado, quer sejam governantes no poder ou membros da oposição. Trata-se de uma mecânica "previsível demais para ser honesta", isto é, para ser credível.

Problema de credibilidade igualmente na medida em que as entrevistas de testemunho (e em alguns casos também as de expertise) destinadas a autenticar os fatos são mais pretextos do que provas: a fragmentação da entrevista (brevidade no tempo e interrupção das respostas por comentários), a acumulação das testemunhas de opinião (entrevista de rua) mais ou menos selecionadas em função do interesse das respostas, produzem um efeito de "entrevistas-álibis" da informação.

O gênero esbarra também numa contradição que tem a ver com o valor simbólico que se atribui à fala numa dada comunidade cultural. Quanto mais complexo o fenômeno a explicar, tanto mais o pensamento é profundo e necessita de um tempo de fala mais longo. O que é profundo e complexo não pode ser expresso brevemente. O saber precisa de tempo e de silêncio.

---

[10] Os animadores desse tipo são Michel Drucker e José Artur.

[11] Como José Artur, Pierre Bouteiller, Gilbert Denoyan.

[12] Vê-se o mesmo em entrevistas feitas durante os telejornais, como aconteceu numa derrapagem memorável de Patrick Poivre D'Arvor ao entrevistar a comediante Béatrice Dalle.

[13] "Culpado" porque o contrato midiático de informação só deve abordar o espaço público. Mostrando o espaço privado dos indivíduos, as mídias colocam o receptor na posição de *voyeur*.

Mas, por outro lado, quanto mais longo é o tempo de fala, tanto mais a atenção e mesmo o interesse decrescem, ainda mais porque, na informação midiática, supõe-se que o público-alvo deva ser *captado* o tempo todo. Isso, muitas vezes, é resolvido por uma diferenciação de públicos segundo as estações de rádio (France Inter/France Culture) ou pelos tipos de programas (Pop Club/ Radioscopie) nos quais os entrevistadores dão uma importância maior ou menor ao silêncio ou à continuidade da palavra do entrevistado.

Enfim, coloca-se a questão, para os entrevistadores, de saber em que medida é legítimo apoiar-se em rumores ou estereótipos para fazer reagir os entrevistados. Rumores e estereótipos[14] são fenômenos diferentes, mas os dois resultam de discursos que circulam nos grupos sociais, os quais se constituem e se fixam – ainda que temporariamente – em discursos de evidência. O simples fato de inseri-los numa pergunta os reifica e lhes confere um certo valor de verdade em nome do qual "não há fumaça sem fogo".

DEBATE: UMA ESPETACULARIZAÇÃO DO CONFLITO VERBAL

O debate também é um gênero central, particularmente na televisão francesa. Não se deve considerá-lo num sentido restrito e incluir, por exemplo, só o que a televisão chama de debate. Pode haver debate, por exemplo, nos programas de atualidades, nos *talk shows*, nos programas políticos, culturais, esportivos etc. Estudamos esse gênero em duas ocasiões, sob formas diferentes: o "debate cultural"[15] e o *talk show*,[16] o que nos permitirá retomar os componentes que correspondem às variáveis desse gênero.

O debate é uma forma que, como todos sabem, reúne uma série de convidados em torno de um animador para tratar de um determinado tema, e é completamente organizado e gerenciado pela instância midiática. Desse ponto de vista, ele está situado na parte superior (instância interna) direita (acontecimento provocado) de nossos eixos de tipologização:[17]

---

[14] Estes estão presentes em perguntas gerais e convencionais do tipo: "Será que, depois de todos esses filmes, você compreende melhor os homens?"; "O sistema educativo é bom ou ruim?"; "A violência te causa medo?"

[15] No Centro de Análise do Discurso da Universidade de Paris XIII. Ver *La télévision. Les débats culturels*. "Apostrophes", op. cit.

[16] No Centro de Analise do Discurso, em colaboração com o Grupo de Pesquisa sobre a Fala, da Universidade de Paris VIII, o que resultou em duas publicações: *Paroles en images, images de paroles*, op. cit. e *La parole confisquée, um genre télévosuel: le talk show*, op. cit.

[17] Ver a figura 6 no capítulo precedente ("Gêneros e tipologias").

• Os *convidados* são convocados por estarem numa relação de identidade com o tema tratado. São conhecidos ou desconhecidos do público de acordo com a natureza do propósito: são necessariamente conhecidos nos debates de temática política (embora haja a tendência em se chamar cada vez mais desconhecidos representando o cidadão de base); são desconhecidos nos debates sobre sociedade (embora frequentemente se convide alguma personalidade famosa); são escolhidos igualmente em função de seu posicionamento no campo das opiniões, fazendo com que tal posicionamento seja, senão antagonista, pelo menos diferente daquele dos demais convidados. Isso obriga os convidados a assumir determinados papéis linguageiros. Espera-se, por exemplo, que respondam às solicitações do animador (ou eventualmente às de outros participantes-convidados), que reajam às diferentes intervenções produzidas durante o encontro, seja contra, o que os colocará em relações simétricas de oposição aos demais convidados, seja a favor, o que os colocará em relações complementares de aliança com os demais convidados. Assim, os convidados estão presos numa armadilha planejada com antecedência. O que eles disserem não será considerado como aquilo que eles pensam, mas como o efeito que produz sobre os outros. A opinião, aqui, não é julgada por seu conteúdo, mas pelo valor relacional de dissenso ou de consenso. Os participantes devem lutar pela tomada ou pela manutenção da palavra, devem tentar escapar aos pressupostos das questões que lhes são colocadas, levar em conta o fato de que, para além dos efeitos produzidos sobre os interlocutores diretos, há os efeitos produzidos sobre os telespectadores – que eles não veem e cujas reações não podem perceber, mas cujo olhar e julgamento podem imaginar.

• O *animador* representa a instância midiática. Desempenha necessariamente o papel de "gestor da palavra". Ele faz perguntas, distribui os turnos de fala, tenta atenuar as intervenções mais agressivas, pede explicações e chega mesmo a provocar reações ao funcionar como advogado do diabo, forçando o traço dramático ou emocional de uma acusação ou representando o confidente.[18] Além disso, constrói um plano de tratamento do tema através de uma grade de leitura que se

---

[18] Todos esses jogos de cena foram postos em evidência nos trabalhos citados anteriormente e, além disso, está de acordo com o que Pierre Bourdieu denunciou depois de sua infeliz aparição no programa "Arrêt sur l'image", de 11 de maio de 1996, no Canal 5 – pelos animadores Daniel Schneidermann e Pascale Clark.

baseia, em parte, sobre documentos e pesquisas, mas cuja organização é centrada em pontos-chave (escândalos, vítimas) suscetíveis de provocar reações de revolta ou de compaixão.[19] Assim, o animador se acha preso, por sua vez, nas exigências de seu papel, na medida em que o quadro de questionamento que deve desenvolver é o oposto da representação idealizada do questionamento que ajudaria o cidadão a melhor compreender os fenômenos sociais: ele está mais voltado para a criação de uma cena polêmica[20] ou ultraintimista,[21] dramatizante, que preencha uma função de catarse social e não de conhecimento dos temas tratados.

• A escolha do *tema* determina igualmente a forma do debate. Com efeito, o tema circunscreve o setor do espaço público que se tornará objeto do debate. Ao tratar da vida social, política, cultural, desportiva etc., presume-se que seja de interesse público. A escolha determina, ao mesmo tempo, um tipo de público – aquele que é atraído pelo tema –, a natureza e o papel dos convidados assim como o modo de gestão do animador. É aí que se dá, entre outras coisas, a repartição entre espaço público e espaço privado, espaços que estavam nitidamente separados na era da "paleotelevisão", e que estão habilmente misturados na chamada "neotelevisão".[22]

Quando o debate é televisionado, a intervenção das imagens faz com que, nesse dispositivo triangular, os participantes debatam entre si sabendo (eles são mais ou menos conscientes disso) que são ouvidos e olhados por um terceiro – o telespectador. Do ponto de vista visual, a encenação se faz num cenário montado, o palco, e uma instância de transmissão, a produção, que a exibe com o auxílio de diferentes meios técnicos audiovisuais. Assim são construídas variantes de encenação visual, como o "salão literário" (como no programa *Apostrophes*), o "tribunal" (como no programa *L'Heure de vérité* – A hora da verdade), o "colóquio" (como em *Les Dossiers de l'écran* – Os dossiês da tela), o "fórum" (como em *Droit de réponse* – Direito de resposta), a "ágora" (como nos programas de Guillaume Durand) ou o "circo romano" (como nos programas de Christophe Dechavanne).[23] Levando-se em consideração essas diferentes

---

[19] Ver Dominique Mehl, *La télévision de l'intimité*, Paris, Seuil, 1996.

[20] Como nos programas de Christophe Dechavanne ou de Guillaume Durand.

[21] Como nos programas de Mireille Dumas.

[22] Ver "Scènes de la vie quotidienne", revista *Réseaux* n. 44-45, CNET, Paris, outubro 1990-fevereiro 1991.

[23] Ver as contribuições de Guy Lochard e Jean-Claude Soulages, em *La télévision. Les débats culturels*. Apostrophes, op. cit. e *Paroles en images, images de paroles*, op. cit.

variáveis, podem-se distinguir diferentes tipos de debates, mostrando, ao mesmo tempo, que o debate – particularmente o debate televisionado – é mais uma máquina de fabricar espetáculo do que de informar o cidadão.

REPORTAGEM: GARANTIA DE AUTENTICIDADE OU ARMADILHA DA FALSA IMPARCIALIDADE?

A reportagem jornalística trata de um fenômeno social ou político, tentando explicá-lo. "Um fenômeno social" significa uma série de fatos que se produzem no espaço público (mais uma vez, é preciso que seja de interesse geral), cuja combinação e/ou encadeamento representa, de uma maneira ou de outra, uma desordem social ou um enigma (princípio de saliência) no qual o homem está implicado. "O estado de fenômeno": isso significa que este já é do conhecimento da maioria. Não está ligado de maneira direta com a atualidade, mesmo quando nela está ancorado. Ele preexiste, pois, ao surgimento da notícia, como uma realidade, o que o justifica como não ficção, podendo ser o objeto de uma observação. Daí, o "tentando explicá-lo", que significa, ao mesmo tempo, que o estado de desordem ou de enigma constitui uma questão para a inteligência humana, e que é através da própria maneira de relatar o acontecimento que surgirão as respostas às questões. É por isso que, com relação aos eixos da tipologia dos gêneros de informação,[24] aparece colocado na parte superior (inscrito sob a instância interna) esquerda (pois se presume que a reportagem relata o acontecimento integrando um comentário).

Assim sendo, a reportagem deve adotar um ponto de vista distanciado e global (princípio de objetivação) e deve propor ao mesmo tempo um questionamento sobre o fenômeno tratado (princípio de inteligibilidade). É por isso que recorre a diversos tipos de roteirizações, utilizando os recursos designativos, figurativos e visualizantes da imagem, para, por um lado, satisfazer às condições de credibilidade da finalidade de informação (com formatos de investigações,[25] de testemunho, de reconstituição detalhada trazendo a prova da existência dos fatos e da validade da explicação),

---

[24] Ver figura 6 no capítulo precedente ("Gêneros e tipologias").

[25] A "investigação", no caso, não é um gênero propriamente dito. É um procedimento de investigação que depende da ação e que, em seguida, será objeto de uma descrição que se inscreve num relato mais vasto, como no caso do romance policial.

por outro, satisfazer às condições de sedução da finalidade de captação (dramatizações destinadas a tocar a afetividade do espectador).

Enfim, espera-se do autor de uma reportagem que ele esteja o mais próximo possível da suposta realidade do fenômeno, pois esse não faz parte da ficção,[26] e também se espera que demonstre imparcialidade, isto é, que sua maneira de perguntar e de tratar as respostas não seja influenciada por seu engajamento, por se tratar de um jornalista (isso se daria de outro modo se o autor da reportagem fosse uma personalidade de fora das mídias).[27] É essa obrigação que torna desconfortável a posição do jornalista diretor de reportagens. Pois não há questionamento nem tentativa de análise (inclusive no domínio científico) que possa fazer-se fora de um modo de pensamento crítico, ou seja, de encontro a outros pontos de vista. O diretor da reportagem, com efeito, está numa situação desconfortável pelo fato de que, em nome da visada de informação do contrato midiático, deve abster-se de mostrar seu ponto de vista pessoal. Entretanto, isso é impossível (toda construção de sentido depende de um ponto de vista particular) e necessário (todo procedimento de análise implica tomadas de posição). Daí a técnica da "gangorra", também adotada pelos comentaristas, que consiste, para o autor de uma reportagem, em propor pontos de vista diferentes, ou mesmo contrários, sem arriscar-se a operar uma hierarquia (ou fazendo-o em dose mínima), e cuja conclusão se resume a uma série de novas questões, daquelas que justamente não ousam tomar partido. Paradoxalmente, essa técnica tem um fraco poder explicativo: suscita a emoção, a expectativa, a interrogação permanente, mas não propõe ao telespectador nenhum modo de pensamento, nenhum modo de discriminação conceitual dos fatos, para que ele seja capaz de formar sua própria opinião.

Gêneros da televisão:
um desafio de espetacularização

Como se sabe, a televisão é o domínio do visual e do som, lugar da combinação de dois sistemas semiológicos, o da imagem e o da palavra.

---

[26] É o que distingue a reportagem do documentário. Veja-se, a esse respeito, o que diz o jornalista Jean-Claude Bringuier: "[...] a reportagem não depende de si: é preciso cobrir um acontecimento. Há um morto, um incêndio, um escândalo financeiro ou sexual, vai-se procurá-lo e tentar trazê-lo vivo e verdadeiro. [...] O documentário começa onde acaba a reportagem, quando não há mais acontecimento. Trabalhamos nos interstícios." Em *Libération*.

[27] Por exemplo, o filósofo e escritor Bernard-Henri Lévy fazendo uma reportagem sobre a ex-Iugoslávia.

Dessa combinação nasce um produto, talvez mais apto do que outros a fabricar imaginário para o grande público, isto é, um espelho que devolve ao público aquilo que é sua própria busca de descoberta do mundo. Mas, diferentemente do cinema, a televisão está obrigada, por contrato, a dar conta de uma determinada realidade. Assim sendo, ela não pode se apresentar como máquina de fabricar ficção, mesmo que, afinal, seja isso que ela produza.

Apesar da superfície plana de sua tela, a televisão tenta articular entre si três espaços que constituem lugares particulares de construção do sentido: um espaço externo, onde surgem os acontecimentos do espaço público, um espaço interno, onde se desenrola a cena midiática de representação dessa realidade, e um espaço interno-externo, que seria o lugar em que se articula uma relação simbólica de contato entre a instância midiática e a instância telespectadora. Assim, a instância midiática televisual está numa posição de pivô duplamente orientada: referencial, quando olha para o mundo exterior que ela mostra, relata e comenta, e de contato, quanto olha o telespectador que ela procura interessar e emocionar, que ela solicita e interpela. A televisão é, ao mesmo tempo, "instância exibidora" com relação ao mundo exterior e "instância exibida" com relação ao telespectador, sendo este "instância que olha". É a produção geral, lugar por excelência da articulação entre o mundo exterior, o estúdio e o telespectador, que coordena essa *mise-en-scène*.

Relações palavra-imagem

Há várias maneiras de abordar a descrição da relação entre a palavra e a imagem. Já em 1967, Roland Barthes mostrava a autonomia desses dois sistemas significantes, pois cada um deles é portador de universos sociodiscursivos próprios, e também sua interdependência, pois estão numa relação recíproca de ancoragem/retransmissão, pelas quais se constrói a significação. Alguns semiólogos prosseguem nessa linha, refinando-a.[28] Outros procuram definir a especificidade dos documentos audiovisuais,[29] outros, ainda, mais centrados na televisão e seus processos de realização, propõem diferentes critérios de distinção.[30] Como dissemos, várias tipologias

---

[28] Ver Anne-Marie Houdebine, em *Travaux de Linguistique. Sémiologie*, Univ. de Angers, n. 5-6, 1994.

[29] François Jost, "Propositions pour une typologie des documents audiovisuels", revista *Semiotica*.

[30] É o caso de Guy Lochard.

são possíveis, mas em todos os casos, é necessário determinar as variáveis dos eixos de tipologização cuja combinação determina os gêneros. Uma vez mais, a determinação desses eixos e dessas variáveis depende dos lugares de pertinência que se definem através de diferentes lógicas: de programação, se adotamos o ponto de vista dos canais; ético-jurídica, se o ponto de vista for o das instituições de controle; comercial, do ponto de vista dos vendedores de imagens; de conhecimento, do ponto de vista das instituições de arquivamento. Já definimos os eixos de base que permitem classificar os gêneros de informação no cruzamento de um modo discursivo (AR, AC, AP) e um modo de intervenção da instância midiática, mas nesse nível de generalização não foram levadas em conta as características do dispositivo televisual que, trazendo variáveis suplementares, permitem especificar certos gêneros, de acordo com seus procedimentos de encenação.

A palavra, como para os outros suportes, é encenada seguindo cinco tipos de enunciação: a *descrição-narração* (do fato e do dito), a *explicação*, o *testemunho*, a *proclamação*, a *contradição*. Como os dois primeiros já foram descritos como modos discursivos, apresentamos agora os demais tipos:

• O *testemunho*, a que aludimos a respeito da entrevista, é uma forma de enunciação que revela, ou pelo menos confirma, a existência de uma realidade com a qual o enunciador teve contato. Esse é, pois, levado a dizer o que viu, ouviu ou tocou, sem análise nem julgamento. A palavra de testemunho compromete o sujeito sobre uma verdade que "provém apenas do corpo" (como se diz em Direito), o que lhe confere os traços da pureza e da autenticidade. A palavra de testemunho instaura o imaginário da "verdade verdadeira". O testemunho pode ser enunciado por um sujeito anônimo ou por um sujeito que tenha certa notoriedade. Se é anônimo (para o telespectador), para que seu dizer participe do acontecimento midiático, o testemunho que der a respeito de si mesmo ou da vida será tido como válido para todos aqueles que pertencem à mesma categoria (com isso, não será confundido com a simples testemunha numa entrevista de rua). Ele se achará instituído em arquétipo social de um modelo de vida profissional (um relojoeiro, um artesão), de um indivíduo sofredor (vítima de doenças, de acidentes, de extorsões), ou de comportamento extremo (herói por um dia), o que os *reality* e os *talk shows* exploram abundantemente. Se o sujeito tem uma certa notoriedade, o valor de seu testemunho será relativo aos traços de identidade psicológica (sinceridade, blefe, mentira) que o telespectador tem a possibilidade de lhe atribuir.

• A *proclamação* é uma forma de enunciação performativa que compromete o sujeito enunciador a fazer o que ele diz ("O governo não cederá às pressões externas"). O valor dessa forma de enunciação depende, pois, do *status* do sujeito que enuncia, o qual deverá estar em posição de decisão (político, presidente de partido, de sindicato, de empresa etc.), tendo não somente poder de dizer, mas também e sobretudo poder de fazer.

• A *contradição* é uma forma de enunciação interativa que consiste em trazer um ponto de vista contrário a um outro já exposto. Tem como efeito colocar em causa o outro ponto de vista, atenuar o valor de evidência que este poderia ter se fosse único e mostrar que a verdade a respeito do tema tratado é fragmentada, parcial, deixando, para aquele que é testemunha exterior à troca, o cuidado de utilizá-la para a sua própria busca da verdade, e a construção de sua opinião.

A imagem televisual, por sua vez, pode ter três funções:[31] de *designação*,[32] de *figuração* e de *visualização*:

• A *designação* consiste em mostrar diretamente o mundo em sua realidade perceptiva como um "estar-aí" presente, convertendo-se num "objeto mostrado" tendo sua própria autonomia de existência em relação ao processo de designação, perceptível sem intermediação, sem nada que se interponha entre o objeto e o olhar do sujeito. Este último pode ter, então, a ilusão de que ele também está nesse mundo, em contato com essa realidade física.[33] Essa função põe em cena efeitos de *autenticidade*.

• A *figuração* consiste em reconstituir o mundo no que ele "foi", não perceptível de imediato, mas representável por simulação, naquilo que o torna *possivelmente* verdadeiro. O sujeito que olha só pode perceber esse mundo reconstituído por analogia com uma certa experiência e conhecimento de mundo, projetando-se nele. Aqui, trata-se realmente de uma analogia, não como decalque da realidade, mas como construção-

---

[31] Ver *La parole confisquée, um genre télévisuel: le talk show*, op. cit.

[32] Também se diz, em francês, *monstration* [mostração], mas esse termo também tem valor genérico.

[33] É o que sugere o título do programa "A prova pela imagem", de France 2, que só foi transmitido uma vez.

representação de um certo imaginário da realidade. Essa função põe em cena efeitos de *verossimilhança*.

• A *visualização* consiste em representar, através de um determinado suporte e de um determinado sistema de codificação, uma organização do mundo não visível a olho nu (através de representações gráficas, *closes* ou imagens virtuais). O sujeito que olha só pode perceber esse mundo na medida em que tem conhecimento do código de representação, o qual lhe permite, usando de cálculo, conceitualizar essa parte oculta do mundo. Mas esse procedimento, para ter efeito, depende do contrato de comunicação. É somente na medida em que o contrato de informação constrói um propósito que se destina a mostrar a realidade externa aos sujeitos que essa função pode pôr em cena efeitos de *descoberta da verdade*. Num contrato em que prevalece a ficção, esse efeito contribui para a dramatização.[34]

A instância de exibição, prevalecendo-se dessas funções da imagem, pode utilizar diversos procedimentos de *topologia*, de *filmagem* e de *montagem*.

• A disposição dos elementos no estúdio constrói uma *topologia* destinada, por um lado, a favorecer o surgimento de tal ou qual tipo de fala (polêmica ou consensual), por outro, a prefigurar uma certa gestão da imagem, alguns roteiros de exibição que são organizados pela produção.

• A *filmagem* do acontecimento, isto é, o momento em que se faz a tomada numa relação de continuidade com o desenrolar da cena mostrada (por exemplo, um incêndio ou um debate), tem a faculdade de jogar com o enquadramento (*close*, primeiro plano, plano americano, plano geral etc.) e os ângulos de visão (panorâmica vertical, panorâmica horizontal, *traveling* etc.), procedimentos que produzem pontos de vista diferentes sobre o eu que é mostrado (ponto de vista anônimo, personalizado, de observador etc.).[35]

• A *montagem*, em ruptura com a continuidade da filmagem (o tempo da filmagem é, por definição, diferente do tempo de transmissão), atesta a intervenção da instância de exibição sobre: (i) a própria filmagem, por

---

[34] É o que ocorre num close num filme de terror. Mas o close de um jogador numa partida de futebol teria mais o efeito de descoberta dos sentimentos deste (a menos que se trate de outra forma de dramatização).

[35] Ver os estudos de G. Lochard e J.C. Soulages, *La télévision. Les débats culturels*, op. cit.

utilização de artefatos (inserções, incrustações, imagens compósitas, virtualização etc.) que tornam covisíveis diversos elementos que não o seriam a olho nu (virtualização), procedimentos que produzem um efeito de *irrealidade*, mas uma irrealidade que, na televisão, é aproveitada com fins didáticos (fazer saber, fazer compreender); (ii) a composição do produto transmitido, pela seleção de alguns dos elementos filmados e pela combinação particular de planos e sequências, procedimentos destinados a criar um certo ritmo e efeitos de dramatização; (iii) a transmissão do produto televisual que pode ser direta (ao vivo) – nesse caso a instância exibidora só pode intervir através da produção (seleção e enquadramento),[36] ou diferida, e nesse caso, ou bem a instância exibidora foi contemporânea do desenrolar do acontecimento (uma partida de rúgbi transmitida após seu término, mas com o comentário de transmissão ao vivo), ou então ela própria se situa num pós-acontecimento (transmissão e comentário da partida são feitos após o jogo). A montagem pode produzir um efeito de suspeita, na medida em que é possível atribuir-lhe intenções manipuladoras, mas pode também produzir uma fruição, a do *olhar distanciado*.

Da combinação desses tipos de enunciação e desses regimes de exibição resultam formas televisuais bastante complexas, por integrarem várias dessas características, como o telejornal.

Telejornal: um ritual compósito

O telejornal é o gênero que integra o maior número de formas televisuais, como: anúncios, reportagens, resultados de pesquisas e de investigações, entrevistas, minidebates, análises de especialistas etc. Assim sendo, pode-se considerar que, com relação aos eixos de tipologização da figura 6 do capítulo "Gêneros e tipologias", ele ocupa uma posição média. No eixo vertical, encontra-se na parte superior correspondente à instância interna, pois tudo é orquestrado: pela redação sob a supervisão de seu responsável, pela produção que deverá executar as instruções deste último e pelo apresentador que assegura a coordenação e traz sua contribuição pessoal de sedução. Do ponto de vista do

---

[36] Principalmente quando a transmissão ao vivo é preparada. Para a distinção entre transmissão ao vivo "preparada" e "não preparada", ver F. Jost, *Propositions pour une typologie...*, op. cit.

engajamento, deveria encontrar-se na parte de baixo desse mesmo eixo, pois deveria apagar-se por detrás da realidade do mundo e de seus comentaristas; entretanto, não deixa de impor sua visão dramatizante do mundo, pela pregnância da visada de captação. Com relação ao eixo horizontal, poder-se-ia pensar que ele se encontra mais para o lado do acontecimento relatado (AR), em nome de uma idealidade do contrato de comunicação e de sua visada de credibilidade: relatar os fatos tais como eles são. Na realidade, ele cobre o conjunto dos modos discursivos, pois trata-se não somente de dar conta dos fatos, mas também de comentá-los (AC), apelando para especialistas, e provocar debates (AP) sobre os temas mais pregnantes, convidando responsáveis pelos diversos setores sociais. O telejornal é, pois, o objeto de uma sequencialização em torno desses três modos discursivos; o tempo dedicado a cada uma dessas sequências é variável, mas a quantidade não é forçosamente pertinente para julgar da organização de um telejornal, pois os momentos fortes – nem sempre previsíveis – podem produzir-se em qualquer uma dessas sequências.[37]

A especificidade do telejornal se deve, em comparação com outros gêneros,[38] a dois aspectos dominantes da encenação discursiva, sendo um o *propósito*, outro a construção da *identidade* dos parceiros e de suas *relações*.

O *propósito* é marcado pela atualidade, voltado para os acontecimentos do dia que são notícia,[39] apresentados numa espécie de cardápio do que se terá para mastigar, seja bom ou mau.[40] Espera-se do telejornal um recorte do mundo evenemencial em pequenos pedaços, recorte que mostraria o que ocorreu no espaço público, durante uma unidade de tempo – o cotidiano – a qual seria a mesma para todos os telespectadores. O telejornal procede a uma fragmentação temática (seguindo o modelo de rubricagem da imprensa) que

---

[37] Nota-se, entretanto, uma tendência recente dos telejornais em prolongar as sequências de AC e de AP, a ponto de prolongar certas emissões além do tempo habitual. Seria conveniente fazer um trabalho de comparação sistemática entre os telejornais de diferentes épocas (a exemplo do que estão fazendo H. Brusini e F. James) e principalmente de diferentes países.

[38] Lembremos que toda taxionomia, toda tipologia, só tem sentido na comparação diferencial. Nenhum gênero tem existência no absoluto, cada um significando pela diferença com relação a outros. É preciso precaver-se da tendência à "naturalização" das categorias com as quais se trabalha.

[39] Recordemos a etimologia: um jornal era o espaço de terra que podia ser trabalhado num dia. Por analogia, as notícias são os fatos que podem ser colhidos no espaço de um dia.

[40] Outra metáfora: um cardápio apresenta o conjunto das iguarias do dia ao cliente-consumidor que quer mastigar alguma coisa. Assim também as notícias constituem o conjunto de fatos do dia que vão alimentar o telespectador de informação, boa ou má, agradável ou desagradável, que poderá, em seguida, digerir e eventualmente reutilizar.

Sobre alguns gêneros e variantes de gêneros

pretende corresponder à fragmentação do cotidiano do espaço público, mas que, na realidade, é uma fragmentação convencional do mundo midiático, uma racionalização, imposta como um pensamento único, do que são os acontecimentos do mundo. Tal recorte nos remete à construção temática cujas características devem ser estudadas em detalhe.

A *identidade* dos parceiros é determinada pelo conjunto da encenação do telejornal, cujo papel principal é desempenhado pelo apresentador, embora com uma importância variável.[41] Pelo uso de modos discursivos diversos, o apresentador constitui o pivô da encenação do telejornal, exercendo uma dupla função de interface, por um lado entre o mundo referencial e o telespectador, por outro entre o estúdio – materialização do mundo midiático – e o telespectador, sendo essas duas funções exercidas de maneira quase simultânea. Essas características já foram bastante destacadas em diversos estudos,[42] não nos cabendo analisá-las mais uma vez; trata-se, para nós, de mostrar sua pertinência no âmbito das restrições do dispositivo televisual.

O *contato* entre o estúdio e o telespectador se estabelece desde a abertura do jornal, por saudações do apresentador que se acha instalado em seu lugar de exercício profissional, em posição frontal, e anuncia o sumário. Depois, durante todo o desenrolar do jornal, ele construirá uma imagem de enunciador personalizado (um *eu*) que se expressa como se estivesse falando diretamente a cada indivíduo da coletividade dos telespectadores: ora participando sua própria emoção com relação aos acontecimentos dramáticos do mundo (enunciação "elocutiva"),[43] ora solicitando sua atenção ou seu interesse, e mesmo interpelando-o (enunciação "alocutiva"),[44] tudo isso com o auxílio de movimentos do rosto (mesmo os mais discretos), de certos tons de voz, da escolha de determinadas palavras.[45] Pode ser que constituam estratégias particulares, mas o discurso personalizado é um dos traços desse gênero.[46]

---

[41] Com efeito, este varia com a concepção de tratamento da informação pelo telejornal, como se pode ver ao comparar as televisões de diferentes países. Jean-Claude Soulages o demonstrou em sua tese ("Les mises en scène visuelles de l'information", Université de Paris Nord, 1994), comparando TF1, Antenne2, FR3, TVE e CBS (3e partie, Section II).

[42] A partir do artigo de Eliseo Verón, "Il est là, je le vois, il me parle", revista *Communications* n. 38, Seuil, 1983.

[43] Ver, para essa categoria, nossa *Grammaire du sens et de l'expression*, op. cit., p. 599 e seguintes.

[44] Idem, p. 570 e seguintes.

[45] Essas podem ser dramáticas (Patrick Poivre d'Arvor), irônicas ou cúmplices (Bruno Masure).

[46] Pelo menos no contexto francês.

A *relação* entre o mundo referencial e o telespectador é assegurada pelo mesmo apresentador, que se apaga, se faz transparente e constrói, de si, uma imagem de enunciador impessoal; isso não o torna anônimo, pois ele mantém o domínio da gestão midiática do processo evenemencial. É ele que anuncia, que mostra, indicando como abordar a notícia (função de guia), que passa a palavra aos correspondentes ou enviados especiais (função de organizador das retransmissões), que retoma cada fala para um comentário ou uma conclusão (função de orientador), que redistribui o turno de fala a especialistas presentes no estúdio, mostrando assim já conhecer a informação, por ter escolhido os especialistas de maneira adequada e por interrogá-los segundo um roteiro previamente traçado (função de moderador); enfim, é ele que entrevista as personalidades dos mundos político, cultural e esportivo, buscando ser representante do telespectador cidadão, pois demonstra as preocupações de um cidadão participante da vida social ao interrogar os atores do espaço público (função de delegado). Assim sendo, o apresentador atribui a si o papel de polo organizador do processo evenemencial.

Vê-se, através dessas características, que o gênero telejornal, sob a proposta de nos apresentar os acontecimentos que surgem no mundo referencial, nada mais faz do que nos entregar (já pronto) um mundo evenemencial construído por ele mesmo e em parcelas. Igualmente, sob a proposta de nos permitir melhor compreender os fenômenos, apelando para os comentaristas, só faz fornecer explicações pontuais e fragmentadas. Encontramo-nos, então, em plena ilusão de realismo e em pleno simulacro de verdade, mas é através desse "fazer crer" que o telejornal se define.

Mistura dos gêneros

Muitos gêneros televisuais são híbridos, inclusive várias das formas televisivas básicas. As "revistas"* (ou aquilo que o meio designa dessa forma) podem ter como dominante um *bate-papo* com um resumo das notícias da semana (programas tipo *7/7* da emissora TF1), um *debate*, com inserção de microrreportagens (programas tipo *Bouillon de culture*, de France2), uma *reportagem* com análises feitas no palco (programas tipo *Envoyé spécial*) ou

---

* N.T.: Gênero de programa cujo mais antigo representante na televisão brasileira é o "Fantástico", da Rede Globo.

entrevistas (programas *Brûlures de l'Histoire*, *Histoire parallèle*, *Mercredis de l'Histoire*), ou podem equilibrar essas diferentes formas (*La marche du siècle*, e diversas revistas econômicas). Os *reality shows* misturam reportagens com reconstituições representadas por atores, entrevistas, bate-papos, debates no palco.[47] Os *talk shows*, enfim, também misturam debate político, debate de sociedade e de diversão, inserindo sequências de minirreportagens.[48]

Além disso, esses gêneros sofrem mudanças através do tempo, alguns de maneira notável (como os debates em geral),[49] outros mais discretamente (como os debates face a face e as reportagens).[50] Tais mudanças ocorrem segundo diversos fatores. Às vezes, é a evolução da técnica (por exemplo, a leveza e a miniaturização do material) que leva a modificar os dispositivos, outras vezes são as racionalizações do mundo profissional que, impondo modas (mais ou menos passageiras), acabam por influenciar esses dispositivos. Com relação a este último fator, pode-se observar atualmente cinco grandes tendências, não sendo próprias a um gênero – mesmo que um ou outro tenha funcionado como elemento desencadeador[51] –, podendo atravessá-los produzindo um impacto mais ou menos visível:

• Uma tendência à multiplicação e à acumulação, nas encenações atuais, dos *índices de contato* com a instância público: pela presença nos estúdios de um público que deve funcionar como representante-retransmissor do telespectador; para uma gestão dos programas (do debate ao telejornal) cada vez mais orientada para o telespectador, com o animador dirigindo-se diretamente a ele ou através de diversos meios que permitam a intervenção do público (chamadas telefônicas ao vivo, sondagens imediatas, e-mails etc.). Essa tendência tem por finalidade criar a ilusão de uma televisão do *contato*, do convívio, da conivência, em oposição à televisão do passado, que marcava uma certa distância entre a instância midiática e o público.

---

[47] Ver a lista apresentada por Dominique Mehl na revista *Réseaux* n. 63, op.cit., p.121.

[48] Ver Dossiers de l'audiovisuel, n. 59, INA-Documentation française, janeiro-fevereiro 1995.

[49] Bastaria comparar os programas dos anos 70 com as atuais, passando pelos "direitos de resposta" de Michel Polac e "os ausentes nunca têm razão" de Guillaume Durand.

[50] Os debates políticos face a face mudaram muito pouco em seu dispositivo apesar da intervenção de algumas regras impostas pelos serviços de comunicação dos debatedores. As reportagens também não mudaram, apesar da evolução da técnica; nesse domínio, a propósito, são as reportagens do tipo *Cinq colonnes à la une* que ainda constituem uma referência.

[51] Mas como saber exatamente qual foi o momento desencadeador? Uma história de influência entre os gêneros, em termos de "construção temática", de "modos discursivos" e de "dispositivos" ainda está por fazer.

• Uma tendência à *mistura dos gêneros*, particularmente nos *talk shows* e nos *reality shows*. Essa tendência construiria uma televisão do "híbrido" em oposição à televisão que se caracterizava pela separação dos gêneros.

• Correlativamente, uma tendência a fazer dessa televisão uma *onda contínua* de programas que se sucedem e se assemelham, criando um universo uniformizado no qual todo telespectador poderia reconhecer-se e sentir-se em família. Essa televisão estaria em oposição àquela que, no passado, era mais nitidamente recortada em momentos diferentes para públicos diferentes. Aqui, então, estaria em oposição uma televisão do *contínuo* a uma televisão do *recorte*.[52]

• Correlativamente ainda, a tendência à *abreviação* dos programas, como uma compensação aos fenômenos de hibridação e de contínuo, tendência à montagem de tipo *clip* (que se poderá observar também numa determinada escritura de imprensa).

• Enfim, a tendência à *mistura de temas*, aqueles que pertencem ao espaço público fundindo-se com os que pertencem ao espaço privado e inversamente. É uma das dominantes dos *reality* e dos *talk shows* evocada anteriormente, que se opõe à televisão do passado marcada pelo respeito à fronteira entre esses dois universos.

Assim vai a televisão que, sob o propósito de dar conta do mundo dos fenômenos, só consegue dar conta de seu próprio imaginário, aquele no qual se encontra o telespectador como alvo construído à sua imagem. O que a televisão consegue fazer é nos oferecer seu próprio espelho.

Gêneros da imprensa escrita: entre visibilidade e legibilidade

A imprensa é o domínio da escrita, o que quer dizer que seu campo de atividade discursiva e semiológica é o da conceitualização que se inscreve numa situação de troca monolocutiva e se organiza sobre um suporte espacial. Eis por que a imprensa tem suas próprias exigências de visibilidade, de legibilidade e de inteligibilidade.

---

[52] Embora se observe um certo retorno ao recorte.

Exigências de visibilidade, de legibilidade e de inteligibilidade

A exigência de *visibilidade* obriga a imprensa a compor as páginas de seu jornal de maneira que as notícias possam ser facilmente encontradas e apreendidas pelo leitor. Assim sendo, a instância midiática deve ter um cuidado particular com a maneira de anunciar e apresentar as notícias. Isso é feito através da paginação (primeira página, rubricas, fotos, desenhos, gráficos, tabelas, tipos de colunas, molduras etc.) e da titulagem (títulos, pré-títulos, subtítulos, *leads*). Tais elementos constituem formas textuais em si e têm uma tripla função: *fática*, de tomada de contato com o leitor, *epifânica*, de anúncio da notícia, e *sinóptica*, de orientação ao percurso visual do leitor no espaço informativo do jornal.

A exigência de *legibilidade* obriga a imprensa a um trabalho de exposição que seja o mais claro possível, a respeito dos acontecimentos que se produzem no espaço público, através dos modos discursivos do "acontecimento relatado" (feitos e ditos). Essa exigência acompanha a precedente pelas escolhas efetuadas quanto à paginação das notícias (localização, molduras, ilustrações, tipografia) e à redação dos títulos. Entretanto, como a legibilidade tem a ver principalmente com o entendimento, ela se manifesta e toma todo o seu valor no modo de escritura dos artigos, devendo estes, por contrato, ser acessíveis ao maior número possível de leitores no âmbito de um alvo pré-construído. Uma das consequências dessa exigência é, entre outras, a configuração dos gêneros particulares como as notas, os *boxes*, as páginas de informação factual (páginas práticas), certos perfis etc.

A exigência de *inteligibilidade,* embora ligada às anteriores, aplica-se principalmente ao comentário do acontecimento. Essa também está direcionada para a entendimento, mas aqui se trata de esclarecer o porquê e o como das notícias. Manifesta-se em determinados elementos da paginação (novamente pelas molduras, pelos gráficos etc.), mas particularmente pelas formas textuais que se apresentam como comentários (editoriais, crônicas, análises etc.). Deve-se acrescentar a isso que a situação monolocutiva de troca permite ao jornalista jogar sutilmente com o eixo do engajamento; não estando em situação física de contradição imediata (não há alternância de turno de fala, logo, não há interrupção possível), ele pode desenvolver sua análise ou sua argumentação planejando-a previamente, redigindo-a num determinado espaço de maneira contínua, escolhendo suas palavras e, se necessário, corrigindo-a. A situação monolocutiva é o que distingue definitivamente essa mídia das demais. Pode-se dizer que ela se dirige diretamente ao espírito, enquanto as outras apelam mais para os sentidos.

Entretanto, não devemos esquecer da finalidade de captação do contrato de comunicação midiática que está na origem de uma outra exigência, a da *dramatização*. Ela é, evidentemente, menos admitida, pela pregnância do imaginário de credibilidade, mas todos os parceiros do ato de informação midiática são obrigados a reconhecê-la, mesmo implicitamente. A exigência de dramatização não pode ser tão claramente exposta como as outras, assim sendo, insinua-se nos modos de escritura dos artigos e particularmente nos títulos, embora isso se dê de maneira variável, dependendo da imagem que o jornal procura fazer de si.

Sobre algumas formas textuais

Os quatro tipos de exigências acima expostas coexistem num mesmo organismo de informação, e por isso é sempre difícil proceder a uma classificação das formas textuais e operar uma tipologia dos gêneros jornalísticos, ainda mais que cada instância midiática tem sua própria estratégia para satisfazer a tais exigências. Além disso, é raro que, como em toda produção textual, um texto escrito pertença a um e somente um gênero. Os textos escritos caracterizam-se, geralmente, por empréstimos a diferentes gêneros. Até mesmo os jornalistas o reconhecem. Um deles declara:

> No domínio do jornalismo político, aqueles que dizem que se deve sempre separar a informação do comentário estão inventando histórias. Num outro nível, com relação ao comentário ou ao editorial, não é possível definir claramente a diferença entre esses dois tipos de artigos.[53]

Mas, ao mesmo tempo, é necessário que um texto escrito seja identificável como um tipo que se prenda mais particularmente a uma situação de enunciação. Então é possível determinar formas textuais dominantes com o auxílio de um certo número de traços que as constituam de maneira ideal, e

---

[53] Mais adiante, ele se refere à reportagem, na qual ora "o jornalista está muito apagado", ora "o jornalista está menos apagado", *Mots* n. 37, op. cit., p. 92.

que constituam modelos de escritura nos quais venham moldar-se os textos. É a regularidade e a convergência desses traços numa determinada situação de comunicação que constituem o gênero.

Há diversas tentativas de definição e de classificação dos gêneros jornalísticos na imprensa escrita. Algumas são provenientes da própria profissão,[54] outras de analistas das mídias.[55] No que nos concerne, retomaremos nossos dois eixos de tipologização (figura 6, capítulo "Gêneros e tipologias") e faremos uma série de observações sobre a especificidade de alguns dos gêneros dominantes na imprensa.

O *editorial* e a *crônica* têm, ao mesmo tempo, características do "acontecimento comentado", o que os coloca no meio do eixo horizontal, e de um engajamento relativamente livre da instância midiática, o que os coloca no alto do eixo vertical. Para esses dois gêneros, trata-se de trazer um ponto de vista suscetível de esclarecer tanto os acontecimentos considerados os mais importantes da atualidade, quanto os acontecimentos culturais mais recentes (lançamento de um filme, de uma peça de teatro, de um livro etc.). Com isso, o autor do editorial ou da crônica pode reivindicar o direito à personalização do ponto de vista e mesmo à subjetividade. Há, entretanto, diferenças entre esses dois gêneros. A primeira está no tipo de propósito: o editorial se exerce sobre um propósito que concerne exclusivamente ao domínio político e social, ao passo que a crônica pode tratar desse mesmo domínio (crônica política), mas se dedica principalmente ao domínio cultural (crônica cinematográfica, literária, teatral). A segunda diferença decorre da primeira: pela temática política, o enunciador é levado a produzir um discurso de opinião; pela temática cultural, o enunciador produzirá um discurso constituído de julgamentos e apreciações. O editorialista e o cronista político têm a liberdade de expressar um ponto de vista partidário, mas o primeiro é instado a fazê-lo de maneira argumentada, ainda mais porque seu ponto de vista implica o engajamento de toda a redação do jornal. O segundo – também chamado de crítica de filmes, de livros, de peças de teatro – pode, diferentemente do editorialista, dar livre curso a seus próprios sentimentos,

---

[54] São encontradas nos guias de redação das escolas de jornalismo.

[55] Particularmente a de Van Dijk ("Structures of news in the press", em Van Dijk (ed.) *Discourse and communication*, Berlin/New York, de Gruyter, 1985), mas trata-se de uma tipologia do que denominamos "modos discursivos"; a de E. Neveu (revista *Mots* n. 37, op. cit., p. 14), da qual alguns eixos assemelham-se aos nossos e outros são diferentes; a de G. Lochard (revista *Réseaux* n. 76, op. cit. p. 90), do qual nos sentimos mais próximos.

sua própria emoção, seus próprios julgamentos, sem que isso constitua uma falta, pois nesse modo de enunciação a regra é a subjetividade.[56]

Os *títulos* (que podem ser considerados um gênero, na medida em que são objeto de regularidades textuais sob o controle de uma instância de enunciação) encontram-se inteiramente na zona do "acontecimento relatado" mesmo que um ou outro apresentem, de maneira mais ou menos explícita, elementos de comentário. Estão situados no alto do eixo da instância interna, pois esta (jornalistas, conferência de redação, secretariado de redação) intervém de maneira marcante na formulação dos títulos e em sua disposição, mas tendo um grau médio de engajamento.[57]

Encontram-se na imprensa diversos outros subgêneros como o *perfil*, um gênero muito diversificado de acordo com a identidade da pessoa aí retratada, o acontecimento que o motive (resultado de eleições, um recém-chegado à cena política, um falecimento ou uma comemoração etc.); está colocado bem alto no eixo vertical, pois depende, segundo as declarações dos próprios jornalistas, de sua subjetividade. O *artigo de análise* está próximo da crônica a ponto de se confundir com a crônica política,[58] mas com um menor grau de engajamento. O *dossiê*, que constitui um conjunto de artigos destinados a esclarecer determinada questão tanto do ponto de vista dos fatos quanto dos comentários, daí sua posição mediana no eixo horizontal, porque apesar de aí se encontrarem posições engajadas, elas são temperadas por outras que lhes são opostas ou que são mais neutras. A *tribuna*, reservada a personalidades exteriores à instância midiática, mas cuja existência é suscetível de provocar o acontecimento, tem um grau variável de engajamento segundo a posição social do autor. Enfim, na imprensa há também as *entrevistas*, as quais podem integrar-se em outros gêneros (entrevista para estabelecer fatos, entrevista de uma opinião para esclarecer um comentário, entrevista para construir um perfil etc.), mas o que as caracteriza é uma espécie de grau zero de enunciação,[59] daí serem encontradas em diversos lugares, com um grau menor de engajamento.

---

[56] Em nosso estudo sobre "La critique cinématographique: faire voir et faire parler", citávamos os propósitos dos próprios cronistas: "Só contar a história, sem uma palavra de apreciação? Para que serviria?"; "Mas é preciso reconhecer que um crítico sempre toma partido. Não se pode apagar sua personalidade", *La Presse. Produit, production, réception*, op. cit. (p. 50). Ver também Fernandez, Manuel, "Un genre d'écriture de presse", revista *Mscope* n. 8, CRDP de Versailles, setembro 1994.

[57] Os títulos do *Libération* ilustram perfeitamente esta questão. Quanto ao grau de engajamento, deve-se reconhecer que varia de jornal para jornal.

[58] O que faz o comentarista político Alain Duhamel, quando expõe seu ponto de vista num jornal como *Libération*?

[59] A tal ponto que em entrevistas preparadas por escrito as perguntas são reelaboradas *a posteriori*.

Na imprensa, os gêneros também evoluem, porém de maneira mais lenta que a televisão. Mas pode-se distinguir uma imprensa do passado, com artigos que apresentavam um desenvolvimento longo sobre as notícias do dia, um modo de escritura que pretendia ser uma peça literária,[60] pouca visibilidade no anúncio das notícias, pouca distinção dos pontos de vista; uma imprensa atual, com uma tendência a apresentar artigos curtos, a multiplicar os pontos de vista (internos e externos) e a aumentar a visibilidade por uma paginação que joga com a tipografia, as molduras, a colunagem, a disposição etc. Diferenças que revelam a ideia que as mídias constroem sobre seus leitores, popular/culto/ de elite, jovem/velho, masculino/feminino etc.[61]

* *

*

Esses gêneros são formas textuais próprias a uma situação particular, sobredeterminada aqui pelo contrato midiático e pelos dispositivos próprios a cada suporte. Essas formas constituem verdadeiros moldes de tratamento da informação, as quais devem ser adotadas pela instância midiática (quaisquer que sejam seus atores) e das quais a instância de recepção necessita (qualquer que seja a sua natureza, ouvinte, telespectador, leitor) para se identificar em sua interpretação. Sem essas formas, haveria muito poucas chances dessas duas instâncias se encontrarem na coconstrução da informação. No entanto, uma vez mais, essas formas constituem apenas uma parte do discurso informativo. A sobredeterminação é apenas parcial, restando à instância midiática todo um espaço de estratégias para, como dizia Roland Barthes, fazer obra de "autor", distinguindo-se do simples "escriba",[62] que se limitaria em permanecer perfeitamente conforme ao gênero.

---

[60] Como se vê na imprensa de alguns países (Espanha, América Latina).

[61] Ler, a esse respeito, o artigo de Guy Lochard "Genres rédactionnels et appréhension de l'événement médiatique", revista *Réseauxn* n. 76, op. cit. Lembramos, no entanto, que não se dispõe de meios científicos para avaliar o real impacto dessa evolução sobre os públicos.

[62] Ler, a esse respeito, o estudo de Henri Boyer, "Scribe *vs* Auteur. La place du scripteur dans l'écrit journalistique", que retoma essa distinção e que ele aplica à escritura de imprensa, *L'écrit comme enjeu. Coll. Essais*, Paris, Didier, 1988.

Balanço crítico
Mídias e democracia

"A busca do entretenimento tende, sem que seja necessário desejá-lo explicitamente [...] a fazer, do que se denomina 'a atualidade', uma rapsódia de acontecimentos divertidos [...] que, reduzidos ao absurdo por serem limitados ao que aparece no instante, no agora, isola-os de seus antecedentes ou de seus consequentes."
Pierre Bourdieu, *Contre-feux*, Liber.

Grandeza e miséria da palavra jornalística

Os jornalistas não gostam de que se fale da máquina midiática. Quando ouvem isso, protestam, mas sem muita ilusão. A respeito das mídias, há dois discursos que circulam nas sociedades modernas: o dos cidadãos consumidores de informação que denunciam a manipulação das mídias e que, no entanto, não perdem por nada as informações televisionadas e não cansam de repetir, quando lhes convém, que: "Isso é verdade, apareceu na televisão"; o dos jornalistas que, questionados, reivindicam uma palavra livre, reafirmam sua honestidade, embora reconhecendo que relatar e comentar acontecimentos é uma atividade impregnada de subjetividade. De todo modo, se considerarmos o fenômeno da informação sob o ponto de vista que propusemos, é realmente disso que se trata: de uma "máquina de informar".

Quem diz máquina, diz conjunto de engrenagens e de atores fazendo-as funcionar, cada um em seu setor, cada um submetido a restrições e a regras que fazem com que o resultado do produto acabado, um telejornal, por exemplo, ultrapasse a intenção particular de cada um. O jornalista que está na origem da informação é, ele próprio, ultrapassado por todo o processo que se desenrola entre o momento em que transmite uma notícia e o momento em que o telespectador a recebe, mesmo quando é ao vivo. Não é aquele jornalista que transmite aquela informação, aquela explicação e que produz eventualmente aquele efeito emocional, é o conjunto da máquina com suas condições de realização e seus procedimentos de encenação da informação.

O acontecimento em estado bruto sofre uma série de transformações-construções desde o seu surgimento. Quer seja – na melhor das hipóteses – percebido diretamente por jornalistas ou relatado por intermediários (testemunhas, agências de imprensa, documentos), já é o objeto de uma interpretação. Depois, ao entrar na máquina de informar, passa por uma série de filtros construtores de sentidos, e o relato resultante, assim como seu comentário, escapam à intencionalidade de seu autor.

Máquina de informar complexa e incontrolável

Essa máquina de processar a informação é complexa sob vários aspectos. De início, pela natureza compósita de seus atores, pois não é um simples instrumento técnico, um conjunto de tubos que só faria transmitir uma voz original como um megafone para atingir as multidões. É uma máquina humana, porque as instâncias de produção e de recepção que a constituem são instâncias humanas, portadoras de intencionalidade e construtoras de sentido. Ora, essas instâncias têm um caráter compósito. Por um lado, como vimos, uma instância midiática feita de múltiplos atores, o que não permite distinguir o responsável pelo ato de informação. Quem responde pelo artigo de um jornal? O jornalista que o escreveu, o responsável da redação que decide sobre o tamanho do texto, o *copydesk* que o reescreve, o secretariado da redação que o coloca na página (ou o coloca em cena, como se poderia dizer)? Enquanto o autor pode responder por seu livro, o conferencista, o participante de um colóquio ou mesmo um orador público podem responder por seu próprio discurso, não é fácil saber quem responde pela maneira de apresentar as notícias num telejornal: o apresentador que lê seu texto no teleprompter, a redação que preparou o jornal, a direção do canal que orienta, por sua política, a maneira de tratar a informação?[1] Por outro lado, uma instância de recepção que é, ao mesmo tempo, individual, coletiva e fragmentada – por integrar diversas categorias sociais, profissionais e psicológicas de leitores, ouvintes e telespectadores. Ora, a instância midiática não tem meios suficientes para conhecer o público ao qual se dirige, visto que as sondagens e outros tipos de pesquisas são deficientes. Não há, como mostramos em nossa introdução, relação de reflexo entre a instância de produção e a instância de

---

[1] Isso explica por que, quando um profissional da imprensa, da televisão ou do rádio comete um erro profissional, é o órgão de informação como entidade abstrata (jurídica) que se mobiliza num ou noutro sentido.

recepção. O que a primeira constrói são efeitos visados, e estes raramente coincidem com os efeitos realmente produzidos e (re)construídos na instância de recepção. Só resta a essa máquina nutrir-se de sua própria representação, construindo uma instância-alvo ideal, hipotética (a rigor, fantasmática).

A máquina midiática é complexa, igualmente, pela tensão permanente que existe entre as duas finalidades de informação e de captação de seu contrato de comunicação. Isso explica por que ela está marcada por um paradoxo: por um lado, pretende transmitir informação da maneira mais objetiva possível, e isso, em nome de valores cidadãos, por outro, só pode atingir a massa se dramatizar a cena da vida política e social. Essa contradição não tem remédio: apresentar a informação de maneira mínima e neutra cortaria a instância midiática do grande público; apresentar a informação exageradamente dramatizada a faria cair em descrédito. Assim sendo, a palavra jornalística está minada pela máquina que ela deve servir. Só lhe resta, então, imaginar que essa máquina funciona como uma proposição de fatos e de comentários sobre o mundo, uma espécie de albergue espanhol no qual cada um viria compor seu cardápio de informações, cada um apreciando os pratos propostos de acordo com seus próprios hábitos gustativos, suas próprias referências, seus próprios valores, seus próprios imaginários. Pelos efeitos que produz, essa máquina é dificilmente controlável.

O 11 DE SETEMBRO DE 2001:
UM EXEMPLO DE PLURALIDADE DE EFEITOS DE SENTIDOS

O que acrescentar de novo sobre o 11 de Setembro, depois de tantas análises e explicações?[2] O acontecimento, no que tange à sua significação, é sempre o resultado de uma leitura, e é essa leitura que o constrói. O acontecimento midiático, no caso, é objeto de uma dupla construção: a de uma encenação levada a efeito pela transmissão, a qual revela o olhar e a leitura feita pela instância midiática, e a do leitor-ouvinte-telespectador que a recebe e interpreta. Os efeitos resultantes são múltiplos, ligados à maneira pela qual as encenações visuais, os relatos e os comentários jornalísticos influenciam-se mutuamente.

---

[2] Este capítulo retoma um trabalho apresentado no fórum da INA, publicado posteriormente em *Les dossiers de l'audiovisuel* sob o título: "La vérité prise au piège de l'émotion."

Roteirização visual entre ficção e realidade

No acontecimento do 11 de Setembro, a roteirização televisual, contrariamente ao que se disse sobre a excepcionalidade da filmagem ao vivo, é muito banal. Vemos entrecruzar-se nesse caso dois tipos de roteiros: os dos *filmes catástrofes* e os das *reportagens* que relatam os conflitos, as guerras e as catástrofes naturais.

O roteiro do filme catástrofe[3] é organizado sob o modo do conto popular: uma *situação inicial* na qual veem-se pessoas que se reúnem ou vivem num lugar (o futuro lugar da catástrofe), prepara-se para uma cerimônia festiva (ou entrega-se a suas ocupações cotidianas), num estado de alegria e de real felicidade, ou de tranquilidade despreocupada, ou mesmo de conflitos psicológicos; (ii) o *surgimento da catástrofe* durante a qual nos são mostradas, paralelamente, a enormidade da explosão destruidora e as reações das pessoas: aqueles que têm medo e gritam, os que têm medo e se escondem num canto, os que procuram escapar de maneira egoísta, os que, enfim, enfrentam a situação e tentam organizar o salvamento dos outros; (iii) e depois, evidentemente, como esses heróis internos não são suficientes, aparecem os *heróis vindos de fora* (os bombeiros, a polícia, o exército, as autoridades locais ou nacionais, dependendo do caso), que, ao término de duras provas, acabam vencendo o perigo e salvando o maior número possível de pessoas.

O roteiro reportagem caracteriza-se por: (i) o *anúncio* do desencadear de um conflito; (ii) a *exibição* das imagens posteriores ao conflito (pois raramente a câmera pode estar presente no momento do drama), imagens que se detêm no resultado dos estragos materiais e principalmente nas vítimas; (iii) a *ação de socorro* (Cruz vermelha, ambulâncias, hospitais, médicos, bombeiros, associações humanitárias). Esses dois tipos de roteiros têm, entretanto, um ponto em comum: sempre põem em cena três tipos de atores: as *vítimas*, os *responsáveis* e os *salvadores*.[4] Insistem, dependendo do caso, ou nas vítimas para produzir um efeito de compaixão, ou no agressor, origem do mal, para produzir um efeito de antipatia, ou ainda no salvador, reparador do mal, para produzir um efeito de simpatia.[5]

---

[3] Tipo *Inferno na torre*.

[4] Ver, sob nossa direção, *La télévision et la guerre. Déformation ou construction de la réalité? Le conflit en Bosnie.* (1990-1994), INA- De Boeck Université, Bruxelles, 2001.

[5] Esses termos remetem a categorias descritas por nós como tópicos discursivos da emoção, em "La pathémisation à la télévision comme stratégie d'authenticité", *Les émotions dans les interactions*, Lyon, Presses Universitaires de Lyon, 2000.

O acontecimento 11 de Setembro foi relatado utilizando os elementos desses dois tipos de roteiros, com algumas particularidades. A *situação inicial*, feita de tranquilidade ou de ordem do mundo antes da explosão da desordem, está ausente. Do ponto de vista das mídias, a ordem do mundo é suposta como anterior à desordem de que devem falar. O *surgimento dos fatos* (o impacto dos aviões sobre as torres e seu desabamento), como nos roteiros de filmes (raramente isso ocorre nas reportagens televisionadas), foi filmado ao vivo, de início por acaso, por câmeras de amadores, depois, pelas câmeras de profissionais da mídia; para o telespectador, descobrir essas imagens diferidas (posteriormente ao fato) não muda nada ao efeito de realidade e de autenticidade que elas comportavam (dessa vez a televisão não precisa acrescentar nada aos efeitos de autenticidade). Esse efeito, quaisquer que fossem os sentimentos que animavam os telespectadores, só podia deixá-los embasbacados, sem voz. As *vítimas* foram tratadas com as imagens habituais das reportagens: exibição dos feridos e contabilidade abstrata do número de vítimas, o que produziu, ao mesmo tempo, um efeito de anonimato e de horror.[6] Note-se, entretanto, que não foram vistas vítimas mortas nem cadáveres, e que foram mostrados poucos corpos sendo transportados com urgência. Vários comentários foram feitos a esse respeito: "Muitas lágrimas e pouco sangue."[7] Além disso, sabe-se que a CNN declarou não querer "traumatizar o povo americano" e não dar prova de "mau gosto". Essa declaração é curiosa da parte de um organismo de informação que, em outras ocasiões, mostrou imagens de palestinos comemorando em Nablus, e que nas reportagens sobre outros conflitos (Bósnia, Kosovo) insistiu em mostrar o estado das vítimas. A par disso, foram-nos apresentadas as entrevistas de numerosas *testemunhas*, que contaram todas as mesmas coisas com as mesmas palavras sobre o que viram, ouviram e viveram. Mas tratava-se, na maior parte, de testemunhas que estavam nas torres ou próximas a elas e que, então, escaparam da morte: o testemunho de um *sobrevivente* sempre produz um efeito de fascinação, pois nos remete ao acaso de nosso próprio destino: por que, na mesma situação de perigo, alguns morrem e outros permanecem vivos? Além do mais, essas testemunhas se apresentam como vítimas inocentes, pois não pediam nada a ninguém, estavam apenas indo para seu trabalho diário como todo bom cidadão ou cidadã: senhor e

---

[6] Lembremos que, de início, foram divulgados os números mais fantasiosos a respeito das vítimas.

[7] *Le Monde,* 19 de setembro de 2001.

senhora Fulano que poderiam ser nós mesmos. Quanto aos *salvadores*, foram mostrados até enjoar, particularmente a intervenção e as entrevistas com os bombeiros, cujo heroísmo foi destacado, assim como a presença no local de personalidades políticas, em particular o prefeito de Nova York, grande figura carismática, decretado mais tarde herói do dia. Enfim, posteriormente, o *grande salvador* – na realidade, grande reparador, pois o mal já estava feito – apareceu na cena midiática, de início com um discurso com tendência de preservar a identidade do povo americano, a integridade e a potência da América, depois sob a figura do *vingador* conclamando a cruzada e a guerra contra o terrorismo.

Imagem-sintoma, a pregnância da emoção

O que é uma imagem-sintoma? Uma imagem já vista. Uma imagem que remete a outras imagens, seja por analogia formal (uma imagem de torre que desaba remete a outras imagens de torres que desabam), seja por intermédio de discurso verbal (uma imagem de catástrofe aérea remete a todos os relatos ouvidos sobre as catástrofes aéreas). Toda imagem tem um poder de evocação variável que depende daquele que a recebe, pois é interpretada em relação com outras imagens e relatos mobilizados por cada um. Assim, o valor dito referencial da imagem, o *valor de substituição* da realidade empírica, é enviesado desde a origem, pelo fato de uma construção que depende de um jogo de intertextualidade, jogo que lhe confere uma significação plural, jamais unívoca. A imagem das torres que desabam em 11 de setembro de 2001 não tem apenas uma significação. Uma imagem-sintoma é também uma imagem dotada de uma forte *carga semântica.* Todas as imagens têm sentido, mas nem todas têm necessariamente um efeito sintoma. É preciso que elas sejam preenchidas com o que mais toca os indivíduos: os dramas, as alegrias, os sofrimentos ou a simples nostalgia de um passado perdido. A imagem deve remeter a imaginários profundos da vida. Deve ser igualmente uma imagem *simples*, reduzida a alguns traços dominantes, como sabem fazê-lo os caricaturistas, pois a complexidade confunde a memória e impede a apreensão de seu efeito simbólico. Enfim, a imagem deve ter uma aparição recorrente, tanto na história quanto no presente, para que possa fixar-se nas memórias e tornar-se um instantâneo. A imagem em movimento, por força da repetição, acaba por fixar-se como se estivesse parada, tornando-se fotografia; sabe-se bem que é a fotografia que fixa melhor nas memórias os dramas da vida (basta lembrar da foto da menina vietnamita correndo, nua, fugindo dos horrores da guerra). Assim, carregadas semanticamente, simplificadas e fortemente reiteradas, as imagens acabam por ocupar um lugar nas memórias coletivas, como sintomas de acontecimentos dramáticos. Pensemos na estrela amarela dos judeus, os arames farpados, as sentinelas, corpos descarnados e crânios raspados dos campos de concentração, as filas de pessoas andando lentamente, com o corpo curvado sob o peso de suas trouxas, fugindo da miséria e da perseguição.

Do mesmo modo, nos acontecimentos do 11 de Setembro, são essencialmente as imagens daqueles aviões que não cessam de penetrar nas torres, daquelas torres que não cessam de desabar, que ficaram nas representações sob a forma de torres ainda de pé, cercadas de uma nuvem de fumaça com, ao lado, um avião que parece pequenino, como o mostraram tão bem alguns desenhos na imprensa. E as imagens das torres que se incendeiam e depois desabam nos dão ao mesmo tempo uma impressão de *déjà vu* – nos filmes catástrofes (*Inferno na torre, Armageddon*), nas reportagens mostrando a destruição por implosão de imóveis das vilas operárias –, e também, mais profundamente, uma impressão do já sentido. Algo como o "surgimento do nada" que nos fascina tanto porque, em nosso imaginário, supõe-se que aí se encontra o diabo ou o destino. O "trespasse e a desagregação do coração de alguma coisa" que representa a vida, o que há de vital para um povo. Pode ser o trespasse da crença cega na *potência edificadora* do homem: o desafio, desde as catedrais, de aumentar cada vez mais a altura de uma construção contra as leis do equilíbrio e da gravidade; o trespasse de uma *identidade coletiva* no orgulho de poder reconhecer-se num monumento simbólico (basta pensar o que isso teria representado para os franceses se tivesse sido a Torre Eiffel). Mas também trespasse e desagregação de tudo o que, em nossas vidas, pode desabar ou desaparecer: ambições, realizações pessoais, seres que nos são caros. Trata-se aí de uma analogia mais abstrata, mas tão pregnante quanto, reforçada pelo fato de que essas imagens nos apareceram sem som,[8] como num filme mudo que dá às imagens uma certa intemporalidade, produzindo um efeito de espelho. Pode-se avançar a hipótese de que pelo fato da conjunção entre roteirização fílmica (que nos remete à ficção), roteirização de reportagem (que nos remete à realidade) e imagem-sintoma de desabamento, passamos para o

---

[8] Ou com um som fraco, estranho, que nada tem a ver com o que habitualmente se ouve nas reportagens televisionadas nem com o som de altos decibéis que nos é transmitido nas salas de cinema. Efeito do filme de amador?

outro lado do espelho onde, talvez, "retornarás ao pó". Evidentemente, nada disso esteve presente na transmissão midiática da Guerra do Golfo, de 1991, a qual nos remeteu mais à frieza de um videogame.

Essas imagens-sintomas impõem-se a nós de maneira teimosa e nos ofuscam a pondo de só vermos nelas a força simbólica. Assim sendo, instaura-se um mal-entendido entre a instância midiática e a instância cidadã, pois, por contrato, o telespectador toma a imagem em sua função mimética, isto é, como dando conta da realidade do mundo, quando de fato é carregada de efeitos emocionais por conta de sua função de sintoma.

Comentários jornalísticos: uma dramatização essencializante

Do conjunto dos relatos e comentários produzidos pelos jornalistas sobre o 11 de Setembro, destacam-se duas características: (i) o acontecimento é *inexplicável* e (ii) os atores e as causas são *essencializados.*

O inexplicável é o que, no final das contas, ultrapassa o entendimento e não pode remontar a uma causa profunda, última. Como numa narrativa fantástica, o suspense se mantém por não se saber qual é a causa dos acontecimentos nem a mente oculta que lhes deu origem. Para compensar a ausência de explicação, as causas e os atores são essencializados, como se fossem a essência das coisas que existem na natureza: as causas são apresentadas de maneira global e os atores como entidades abstratas.

Essencialização da origem do mal que é apresentada, de início, de maneira global como "ato terrorista". Essencialização dos atores que são identificados sob a denominação de uma categoria de indivíduos anônimos, os camicases, e isso pelo viés da analogia feita com Pearl Harbor. São, em seguida, essencializados como "artesãos" por terem utilizado lâminas de cortadores, mas, ao mesmo tempo, como "salteadores modernos", porque se soube que, da mesma forma que se pode preparar um assalto com meios aperfeiçoados, eles recorreram a meios de comunicação sofisticados. Mas só poderiam ser atores executantes e não os comandantes, os verdadeiros agressores. Fala-se deles, então, sob denominações globalizantes de etnia (talibãs), ou de lugar (Afeganistão), ou designando o verdadeiro culpado, Bin Laden, acusado de ter encomendado e preparado o atentado já havia muito tempo. Mas esse Bin Laden é ainda uma figura desconhecida do público e passa a mesma essencialização que os outros como "agressor do mundo ocidental". Trata-se de denominações que têm por efeito desencadear uma interrogação sem fim: quem está por trás disso tudo? O agressor indeterminado podendo estar, ao mesmo tempo, *em toda parte e em nenhum lugar*. Efeito paranoico assegurado, pois nutre a ideia de um complô ou da existência de uma inteligência oculta, grande organizadora da desordem do mundo.

Para tentar explicar o *"como é possível?"*, apresentou-se de início uma causa menor: "a deficiência dos serviços de contraespionagem", depois uma verdadeira causa, globalizante: "o ataque de uma civilização", a do mundo livre (Ocidente), por uma outra civilização (o Oriente), e uma outra religião (o Islã), lugar de um obscurantismo fanático.[9] Foi essa causa, essencializada, que, associada ao sofrimento compartilhado que os sobreviventes e seus próximos experimentavam, provocou uma outra essencialização, a da solidariedade que sentem os indivíduos pertencentes a cada uma dessas civilizações: de um lado, o "Somos todos americanos" de J. M. Colombanie no editorial do jornal *Le Monde*, do outro, uma solidariedade dos países árabes, embora prudente, representada na mídia pelas imagens de Nablus. Um pouco mais tarde, foi posta em questão a "arrogância americana" (mas principalmente na imprensa): em comparações entre os mortos do World Trade Center com os de outras guerras ou genocídios (Iraque, Ruanda, Intifada etc.) permitidos ou suscitados pelos Estados Unidos, e em análises de sua política internacional, de seu intervencionismo no mundo, o fato foi julgado como um justo retorno das coisas. Pois ao mesmo tempo que há um *pró-americanismo*, há um *antiamericanismo* que é preciso satisfazer.

Enfim, essencialização da reparação possível pela construção de várias figuras absolutas. A do *vingador*, braço da vontade divina, do Deus que castiga, o da Bíblia, reinventado por G. W. Bush em suas declarações contra "o império do Mal", "Um combate monumental entre o Bem e o Mal". A do grande *cowboy justiceiro* ("Wanted. Bin Laden") como retorno às origens da fundação da América através do imaginário do Oeste. A figura medieval do *cavaleiro* sem medo e sem mácula que convoca a "cruzada contra os islamitas que declaram guerra ao Ocidente".

Assim se produz um fenômeno de fusão dos efeitos de emoção e dos efeitos de razão, desencadeador de *imaginários*: fusão entre o ato terrorista

---

[9] Nota-se que, no começo, os termos "integrismo" e "fundamentalismo", mais determinantes, foram pouco utilizados.

(emocional), o porquê desse ato e a arrogância americana (opinião), o árabe islamita malvado Bin Laden (emocional) e o salvador da identidade americana, G. W. Bush (emocional), tal como seu pai se apresentou quando da Guerra do Golfo. Mas vê-se também, aí, a encenação de uma variação em torno do imaginário da *potência*: (i) o grande *desafio* à potência do poderoso, narrativa recorrente desde o pecado original, na revolta de Caim, passando por Davi diante de Golias; (ii) a *derrisão* da potência tecnológica pelo triunfo da mão (com os cortadores) sobre a máquina, o que destaca o que o humano tem de mais autêntico: seu corpo; (iii) a *ironia da sorte* como justo castigo de Deus que relembra ao poderoso que, ao se acreditar invulnerável, acaba fazendo com que o mundo se volte contra ele; (iv) a *ameaça do Mal supremo*, que se tornou poderoso por sua essencialização anônima, representado por figuras abstratas ou indeterminadas (Bin Laden, os talibãs) que sugerem a existência de um grupo com vontade de agir, ator de um grande complô contra o mundo; (v) a tentativa de *contrapotência* pela imagem, como dissemos, de vingador de G. W. Bush, mas também pelas declarações e movimentos de solidariedade para com as vítimas em sofrimento, como se todos estivéssemos ligados por uma culpabilidade comum (é este o imaginário do movimento "humanitário").

Diante desses imaginários, pode-se compreender que, numa sociedade de abundância na qual vive o mundo ocidental,[10] sem que, no entanto se resolvam os problemas e dramas do cotidiano de cada um, o telespectador-cidadão (não diretamente implicado no acontecimento[11]) se refugia no espetáculo do sofrimento dos outros.

---

[10] E isso apesar de uma precariedade que aumenta a cada dia.

[11] Isto é, que não foi tocado pela morte de uma pessoa próxima a ele.

As mídias são manipuladoras?

As mídias nos manipulam? Eis uma questão que ocupa um lugar central em muitas conversas, discussões ou análises. Muitas vezes, a resposta é dada antecipadamente, sem exame particular. Há quem as condene pelo sensacionalismo (mas se não tiverem uma certa dose, as criticariam pelo tédio ou pela falsa neutralidade); outros as acusam de deformar os propósitos de declarações políticas, pelo destaque, num título, de uma declaração fora de contexto (mas se não o fizerem, a declaração corre o risco de passar despercebida); outros, ainda, criticam sua corrida em busca do *furo*, o que as leva a dedicar a quase totalidade da informação a um acontecimento suscetível de impressionar o leitor, o ouvinte ou o telespectador; outros, por fim, a acusam de alimentar rumores (como o de que o Departamento de Paris seria responsável pelas inundações ocorridas num Departamento vizinho). Nas análises dos intelectuais, desde que Pierre Bourdieu fez uma "dissecação" da informação televisionada, os argumentos são trazidos no sentido de demonstrar os efeitos nefastos das mídias. Sem esquecer que os diferentes suportes de informação criticam-se uns aos outros, particularmente a imprensa e o rádio, que dão a palavra aos detratores da televisão e se permitem, de tempos em tempos, publicar um artigo ou montar um dossiê criticando a televisão.[1] Álibi, autocrítica ou simples crítica para

---

[1] *Le Monde diplomatique* é especialista nesse tipo de crítica.

se diferenciar dos outros e mostrar que se é mais lúcido? De todo modo, não há ninguém que assuma a defesa das mídias, pois se o fizessem, seriam tratados de prepostos do capitalismo midiático, ou mesmo da globalização "telecrática". Estaríamos diante de um outro tipo de pensamento único? Vejamos as coisas com mais cuidado antes de condenar.

Instância midiática, um manipulador manipulado

Para que haja manipulação, é preciso alguém (ou uma instância) que tenha a intenção de fazer crer a outro alguém (ou uma outra instância) alguma coisa (que não é necessariamente verdadeira), para fazê-lo pensar (ou agir) num sentido que traga proveito ao primeiro; além disso, é preciso que esse outro entre no jogo sem que o perceba. Toda manipulação se acompanha então de uma enganação cuja vítima é o manipulado. Ora, não se pode dizer que as coisas acontecem exatamente assim entre as mídias e os cidadãos. Não se pode dizer que os primeiros tenham a vontade de enganar os demais, nem que estes engulam todas as informações que lhes são dadas sem nenhum espírito crítico. A coisa é bem mais sutil, e diremos, para encurtar, que as mídias manipulam de uma maneira que nem sempre é proposital, ao se automanipularem, e, muitas vezes, são elas próprias vítimas de manipulações de instâncias exteriores.

Para tratar dessa questão, é preciso, de início, distinguir os diferentes suportes midiáticos (imprensa, rádio, televisão) que não podem ser confundidos pois não obedecem às mesmas regras de funcionamento, não trabalham com o mesmo material, logo, não produzem os mesmos tipos de efeitos sobre um público que, aliás, não é o mesmo. Em seguida, é preciso reconhecer que, apesar de todos os defeitos que se queira lançar sobre as mídias, elas desempenham um papel importante de informação no funcionamento de nossas democracias. Que pensem como quiserem, as mídias relatam fatos e acontecimentos que se produzem no mundo, fazem circular explicações sobre o que se deve pensar desses acontecimentos, e propiciam o debate. Nesse aspecto, as mídias mantêm um espaço de cidadania, sem o qual não há democracia razoável, e não podem ser taxadas, como se fazia em determinada época (principalmente a respeito da televisão), como o "ópio do povo". Quanto à afirmação banal de que "as mídias se dirigem às massas", constata-se que cada vez menos pode-se dizê-lo, pois não se manipulam as massas com facilidade. Ninguém está capacitado para dizer o que as massas representam exatamente, a não ser opiniões diversas, múltiplas e fragmentadas que só se apreendem através de instrumentos de análise (sondagens, pesquisas, experimentações), que, na verdade, constroem entidades díspares, cada uma de acordo com o método de investigação. Enfim, se olharmos para o público que se informa, reconhecemos que ele é corresponsável do processo de espetacularização do mundo que as mídias nos propõem. Assim que abrimos um jornal, ligamos o rádio ou a televisão, todos, qualquer que seja nossa posição social (pedreiros ou intelectuais), aceitamos ocupar o lugar de um espectador-voyeur das desgraças do mundo. É claro que as mídias nos impõem suas escolhas dos acontecimentos. Não é, como dizem, porque elas tornem visível o invisível, mas porque só tornam visível aquele visível que decidiram nos exibir, e esse visível não é necessariamente igual àquele que o cidadão espera ou deseja: agenda midiática, agenda política e agenda cidadã não são sempre as mesmas. É preciso ter em mente que as mídias informam deformando, mas é preciso destacar, para evitar fazer do jornalista um bode expiatório, que essa deformação não é necessariamente proposital. Mais uma vez, é a máquina de informar que está em causa, por ser ao mesmo tempo poderosa e frágil, agente manipulador e paciente manipulado.

Mídias manipuladoras

Para contar os acontecimentos, as mídias, como vimos, selecionam em função de três critérios: o *tempo*, o *espaço*, o *acidente*. Tempo, ou mais exatamente a maneira de gerenciar o tempo, que é a da urgência: um acontecimento se produz no mundo e deve ser convertido o mais depressa possível em notícia. Com isso, a informação resultante só pode ser efêmera e a-histórica. Em seguida, o espaço, tomado num antagonismo entre dois imaginários: o da "aldeia" e o do "planeta". A aldeia, símbolo da força conservadora que enraíza a identidade bem fundo na terra dos ancestrais, da família, dos vizinhos, dos amigos, das relações íntimas; o planeta, símbolo do desejo de expansão para outros horizontes de vida, outros campos de ação, do que é diferente, longínquo e exótico. O acidente, enfim, mas entendido como sintoma dos dramas humanos e, dentre eles, os que se caracterizam pelo "insólito" que desafia as normas da lógica, o "enorme", que ultrapassa as normas da quantidade, o "repetitivo", que transforma o aleatório em fatalidade; o "acaso", que faz coincidir duas lógicas estranhas uma à outra, o "trágico", que descreve o conflito entre paixão e razão, o "horror", que conjuga exacerbação do espetáculo da morte e frieza do processo de exterminação. Assim, as mídias selecionam o que participa da "desordem do mundo".

Uma vez selecionados os acontecimentos, as mídias os relatam de acordo com um *roteiro dramatizante*, que consiste, como vimos a respeito do 11 de Setembro, em: (1) mostrar a desordem social com suas vítimas e seus perseguidores; (2) apelar para a reparação do mal, interpelando os responsáveis por este mundo; (3) anunciar a intervenção de um salvador, herói singular ou coletivo com o qual cada um pode identificar-se. Dependendo do momento em que o acontecimento é apreendido, a insistência recairá mais sobre as vítimas, ou mais sobre os perseguidores, ou sobre o salvador. Assistimos a isso na Guerra do Golfo, quando as mídias contribuíram para fabricar a figura satânica do agressor na pessoa de Saddam Hussein, e, diante dele, a figura limpa e eficaz do salvador ("guerra cirúrgica"), representada pelo exército americano-europeu.[2] Também assistimos a isso na guerra da ex-Iugoslávia, quando as mídias construíram a figura de perseguidor na pessoa de Milosevic, justificando com isso a intervenção salvadora da potência norte-americana.[3] Quanto aos conflitos ocorridos na Chechênia e em Ruanda, como não contêm elementos que permitam que se fale de um perseguidor (fala-se um pouco da Rússia para a Chechênia, mas é uma figura muito apagada),[4] as mídias (particularmente a televisão) concentraram-se nas vítimas, descrevendo a miséria das populações que vivem nesses países. Quanto ao conflito israelense-palestino, o projetor midiático orientou-se alternadamente para os perseguidores e para as vítimas dos dois campos.

Esses roteiros de dramatização também são encontrados no tratamento de diferentes tipos de acontecimentos: *esportivos*, tratados como os jogos do circo com seus super-homens, seus torcedores violentos, seus casos de *doping*, as declarações barulhentas de uns e de outros, que provocam rivalidades e ódios; *políticos*, tratados ora como uma luta de boxe entre representantes de partidos opostos, ora como um palco no qual os atores se insultam, ou ainda como uma investigação policial em torno de casos de corrupção envolvendo

---

[2] Fleury-Villate B. (ed.), *Les Médias et la guerre du golfe*, Nancy, Presses Universitaires de Nancy, 1992.

[3] Ver *La guerre et la télévision*, op. cit.

[4] Daí a necessidade, para aqueles que denunciam esse conflito, de apontar como responsável V. Putin.

políticos; *sociais*, tratados ora sob o aspecto de combate jurídico (o caso do sangue contaminado), ora pondo em evidência o sofrimento dos indivíduos (a aids). Esse tipo de roteiro corresponde a um esquema crístico muito antigo, da redenção que lança suas raízes em mitos sacrificiais ainda mais antigos, e que reaparecem sob diversas figuras próprias a cada cultura; é, provavelmente, o que garante o sucesso desse tratamento da informação.

Poder da imagem

Além do mais, existe a imagem. A imagem fixa ou animada, cujos efeitos ainda se está longe de controlar. Desses efeitos, distinguiremos dois: de *transparência* e de *evocação*.

Acreditando-se ou não, não é possível escapar à impressão de transparência da imagem (principalmente quando se trata de transmissão ao vivo da televisão). A imagem nos traria a realidade tal como ela existe, em sua autenticidade: essa mulher que estou vendo e que está chorando a morte de seu filho: é verdade; esses cadáveres mostrados numa carnificina: é verdade (o caso de Timisoara); essa criança palestina que morre sob minhas vistas: é verdade; esses soldados israelenses que são defenestrados: é verdade. Pode-se contestar essa transparência, mas é difícil ir de encontro à crença popular de que somos todos cúmplices: a imagem reproduz fielmente a realidade.

Mas a imagem produz igualmente um efeito de *evocação*. Ela desperta, em nossa memória pessoal e coletiva, lembranças de experiências passadas sob a forma de outras imagens: tal imagem de reféns de uma guerrilha no fundo da floresta tropical despertará em mim imagens de outras capturas de reféns, que testemunhei diretamente ou não; tal imagem de pessoas de peito raquítico por detrás de arames farpados[5] despertará em mim a lembrança de campos de concentração nazistas, mesmo que eu não os tenha visto diretamente; uma outra imagem de populações caminhando em estradas me remeterá a outras imagens de êxodo e de exílio. Esse poder de evocação da imagem vem perturbar seu efeito de transparência, pois interpretamos e sentimos a imagem, ao mesmo tempo, através da maneira pela qual ela nos é mostrada e através de nossa própria história individual ou coletiva. É por isso que, tratando-se da imagem, exceto se julgamos as coisas de um ponto de vista moral, não se pode dizer: "uma morte é igual a uma

---

[5] Ver nosso (dir.) *La télévision et la guerre*, INA-De Boeck, 2001.

morte." Dependendo de como eu a contemplo, como telespectador implicado no acontecimento ou não, partidário de tal ou qual facção, próximo ou não da vítima; dependendo da maneira como vejo essa morte, como um resultado ou como um processo, através de uma tomada do conjunto de cadáveres, ou de uma tomada mais próxima, até o *close*, de um rosto atormentado, a morte não produz o mesmo efeito e não tem o mesmo sentido. Esta, na televisão, depende, ao mesmo tempo, da encenação visual e do que eu sou como telespectador. É assim que a morte da criança palestina pode valer pela morte de dois soldados israelenses linchados e defenestrados. A criança participa de um imaginário social, mais ou menos universal, de pureza e de inocência não compartilhada pelo adulto. Além disso, vimos essa criança, assustada, encolhida, agarrada a seu pai, ainda viva e depois subitamente sem vida; quanto aos soldados israelenses, só vimos um corpo cair, de longe, e seus carrascos, sob a aparência humana, exibindo mãos manchadas de sangue, um sangue sacrificial. A imagem é, ao mesmo tempo, um testemunho da realidade em difração e um espelho de nós mesmos. Seria melhor dizer: um testemunho em difração porque espelho de nós mesmos. Ainda aqui se instala um mal-entendido entre instância televisionada e instância cidadã: esta última toma como reflexo da realidade aquilo que é o resultado de uma coconstrução entre essas duas instâncias.

Sob esses aspectos, é certo que as mídias nos manipulam, mas excetuando-se algumas *montagens* conscientes (a verdadeira-falsa entrevista de Fidel Castro à PPDA, a imagem do cormorão tirada de uma reportagem sobre a maré negra bretã e inserida numa reportagem sobre a Guerra do Golfo, entrevistas provocadas após os acontecimentos, fatos reconstituídos *a posteriori*), os jornalistas e os diretores de televisão não têm uma verdadeira intenção manipuladora. É muito mais por efeitos indiretos que essa manipulação se exerce. Na verdade, o cidadão nunca tem acesso ao acontecimento bruto, ele sempre entra em contato com um acontecimento filtrado pela mídia. Assim, ora acontecimento bruto e acontecimento veiculado pela mídia se confundem, ora um prepondera sobre o outro, criando um círculo vicioso, como demonstra o tratamento midiático de alguns casos.

Mídias manipuladas

A ação manipuladora das mídias, entretanto, é limitada. Pode-se mesmo dizer que a própria instância midiática é manipulada de duas maneiras: por uma pressão externa e por uma pressão interna.

Por uma pressão externa, acima da máquina midiática, por três fatores que colocamos em evidência: a *atualidade*, o *poder político* e a *concorrência*.

Diz-se que a agenda midiática impõe ao cidadão o que ele deve considerar ser o reflexo da atualidade social. Mas essa mesma agenda resulta dos critérios que as mídias adotam a respeito do que é a atualidade. A atualidade é marcada pelo princípio de saliência, que impõe uma informação sem seguimento, feita de pregos que empurram uns aos outros: "A preocupação em prosseguir os debates tem evidentemente por limite as restrições impostas pela cobertura da atualidade e os novos assuntos de discussão lançados por essa atualidade", reconhece o mediador do jornal *Le Monde*.[6] As mídias têm pouca margem de manobra, estando presas a uma concorrência comercial que as leva a manter a visibilidade de sua grade de informação para, ao mesmo tempo, fazer como os outros e ser diferente, a fim de evitar a mudança de canal dos telespectadores ou o abandono, ainda que provisório, de leitores ou ouvintes. O efeito de retorno perverso que ressalta desse estado de fato é que, para o consumidor de informação, o mundo é apresentado através de uma visão espacial e temporal fragmentada, embora as mídias pretendam fornecer uma visão coerente e inteligível.

O poder político é também parte interessada na construção da agenda midiática e, de maneira geral, no jogo de manipulação. Há uma guerra entre políticos e jornalistas, guerra simbólica, mas cujo objetivo é influenciar a opinião pública. Dessa guerra, desse jogo, as duas partes beligerantes têm consciência:

> Apontados com o dedo, vilipendiados, os jornalistas acusam os responsáveis políticos, que se apresentam como vítimas do sistema midiático, de serem corresponsáveis de sua encenação. Acusam, igualmente, a influência crescente dos diretores de comunicação, dos conselheiros de imagem ou das "assessorias". Longe de manipular os políticos, os jornalistas têm a sensação, ao contrário, de serem usados. Nesse pôquer mentiroso da sedução catódica, o vencedor nem sempre é aquele que se pensa.[7]

Nesse jogo, ninguém se compromete em ser sincero, e é possível que as declarações de Jacques Chirac falando de "imprensa louca" e apelando

---

[6] De 4-5 de fevereiro de 1996.

[7] *Télérama*, n. 2349, de 18 de janeiro de 1995, no qual se diz que certos políticos e jornalistas não quiseram ou não puderam responder à pesquisa, o que demonstra a desconfiança recíproca desses dois parceiros.

para os especialistas[8] seja apenas uma tática. Nesse caso, como imaginar que qualquer palavra política, ao ser transmitida para tornar-se pública, possa ser sincera? Ela só pode ser tática,[9] e as mídias se acham presas nessa armadilha, pois mesmo que pesquisem para confirmar a veracidade do que dizem ou para denunciar as mentiras, são obrigadas a divulgar as declarações dos políticos, logo, a dar livre curso a seus efeitos.

Terceiro fator da pressão externa: a lógica comercial. Periodicamente, cada vez que um organismo de informação muda de direção ou incorpora novos parceiros financeiros por motivos de capitalização (principalmente na imprensa escrita), coloca-se o problema da "independência da informação",[10] embora os novos parceiros jurem que não vão tocar na linha redacional do organismo em questão. Na verdade, não se trata mais da posse agressiva que venha a mudar de pronto a orientação da informação, como aconteceu na França até os anos 80, mas de deslocamentos progressivos, em nome da sobrevivência do título, (eufemismo para se falar de rentabilidade comercial), em direção a um pensamento dominante em matéria de informação que consiste em criar uma autocensura redacional a tudo o que não seria suscetível de "atrair o cliente". Pode-se falar, a respeito desse pensamento dominante, de "informação populista".[11]

Mas pode-se também falar de automanipulação das mídias sob a pressão de suas próprias representações. Por um lado, as representações da instância midiática sobre o alvo da informação, sobre o interesse e a afetividade do alvo, representações que tendem a privilegiar a emoção sobre a razão e a construir esse alvo como um conjunto homogêneo de valores e de crenças.[12] Por outro lado, as representações da instância midiática a respeito de si mesma quanto a seu próprio engajamento, que se presume neutro do ponto de vista político, mas engajado do ponto de vista da moral social.[13] Engajamento

---

[8] "Que os especialistas assumam suas responsabilidades", *Le Monde*, de 30 de abril de 1996.

[9] Muitas vezes essa palavra deveria ser questionada. A expressão *mauvaise graisse* [excesso de gordura] utilizada por Alain Juppé a respeito da função pública, deve ser considerada como uma *boutade* (pouco hábil), uma provocação (arriscada), uma convicção (onde estaria a tática?), um sinal aos ultraliberais (possível)?

[10] Ver o editorial do jornal *Le Monde* de 4-5 fevereiro de 1996.

[11] G. Seydou, forte acionário da televisão através de seu grupo Chargeurs e adquirente financeiro do jornal *Libération*, declarou recentemente que as mídias francesas deviam interessar-se mais pelo público, sob pena de não sobreviver. Ver igualmente as declarações de Patrick Lelay, PDG de TFI, relatadas pela revista *Télérama*.

[12] Esse fenômeno foi denominado "ilusão grupal" por Didier Anzieu ("L'illusion groupale: un Moi idéal commun", em *Le Groupe et l'Inconscient. L'imaginaire groupal*, Paris, Bordas 1987). Ver também: "La traversée des apparences", por Max Dorra em *Le Monde diplomatique*, junho 1996.

neutro compensado por representações de autolegitimação sobre a razão de ser das próprias mídias. Daí os procedimentos de bloqueio destinados a convencer a opinião pública – e também a si mesmas – da autenticidade da informação midiática: citações recíprocas (o rádio citando a imprensa, a imprensa a televisão, e esta, a imprensa), pesquisas e sondagens periódicas sobre as relações mídias-opinião pública;[14] mas também bloqueio pela exclusão do que poderia ser uma crítica às mídias;[15] enfim, bloqueio por uma seleção expressa de logocratas, que confirmam a legitimidade das mídias pelo simples fato de aceitarem desempenhar o papel de especialistas, e, ao mesmo tempo, se submeterem às condições de discurso que lhes são impostas.[16]

Além disso, as exigências de visibilidade e de espetacularização da máquina midiática tendem a construir uma visão obsessiva e dramatizante do espaço público, a ponto de não se saber mais se estamos diante de um mundo real ou de ficção. Na imprensa ou no rádio, é o jogo dos títulos que produz um efeito de ofuscamento racional; na televisão, é o jogo dos roteiros montados[17] ou reconstituídos que impõe imagens falseadas do que aconteceu;[18] é também o jogo dos debates, cujo papel – reivindicado pelas próprias mídias – é de esclarecer a opinião pública, e que, no entanto, apresenta um simulacro de troca democrática, porque exclui das mídias os sem-nome e entroniza os que aí

---

[13] O estudo efetuado pelo Centro de Análise do Discurso da Universidade de Paris 13 sobre o tratamento do conflito na ex-Iugoslávia pela televisão mostra que, para que se possa interpelar a consciência do cidadão, é preciso que o conflito seja apresentado não segundo a razão de Estado (pois o jogo das forças políticas não concerne àquele que se encontra no exterior), mas segundo a razão humanitária. A televisão orienta seu discurso dessa maneira a partir de 1992 (ver Charaudeau, dir., 2001).

[14] "Incrível! As mídias estão cotadas na imprensa", sondagem exclusiva de *Télérama-La Croix, Télérama*, n. 2349, 18 de junho de 1995.

[15] Rádio e televisão raramente apresentam críticas às mídias. Na imprensa, isso é mais frequente, marcando assim sua diferença. O rádio, quando passa a palavra a seus ouvintes ("Info-Com", em France-Inter), nunca aprofunda o debate; a televisão, então, suprime sem comentários os programas que causam problemas, como foi o caso de "La preuve par l'image" [A prova pela imagem] (para as alegações a respeito da supressão, ver *Le Monde* de 23 de setembro de 1995).

[16] Fato denunciado por Pierre Bourdieu em *Sur la télévision* e *Contre-feux*.

[17] Isso explica a tendência à expulsão dos especialistas ou a uma presença bem enquadrada midiaticamente tanto na política quanto nas ciências ou no esporte. O caso extremo, na França, é o da meteorologia: os meteorologistas foram afastados da telinha para dar lugar a apresentadores do mundo das mídias.

[18] Isso é confirmado, logo, legitimado, até pelas decisões da justiça. Num artigo intitulado "Le juge et le journaliste" [O juiz e o jornalista], *Le Monde diplomatique* de setembro 1995, J. Martin, advogado na corte, refere-se aos motivos do tribunal que, devendo julgar o caso do falso bate-papo de Fidel Castro com PPDA, decidiu não condenar este último: "As palavras foram fielmente reproduzidas [...] [embora] as perguntas e as respostas [sejam apresentadas] sob a forma de um diálogo que, na realidade, não houve." "A obrigação não se limita ao conteúdo estrito da informação, mas deve se estender igualmente às modalidades técnicas de apresentação." E conclui: "A honestidade da informação não inclui o caso de um falso manifesto, a divulgação de uma notícia falsa [...]."

se encontram convocados, criando uma censura pela ausência, na medida em que a palavra é posta em cena de maneira quase exclusivamente polêmica: "a unidade de base [sendo] a palavra gritada ou a palavra apaixonada."[19]

Essas representações constituem limitações à visada de informação da máquina midiática. Essa deve satisfazer, na idealidade do contrato de comunicação, aos dois princípios de credibilidade e de captação. Infelizmente, a balança não se equilibra, pois este último ocupa o lugar mais alto, mesmo que seja com variações, de acordo com o suporte de difusão. Não é propriamente o jornalista que é manipulador, pois ele mesmo está preso numa máquina manipuladora. A instância midiática é vítima de seu sistema de representação, pois em vez de efetuar a troca entre ela e o cidadão, a troca ocorre entre ela e os atores da máquina econômica, a fim de sustentar sua própria promoção: "E se a informação não remetesse nem ao acontecimento nem aos fatos, mas à promoção da própria informação como acontecimento?", indaga Jean Baudrillard.[20] É o que pode explicar o fenômeno estranho do comportamento da imprensa americana (particularmente o *New York Times* e o *USA Today*) justificando a existência de armas de destruição em massa e a intervenção do exército americano no Iraque. Não se pode dizer que esses dois grandes jornais estivessem "vendidos" ao poder da Casa Branca como se tivessem assumido um engajamento político consciente a favor de G. W. Bush. A coisa é mais sutil. Tem a ver com a influência que um imaginário coletivo – no caso, o dos Estados Unidos, ao mesmo tempo ameaçados e portadores de valores universais – pode ter sobre as mentes sem que o processo seja totalmente consciente. Os jornais acima se entregaram às cegas a esse imaginário, sem sentir a necessidade de verificar o que quer que fosse, de tanto que a evidência dos fatos se impunha. A tentativa de fazer uma autocrítica, posteriormente, foi inútil; o mal estava feito e era irreparável.

Mídias sem influência?

É bem difícil medir a influência das mídias sobre a opinião pública. As sondagens não trazem maiores contribuições. Podem medir apenas as "intenções" quando não há interesse imediato envolvendo de alguma forma

---

[19] Daniel Schneidermann em sua resposta a Pierre Bourdieu, no *Le Monde diplomatique* de maio 1996.

[20] *Libération*, 3 de junho de 1996.

o informante (em que candidato pretende votar?), "índices de satisfação" que permitem estabelecer a aceitação dos políticos e que são apreciações vagas ligadas ao inesperado dos acontecimentos políticos, "previsões" de resultados eleitorais segundo as declarações dos eleitores ao sair dos locais de votação. Mas de maneira alguma podem ser medidos os motivos que estão na origem das declarações e dos atos, nem as causas que poderiam explicar orientações ou mudanças de opinião. Os psicossociólogos que trabalham sobre as problemáticas de influência entre as pessoas sabem da dificuldade de uma tal empreitada. Assim, estamos longe de conhecer o verdadeiro impacto que uma informação pode ter sobre a opinião pública. Seria necessário estudá-la em sua manifestação imediata, depois através do tempo, segundo sua origem, sua repetição ou não, estudar o suporte midiático (rádio, imprensa, televisão), a natureza da faixa de população em questão etc.

Assim, só é possível fazer algumas observações empíricas. Por exemplo, sobre as últimas eleições presidenciais de abril de 2002, na França, quando Le Pen ultrapassou Jospin no primeiro turno, pode-se lançar a hipótese de que a matracagem midiática da televisão sobre a insegurança teve alguma influência sobre o aumento dos votos favoráveis a Le Pen.[21] Em contraste, pode-se constatar que no caso Lewinsky–Clinton, nos Estados Unidos, apesar do tratamento altamente denunciador da imprensa e da televisão para com Clinton, as mídias não tiveram nenhum impacto sobre a opinião (chegando mesmo a produzir um efeito contrário) na medida em que todas as sondagens (apesar de termos duvidado delas) mostravam que o povo americano não condenava Clinton. Pode-se também indagar sobre as últimas eleições americanas que reelegeram G. W. Bush, apesar de numerosas campanhas anti-Bush veiculadas pelas mídias.[22] Poder-se-ia multiplicar os exemplos, mas seriam sempre constatações sem provas. A questão da influência das mídias sobre a opinião pública talvez não seja boa para se discutir, embora afete os políticos e os homens importantes, e, naturalmente, as próprias mídias. Desse modo, limitamos-nos à observação da própria máquina midiática, à análise dos efeitos visados e a emitir hipóteses sobre os efeitos que poderia produzir.

---

[21] Ver o programa *Arrêt sur images* [Pausa nas imagens] no canal Arte.

[22] Como se fosse o produto de um "justo retorno das coisas" depois da tomada de posição das mídias a favor da Guerra no Iraque. Mas não se trata de estabelecer aqui uma relação de causa e efeito abusiva, pois é provável que não haja relação entre os dois casos.

Da deontologia: uma questão de responsabilidade

Excluiremos dessa questão o caso dos enganos propositais, como o lançamento de falsas notícias ou de rumores pelas mídias, o que é, indiscutivelmente, condenável (ainda que nem sempre sejam condenadas), pois partem de uma pessoa ou de um grupo de pessoas que procuram enganar o público em benefício próprio. A deontologia concerne à totalidade de uma prática profissional, estendendo-se até as "microfalhas à exigência de confiabilidade"[23] presentes na informação das mídias.

Essa questão, para um grupo socioprofissional qualquer, supõe três condições: (1) que o grupo queira definir uma conduta moral no exercício de sua prática, levando em conta aquilo que, numa sociedade, é considerado bem e mal; (2) que, para isso, estabeleça um conjunto de regras (explícitas ou implícitas) que garantam essa conduta, as quais devem ser respeitadas por todos os membros do corpo social sem exceção e constituam obrigações, um dever; (3) que exista um mecanismo de monitoração, fazendo com que essas regras ajam mais de maneira negativa do que positiva, ou seja, que aqueles que não as respeitem estejam excluídos fisicamente ou moralmente do grupo, num mecanismo de sanção. Assim, compreende-se que as duas primeiras condições sejam criadas no interior do próprio grupo em questão, por seus próprios membros, mas que a terceira condição exija que os membros do grupo, para evitar que as regras não sejam levadas a sério, consigam meios de lançar um olhar distanciado, neutro, não interessado, que lhes garanta certa objetividade. Isso pode ser feito através da criação de uma espécie de comitê de veteranos cujo modo de nomeação assegure a imparcialidade, ou pela existência de um sistema de autorregulamentação que gere a sanção como consequência inevitável do comportamento desviante e, por um efeito de retorno, penalize a desobediência à regra.

No mundo das mídias, se realmente as duas primeiras condições são satisfeitas,[24] a terceira está ausente. Não existe um verdadeiro comitê de veteranos com real poder de sanção, como ocorre no corpo médico,[25] além do fato de que o sistema de autorregulamentação funciona em sentido

---

[23] Charon, J. M. (2004), "Information dévoyée et responsabilité du journaliste", *Les cahiers du Credam* n. 4, Clemi-Université de Paris 3, outubro 2004. Ver também outros artigos desse número dedicados ao "rumor" e à "informação falseada".

[24] Algumas de maneira jurídica: liberdade de imprensa, respeito ao segredo da instrução, mas cuja aplicação passa por uma jurisprudência complicada (ver "Le juge et le journaliste", *Le monde diplomatique*, setembro 1995). Outros, na maioria das vezes de maneira implícita, na própria prática.

[25] O csa na França não tem o mesmo poder de sanção do que a Ordem dos Médicos.

inverso: quanto maior a desobediência à regra (isto é, transgressão), melhor se assegura a captação do público. Nas mídias de informação, tanto quanto na publicidade[26] – e por vezes também na política – a transgressão é que é lucrativa e lava o pecador de toda falta.[27] Com isso, tudo acontece como se a ausência de transgressão não pudesse garantir o impacto junto ao público. A máquina midiática tem um tal poder de recuperação de suas próprias faltas que é quase impensável que exista um sistema qualquer de controle.[28] Se não se levar em conta a lógica comercial à qual estão submetidas as mídias, dois obstáculos parecem opor-se a uma reflexão sobre a questão da deontologia: os discursos de justificativa da profissão diante das críticas que são feitas; a recusa em considerar que o que se poderia chamar de verdade da informação encontra-se preso numa armadilha.

Discursos de justificativa da profissão jornalística

Ao recolher e analisar esses discursos de justificativa, constata-se que se concentram em torno do papel que as mídias devem desempenhar na democracia, como explica o mediador do jornal *Le Monde*:[29] "Quanto ao direito de informar, só tem sentido com relação ao do ser que concorre para a formação dos cidadãos responsáveis: é um dever tanto quanto um direito [...]." A atividade do jornalista está, portanto, baseada num princípio ético. Por isso, reivindica uma filiação de pensamento que postula que, nos regimes democráticos fundamentados no princípio da participação de todos na regulação dos conflitos, pela construção e expressão de uma opinião majoritariamente consensual, a verdade não preexiste à ação humana, mas nela tem origem. Ela resulta de um julgamento coletivo que não pertence a ninguém em particular e representa idealmente a opinião da maioria.[30]

---

[26] Cf. as campanhas de escape ao gênero publicitário da Benetton. Ver, sobre isso, nossa contribuição ao dossiê "La publicité: masques et miroirs" na revista *Mscope* n. 8 (setembro 1994), CRDP de Versalhes, assim como a de Philippe Sobet: "United Colors of Benetton".

[27] Assim se explica a não condenação de PPDA por falha profissional por ocasião da falsa entrevista de Fidel Castro. Na TV, o erro torna-se venial quando a audiência aumenta. Às vezes, entretanto, numa atitude destinada a recuperar a reputação de uma mídia, produz-se uma sanção. Paul Amar foi vítima de uma delas, quando na verdade não tinha cometido falta profissional. Mas o serviço público exigia um ato de pudor para autolegitimar-se (procedimento que é adotado pela *moral majority* americana).

[28] As mídias, e a televisão em particular, admitem (nos dois sentidos do termo) dificilmente a crítica: ver o caso do jornal *Le midi libre*, que quis tentar um processo de difamação contra pesquisadores da Universidade de Montpellier por terem feito uma análise sobre a maneira pela qual o jornal tratava da imigração.

[29] O artigo de André Laurens, "Le droit à l'information", em *Le Monde* do 16-17 de abril 1995, que resume uma série de declarações e de escritos sobre o mundo dos jornalistas.

[30] Ver Charaudeau, P. e Ghiglione, R., *La parole confisquée, um genre télévisuel: le talk show*. Paris, Dunod, 1997.

Assim sendo, o dever de informar das mídias seria a contrapartida "natural" do direito de todo cidadão de construir uma verdade: a *verdade civil* – o que confere legitimidade às mídias. Mas para construir essa verdade civil, é necessário ainda que o cidadão compreenda o mundo no qual ele vive e que nada se oponha ao processo de compreensão que se supõe livremente decidido. Surgem então questões, e mesmo críticas, às quais as mídias respondem com diversos tipos de argumentos.

"O mundo se impõe ao homem"

Em resposta à crítica que acusa as mídias de supervalorizar os dramas do mundo, diz-se que não são as mídias que apresentam a realidade de maneira dramática, mas que a própria realidade é que é dramática. A uma ouvinte que se queixava dos jornalistas por "só trazerem informações negativas", um deles respondeu: "Nós não somos fabricantes de informação. A informação está aí, a atualidade está aí, ela se impõe a nós."[31] Se o ouvinte pudesse ou quisesse, ele poderia replicar: "A informação midiática está aí, a atualidade midiática está aí, e são vocês que a impõem a nós." Isso porque o dramático não está na realidade, mas na descrição que fazemos dela. Uma guerra é uma guerra, e pode ser indiferente àqueles que não se sentissem diretamente implicados por ela.[32] Podemos escolher mostrá-la, contá-la, comentá-la acentuando-se mais ou menos o estado das vítimas, os desastres, os culpados, os socorristas etc.

Além disso, alegando o fato de que o mundo é extremamente complexo, as mídias atribuem-se o dever de torná-lo inteligível. Ouve-se com frequência a seguinte justificativa: nossa função é tratar os acontecimentos do mundo que concernem mais de perto à vida em sociedade; ora, essa função se torna "cada vez mais intensa à medida que aumenta a complexidade das sociedades modernas".[33]

---

[31] France-Inter, no segmento "Info-com c'est vous", de 1º. de novenbro de 1994.

[32] Excetuando-se as declarações de compaixão obrigatórias.

[33] Judith Schlanger em *Le Monde* de 30 de abril 1996. Deve-se notar que a ideia segundo a qual as sociedades modernas são cada vez mais complexas é uma ideia que, por ser muito difundida, não deixa de ser relativa a um ponto de vista – o do homem atual. Mas pode-se apostar – na impossibilidade de demonstrá-lo – que o homem do Renascimento, e posteriormente aquele dos séculos XVIII e XIX, deviam considerar que as sociedades são cada vez mais complexas, isto é, cada vez menos inteligíveis, o que conduz ao paradoxo, já que a ciência está cada vez mais desenvolvida e a tecnologia cada vez mais sofisticada, permitindo ao homem, ao que parece, melhor dominar este mundo. Em relação a esse paradoxo, trata-se de uma confusão entre o que é o mundo e o que é o saber que se tem sobre o mundo. O mundo – e o mesmo ocorre nas sociedades – é apenas o mundo; não é simples nem complexo. É o saber sobre o mundo que permite descobrir – oh, paradoxo! – sua complexidade. Isso é verdadeiro para todas as épocas.

Na verdade, essa função não consiste tanto em revelar uma nova explicação do mundo, mas em pôr ao alcance da maioria dos cidadãos os fatos que estes ignoram e as explicações dadas ou pelos jornalistas ou por especialistas. A busca de inteligibilidade não é apanágio das mídias. O homem, vivendo em sociedade, procura os meios de tornar o mundo inteligível através de diferentes vias, científica, técnica e mesmo artística.[34] E este saber adquirido se difunde através de instâncias de "inculcação",[35] que são a escola, a universidade e os diferentes organismos de formação ou de atividade extraprofissional. Assim sendo, a questão que se coloca é saber qual seria, na busca da inteligibilidade do mundo, a especificidade dos organismos de informação. Eles fazem parte dessas instâncias de inculcação ou teriam um lugar à parte?

Os fenômenos do mundo são complexos. Explicá-los é discriminá-los para classificá-los e marcar diferenças. Para isso, é preciso tempo e instrumentos complexos. "Quando a verdade é muito complicada, só pode ser dita de maneira complicada", diz Pierre Bourdieu.[36] Uma tal conclusão pode chocar o senso comum para o qual deve ser possível explicar simplesmente o que é complicado. Mas é nesse imaginário de possível vulgarização da informação que as mídias se fundamentam, apesar da contradição apontada com frequência: quanto mais um saber é amplamente compartilhado, tanto mais ele é compreendido por uma grande quantidade de receptores e tanto menos ele informa; quanto mais um saber é reservado a um grupo reduzido, mais ele exclui receptores e mais pode informar.

"O poder é opaco"

Em resposta à crítica de procurar ser as primeiras a revelar casos (o *furo*), sem o cuidado de sempre verificar as informações, as mídias trazem o argumento da "opacidade": na vida social, o poder só pode ser conquistado e só pode exercer-se por meio de estratégias que consistem ou em guardar

---

[34] O discurso religioso não tem a finalidade de explicar o mundo, mas de lhe dar uma razão de ser, o que não é a mesma coisa. A confusão nesse ponto é frequente.

[35] Processo pelo qual se incorporam sistemas de classificação e de valores que organizam nossas visões de mundo (ver L. Porcher, 1995).

[36] Declaração de Bourdieu numa entrevista a J. M. Cavada na emissão *Philogène*, em France-Inter e retomada no texto *Sur la télévision*.

segredo ("não dizer tudo") ou em ocultar os atos pela palavra ("fazer crer uma coisa diferente do que se faz"), o que provoca jogos de falsas aparências e de esconde-esconde com as mídias. Nosso papel, dizem explícita ou implicitamente as mídias, é de denunciar essas falsas aparências:

> Visto que a evolução dos comportamentos aceita mais transparência na vida social e política, diz ainda nosso mediador, e que a imprensa contribui para um saudável esforço de desvelamento, a propensão a cimentar a confidencialidade e o segredo [...] não é somente anacrônica. Ela visa, ao ceder, a reforçar uma retenção deliberada da informação.[37]

Nessa mesma linha, o editorialista de um grande jornal nacional, ao reagir a um ataque do presidente da República, que responsabilizava a mídia pela psicose da "vaca louca", disse: "É preciso apontar o bode expiatório tradicional, aquele que, aliás, serve para todas as ocasiões assim que a opinião pública questiona alguma coisa: as mídias"; e prossegue: "Entretanto, é justamente porque eles [os governantes] são deficientes que devemos publicar, dia após dia, o verdadeiro dossiê da vaca louca"; e conclui: "O presidente anterior nos chamava de cães, este de loucos; devemos temer o pior: nesse ritmo, vamos acabar atingidos pela doença da raiva."[38] Eis como se alimenta o mito da denúncia necessária a serviço da democracia.

É pois em nome da luta contra a opacidade, contra o que impede a informação do cidadão, que as mídias de informação assumem a vocação de desvelar o que está oculto e de se contrapor a toda estratégia de comunicação[39] manipuladora. É esse um dos pontos fortes do discurso de legitimação produzido pelas mídias, o da informação apresentada como uma conquista contra as forças mentirosas do poder. Daí, um "dever de

---

[37] Judith Schlanger, op. cit. Trata-se aqui de uma argumentação desenvolvida sobre o segredo fiscal, mas que pode ser generalizada, pois é assim que se entende e se lê habitualmente. Não fica claro, entretanto, o que permite afirmar que haveria, em dias atuais, uma "propensão a cimentar a confidencialidade e o segredo", a não ser para justificar mais ainda o ataque às mídias de informação.

[38] Serge July, diretor do jornal *Libération*, em seu editorial "En suivant le boeuf" [Seguindo o boi]. Tal afirmação não pode ser admitida pelas ciências da linguagem: a informação é apenas um subconjunto do fenômeno geral de comunicação, entendido como fenômeno de troca social que produz sentido.

[39] É de se notar o emprego recente desse termo por alguns responsáveis de organismos de informação, na França, e particularmente os do jornal *Le Monde*, num sentido que o opõe ao termo "informação". É ainda o nosso mediador que, no mesmo artigo, diz: "O risco é de substituí-la [a informação], na melhor das hipóteses, pela comunicação, procedimento unilateral, ao passo que a tarefa de informar supõe verificação, contraposição, comparação das fontes, inclusive aquelas confidenciais."

informar" que se transforma em "informar custe o que custar", pois dizer seria melhor do que não dizer, como se não dizer fosse "esconder". Mas pode-se deixar, em nome dessa mesma democracia, de se indagar sobre os efeitos da corrida ao desvelamento, da perseguição ao oculto, e sobre a natureza da denúncia? Pode-se, por exemplo, exibi-la arriscando a vida daquele que seria considerado então uma vítima inocente? Diante do *slogan* jornalístico "mais vale dizer do que calar", promotor de muitos boatos, é necessário poder reivindicar, em nome da própria democracia: "Às vezes, mais vale calar do que dizer".

Existe uma verdade midiática?

Existem vários tipos de verdades: há a verdade dos *fatos*, que coloca o problema da autenticidade desses fatos; há a verdade da *origem*, que coloca a questão dos fundamentos do mundo, do homem e dos sistemas de valores; há a verdade dos *atos*, que parece emergir no instante mesmo de sua própria realização. E depois, há duas outras verdades que interessam particularmente o espaço social: a verdade de *opinião* e a verdade de *emoção*.

A verdade de *opinião* tem duas características: ela se baseia em sistemas de crença e procura ser compartilhada pela maioria, sendo que esse compartilhamento estabelece um consenso que seria garantidor de seu valor. No interior dessa verdade, pode-se distinguir três tipos de opinião:[40] a opinião *comum*, a mais amplamente compartilhada, expressa mais frequentemente por enunciados de valor geral ("Não se matam inocentes"); a opinião *relativa*, que se discute, mas que remete a uma convicção, expressa com a ajuda de enunciados modalizados ("Eu acho que é uma reação justa"); a opinião *coletiva*, que emite um julgamento sobre os outros encerrando-os numa categoria que os essencializa ("Os americanos são dominadores"). Frequentemente se produzem deslocamentos de um tipo de verdade a outro. Na maneira como foram comentados os acontecimentos do 11 de Setembro, vê-se bem que a opinião comum, que desejaria que a barbárie fosse castigada, vem ocultar a opinião relativa que desejaria, nesse caso, colocar o problema da responsabilidade dos Estados Unidos pelo fato de sua ação dominadora sobre

---

[40] Ver nosso artigo "Tiers, où es-tu", em *Le non dit du discours. La voix cachée du Tiers*, Paris, L'Harmattan, 2004.

o mundo. E essa ocultação é reforçada pela opinião coletiva essencializante que desejaria assistir ao confronto do Ocidente contra o Oriente, este último sendo definido como agressor. Mas poderia ser o inverso: a opinião relativa que desejaria denunciar a responsabilidade dos Estados Unidos, reforçada pela imagem essencializante de um Estado dominador, antiárabe (na Guerra do Golfo e no conflito israelense-palestino), baseando-se na opinião comum que diria que existe aí uma revanche legítima dos pequenos contra os grandes (Davi contra Golias).[41]

A *verdade de emoção* encanta ou provoca uma reação irrefletida. Deixa sem voz ou faz gritar, paralisa ou desencadeia uma ação pulsional. Isso porque ela se baseia numa história pessoal consciente, não consciente e/ou inconsciente daquele que a experiencia. Por isso, a reação ocupa um lugar de verdade, pois nada no mundo, nenhuma razão, pode mudar a visão daquele que a experiencia (basta pensar no pai da criança palestina que morreu em seus braços).[42] Mas, ao mesmo tempo, toda emoção é socializada, pois o que toca o indivíduo se inscreve em sistemas de valor (não se reage da mesma maneira na França, nos Estados Unidos ou nos países árabes). Essa verdade precisa então ser confirmada, ao mesmo tempo, por efeitos de autenticidade e pela explicitação de um sistema de valores sociais. Diante do espetáculo de uma catástrofe, a vista das vítimas produz efeitos de verdade emocional diversos, dependendo do que seja o telespectador: parente das vítimas ou estranho a elas. Ele pode sentir compaixão pelas vítimas, por já ter vivido uma situação semelhante; mas pode também sentir em nome de um princípio moral que não aceita nenhuma ação contra vítimas inocentes. É que a morte, se ela é sempre um escândalo para os seres humanos – inclusive quando eles a provocam –, torna-se um escândalo maior ainda quando é inesperada (o acaso que não avisa), quando atinge inocentes (expressão suprema do mal, pois nenhuma razão, nenhuma lógica pode apoiar uma tal ignomínia: uma morte imerecida é uma morte que remete o homem à sua própria insignificância), ou quando é o resultado de um projeto organizado, planejado e executado com uma frieza implacável (outra loucura humana que, pelo menos, tem o mérito de nos designar um culpado que não deixará de assombrar a memória dos povos).

---

[41] Ver no capítulo "Grandeza e miséria da palavra jornalística", a abordagem que fizemos do 11 de Setembro.

[42] Por ocasião de um confronto israelense-palestino, em setembro de 2000.

Na verdade, com relação a acontecimentos dramáticos suscetíveis de tocar os seres humanos de qualquer cultura, ocorrem constantemente fusões entre as verdades de opinião e as verdades de emoção, umas sustentando as outras, todas se alimentando reciprocamente a fim de aumentar sua força de evidência. Como vimos anteriormente, ao analisarmos os acontecimentos do 11 de Setembro de 2001, ocorre uma fusão desses diversos tipos de verdade, inclusive uma verdade jubilatória sadomasoquista, aquela que, ao assistir ao desabamento das torres, veria nisso o desabamento da potência dos Estados Unidos: desabamento do outro, desabamento de si.

A verdade presa na armadilha

Do que acabamos de expor, pode-se então dizer que os fatos não têm uma verdade em si. É em sua encenação, num certo dispositivo, que surge, diante daquele que é tomado por este mesmo dispositivo, uma verdade subjetiva que tende a objetivar-se num movimento de compartilhamento universal. A verdade de um acontecimento relatado pela televisão é marcada por um paradoxo: o que é visto é interpretado num desejo de autenticidade, pois é necessário que se possa supor que existe realidade e que esta salte diante de nossos olhos de tempos em tempos (é por isso que se crê mais facilmente na singularidade do fato e no acaso da copresença entre o acontecimento e o olhar de uma câmera em tomada direta, ou em tomada direta diferida); mas, ao mesmo tempo, sabe-se que essa realidade é posta em cena por uma máquina de informar para tentar nos tocar (pela repetição da exibição do acontecimento que tem o efeito paradoxal de desrealizá-lo). Daí o paradoxo: o que acreditamos ser o visível do mundo é apenas um invisível, intocável, construído em visível pelo efeito conjunto da espetacularização e da projeção de nossa memória sobre o espetáculo. O espetáculo de uma catástrofe é um exemplo. Há vítimas, cadáveres nos são mostrados, falam-nos de mortos, mas ninguém nunca viu a morte. Não temos, sendo seres humanos, nenhum indício da morte. O que não impede que construamos seu espetáculo como um fantasma necessário, busca insaciável da verdade, talvez porque esse espetáculo nos remeta sempre à nossa própria morte.

Desse modo, as mídias também estão presas na armadilha por conta da assimetria que existe entre as intenções (louváveis ou não) da instância de produção e as interpretações dos telespectadores, entre os "efeitos visados" e os "efeitos produzidos". Ao se passar as mesmas imagens de catástrofe, de guerra, de morte, continuamente de um telejornal a outro, de manhã à noite, dia após dia, sob o pretexto (sincero ou não) de mostrá-los àqueles que não os teriam visto ainda, produz-se um efeito de amplificação deformante. As mídias serão então acusadas de fazer sensacionalismo. Ao fazer usar de um tratamento minimalista com relação a um acontecimento para dar lugar a outros acontecimentos, serão acusadas de não realizar seu trabalho de informação; ao tratar de acontecimentos aparentemente similares que tenham, entretanto, causas diferentes, são acusadas de amálgama.[43]

No entanto, as mídias contribuem, entra ano, sai ano, para construir opinião. É claro que a opinião pública é difusa, fragmentada, explodida, móvel, instável, segundo movimentos brownianos, fixando-se na parede de uma certeza como se fosse um molusco no rochedo atingido pelas ondas. É o que as mídias proporcionam: que a verdade se fixe – provisoriamente – numa parede. Após o atentado do 11 de Setembro, quer se tenha reagido em nome de um princípio universal dizendo que nada justifica a barbárie e que é preciso castigar os culpados, quer se tenha reagido em nome de uma solidariedade emocional que nos teria dito que era preciso apoiar os americanos e partir para a guerra contra o terrorismo, trata-se apenas de opiniões existenciais provisórias, mesmo que se apresentem como verdades indiscutíveis.

Então não existe verdade, acima dessas verdades de opinião? Talvez, mas seria preciso fazer um mergulho no inconsciente, lá onde se encontram as verdades recalcadas, ou dar um salto para o além, lá onde se encontra uma verdade absoluta que só pode ser alcançada por uma palavra de revelação.

Da responsabilidade das mídias

"Responsável, mas não culpado" é o que as personalidades políticas clamaram em alto e bom som a propósito do caso do sangue contaminado. Na verdade, não se deve confundir responsabilidade e culpabilidade. A responsabilidade estigmatiza, sem julgamento de valor, o fato de que todo ato de um indivíduo traz consequências e, assim fazendo, inscreve-se numa cadeia de causalidade que implica outros indivíduos e outros atos. Ao mesmo tempo, o indivíduo responsável deveria obrigar-se a levar em consideração os efeitos produzidos (ou que podem sê-lo) por suas escolhas de ações e de palavras. A culpabilidade,

---

[43] Isso ocorre com os casos de "corrupção", "violência", "insegurança" etc.

por sua vez, é determinada por um conjunto de regras, de normas ou de leis cuja transgressão acarreta uma sanção; toda conduta que infringe essas regras se coloca fora da lei e é julgada culpada. A culpabilidade é de ordem moral e jurídica, a responsabilidade é de ordem ética. A isso é preciso acrescentar a distinção proposta por Max Weber entre uma "ética da responsabilidade" e uma "ética da convicção". A primeira está ligada à ação na medida em que coloca a questão da finalidade dos atos e de sua consequência. A segunda está ligada ao valor ao qual se deve aderir totalmente, sem concessões, e sem se preocupar com as consequências. De todo modo, uma responsabilidade relativa oposta a uma responsabilidade absoluta. A primeira seria a do político, a segunda a do crente, do pesquisador, do médico. Não se trata de discutir aqui essa distinção. Mas é possível se perguntar o que deveria ser uma ética da responsabilidade do discurso midiático, sabendo que esse discurso se inscreve num quadro pragmático de ação e de influência. Para isso, é necessário que se tome consciência do contrato de ação, da margem de manobra de que dispõe esse tipo de discurso e dos efeitos que ele produz.

A responsabilidade das mídias, de início, está na seleção dos acontecimentos. Obnubiladas pelo acidental e pelo insólito, assimilando o acontecimento à desordem social, as mídias constroem uma agenda do mundo midiático que as impede de tratar o que se encontra à sombra da desordem aparente, sob a parte saliente do iceberg. Ora, é essa agenda que se impõe ao cidadão como a do mundo social, fora da qual não haveria acontecimento. Ela é imposta num jogo de oferta que leva a crer que corresponde a uma demanda. Como em todo mercado, é a oferta que dita a demanda, uma demanda que constrói uma circularidade, não se podendo dizer se corresponde à necessidade (e muito menos ao desejo). Escolher anunciar uma notícia incerta em vez de nada dizer, mesmo com todas as precauções habituais, é fazê-la existir e registrar como tal. O cidadão, não nos esqueçamos, só pode consumir a informação que lhe é servida.[44]

Responsabilidade igualmente na identificação das fontes e na prática da citação. Identificar a origem de uma declaração de tal ou qual maneira tem incidências sobre a objetividade da informação. Nenhuma obra

---

[44] Como exemplo, ver em *Mots* n. 37, op. cit., o artigo de Pierre Leroux, "Le résumé de la semaine de l'émission 7sur7: digest de l'actualité ou actualité digest", particularmente p. 54.

científica poderia contentar-se com as identificações aproximadas ("segundo uma pessoa próxima ao governo", "de fonte autorizada", "de acordo com testemunhas") utilizadas pelas mídias, nem com identificações vagas fazendo uso de construções impessoais, passivas ou nominalizadas ("Do lado do poder público, a imobilidade. [...] Do lado da oposição, prepara-se a resposta"). Procedendo assim, a instância midiática deixa entender que muitos atores da vida política procuram mascarar a verdade e que seu papel é de desmascarar o que é mantido oculto. Porque é preciso que exista segredo, senão, como representar o papel de denunciadores? "Aquilo que não merece ser mantido em segredo, não merece que se torne público", dizia Michel Foucault. Dessa fórmula, as mídias fizeram um adágio. O problema é que assim nascem os rumores, esse mal que cola na pela das mídias, pois não é certo que rumor seja sinônimo de informação. Essa prática implica de tal forma a responsabilidade das mídias que estas, às vezes, para melhor dramatizar as notícias, pelo menos ao anunciá-las (na titulagem), chegam a transformar as declarações de origem. Mesmo quando essas transformações não são voluntárias, as mídias deveriam questionar-se[45] sobre a maneira pela qual todo discurso relatado impõe uma certa orientação interpretativa.

A responsabilidade se prolonga nos modos de tratamento do acontecimento relatado. Entre o risco de uma redundância que tiraria a dramaticidade da informação (como nas reportagens ao vivo) e o da montagem que levaria à enganação (como nos *reality shows*), o relato midiático deve resolver a contradição que está inscrita em seu próprio contrato: em nome da credibilidade, deve mostrar a realidade numa relação de transparência; em nome da captação, carrega as tintas no drama humano. Ora, a focalização dramatizante do relato midiático, por uma operação de metonímia, reduz o conjunto dos componentes de um acontecimento a uma de suas partes, abolindo momentaneamente o resto do mundo. É ela que pode transformar toda pessoa, entidade ou instituição em herói ("A França obtém a exceção cultural sobre os bens de consumo artísticos") ou em vilão (A Europa, a tecnologia, a corrupção, a imigração, os políticos são as causas de nossos males).[46] Quem não imagina atualmente a camada de ozônio como um

---

[45] É verdade que isso não é ensinado nas escolas de jornalismo.

[46] Essa tendência ao efeito dramatizante pode chegar à desinformação. Assim, o título do jornal Le Monde (22/06/96): "Quadros de Goya proibidos às mulheres num monastério de Aragon" leva à conclusão de que na Espanha se proíbe o acesso das mulheres aos quadros deste pintor. Ora, à leitura do artigo, descobre-se que é o monastério, onde acontece a exposição, que, pela regra de sua ordem, proíbe a entrada das mulheres.

"buraco"? Quem não guarda como lembrança quase exclusiva dos grandes movimentos sociais apenas as descrições de confrontos entre policiais e manifestantes, os excessos cometidos, quando as questões fundamentais são outras? Quem pode evocar, sobre os conflitos nacionais ou internacionais (guerra no Iraque, na Bósnia, em Ruanda, no Líbano, na Chechênia), imagens diferentes daquelas que mostram as armas dos beligerantes, os mortos ou as vítimas? Que visão do espaço público é proposta assim ao cidadão? Sem contar que é através dessa ficcionalização (e não para chegar mais perto da realidade cotidiana ou ajudar a recompor o vínculo social, como se ouve dizer aqui ou ali)[47] que o espaço privado começa a invadir o espaço público. O relato midiático constrói seu próprio real negociando com nossos imaginários.

Como as mídias dedicam-se, por um lado, a procurar a revelação e, por outro, a ampliar a dramatização do acontecimento através de um relato ficcionalizante, o público não é mais tratado como cidadão, mas sim como espectador de um mundo que se torna objeto de fascinação, que o atrai e lhe causa repulsa ao mesmo tempo. Torna-se então refém de um processo de catarse social: as mídias – e particularmente a televisão – desempenham a função de produtores de catarse social. Com efeito, a *mise-en-scène* ficcionalizante do acontecimento cria um universo no qual o telespectador pode projetar-se e identificar-se com os heróis que aí se encontram representados, satisfazendo assim sua busca de destino-espelho. Paralelamente, os procedimentos midiáticos permitem cada vez mais criar a ilusão do factual, do autêntico, da prova da realidade dos fatos, pela investigação do privado, do íntimo, do testemunho, persuadindo-nos de que "isso realmente aconteceu assim".[48] É o que pode ser chamado de verossímil, ou de "verdadeiro verossímil", o que faz com que se fundam os dados da ficção com a ilusão do autêntico, que dá um suporte de realidade tangível às figuras de identificação da ficção.

A responsabilidade das mídias reside nessas escolhas. Não pode se conformar em sofrer os efeitos tirânicos da venda dos jornais, da pressão dos patrões da imprensa ou da medição quantitativa da audiência. O

---

[47] E. Mougeotte, diretor dos programas de TF1, declarando que o canal continuaria a priorizar os *talk shows* e *reality shows* para ajudar a recomposição do vínculo social (em abril de 1996).

[48] Questão bastante estudada pelos sociólogos Alain Ehrenberg (*L'individu incertain*, Calman-Lévy, 1995) e Dominique Mehl (*La télévision de l'intimité*, op. cit.), e por nós em colaboração com Rodolphe Ghiglione (*La télé du talk show ou la parole confisquée*, op. cit.).

problema que se coloca é saber em que lógica escolhem inserir-se: numa lógica comercial em que se justifica perfeitamente o relato com efeitos dramatizantes, mas sem nenhuma pretensão de informar; numa lógica da democracia cidadã, que tem por obrigação evitar os efeitos de dramatização, mas se arriscando a perder o jogo para os concorrentes que escolhem a outra lógica. A resposta não é simples, é de ordem organizacional e ultrapassa nossa competência, mas pressupõe uma visão clara dos objetivos propostos.

Da responsabilidade do cidadão

Então, o que fazer e, principalmente, o que pensar dessa máquina que teria o desejo de informar e só poderia fazê-lo por um jogo de espelhos deformantes? Pouca coisa, dirão alguns, já que os interesses financeiros são dominantes. Talvez. Mas talvez se pudesse ter um *direito de monitoração do cidadão*. Exigir dos atores dessa máquina que tenham consciência do que fazem, para que as escolhas que operam os tornem responsáveis do que fazem.

É verdade que a cidadania moderna também passa por uma indefinição. As fronteiras entre os Estados-nações tendem a abolir-se sob a dupla pressão da judiciarização de instâncias *supra*nacionais e a escalada das reivindicações regionais; abolição das fronteiras entre os espaços públicos e privados de que as mídias – particularmente a televisão – se utilizam como se lhes pertencesse de direito; abolição das diferenças culturais sob o efeito conjugado de uma política internacional, tendendo a impor um mesmo modelo dito democrático a todos os países do planeta; abolição dos movimentos migratórios, tendendo a produzir a mistura social, de mídias que tratam as diferenças referindo-se a valores ocidentais comuns que impedem de ver as diferenças culturais. Sem diferenças, sem categorias às quais se referir, sem medida nem hierarquização de valores, e uma cidadania perdendo seus pontos de referência, sua capacidade de julgar, o domínio de suas relações com o outro. Tudo é posto no mesmo plano: os conflitos externos (ex-Iugoslávia, Iraque), os genocídios (Armênia, curdos, Ruanda). As reivindicações tornam-se contraditórias entre a necessidade de universalismo e o desejo de diferenciação (tolerância/intolerância integracionista, regionalismos/nacionalismos linguísticos, faixas sociais de todos os tipos). Daí uma dificuldade crescente para o cidadão em exercer um direito de monitoração, um direito à crítica, um direito à réplica, e até um direito à ação (manifestações) diante desse movimento de desterritorialização das identidades. Como então poderia exercer-se um direito de monitoração do cidadão?

Ter um direito de monitoração é de início não aceitar a trapaça, principalmente não aceitá-la em nome dos índices de audiência, todas as vezes que, do telejornal aos diferentes *talk shows*, e passando por certas reportagens, sejam apresentados como autêntico e real aquilo que é provocado ou montado artificialmente. Mas ter um direito de monitorar é também recusar cair na armadilha dos efeitos produzidos pela máquina de informar: efeitos de *exagero* que alimentam os rumores;[49] efeitos de *amálgama* que globalizam os casos; efeitos de *dramatização* que se concentram nos perseguidores e nos heróis e impedem que se analise a realidade sociológica dos acontecimentos; efeitos de *descontextualização* que deformam a percepção dos acontecimentos;[50] efeito de *essencialização* que exacerba as oposições dos atores do espaço público, como se o mundo fosse feito de entidades humanas antagonistas fora das quais não haveria outro pensamento ou outro julgamento a não ser *contra o outro*. Enfim, ter o direito de monitorar é não aceitar os argumentos trazidos pelas instâncias de informação para justificar seu trabalho, como "A informação se fabrica depressa, muito depressa", quando, por mais depressa que se trabalhe, sempre se operam escolhas e essas sempre guardam uma significação; ou o argumento já evocado "Mostra-se a realidade do jeito que ela acontece [...]. Não é a televisão que é violenta, é a realidade",[51] quando, em matéria de informação, só há violência mostrada, logo, esta depende do que se escolhe para mostrar e da encenação que a mostra.

* *
*

E então? Constatado o impasse? Impossibilidade de alcançar uma palavra de verdade, impossibilidade de transmitir uma informação objetiva, impossibilidade de evitar sua espetacularização desviante. Deve-se então concluir por uma impossibilidade, para as mídias, de servir à democracia? A

---

[49] Foi o que aconteceu no caso da "baía de Somme", na França.

[50] Recorde-se o caso "Cohn-Bendit", que por pouco não foi acusado de pedofilia, 34 anos depois, por uma declaração feita no contexto de 1968.

[51] Um jornalista, a respeito da sequência da criança palestina cuja morte se transmitiu ao vivo.

resposta é bem difícil, e seria necessário não se precipitar em taxar as mídias de "midiacracia" como alguns o fazem. Para que as mídias possam conservar uma certa credibilidade e, portanto, sua legitimidade, seria necessário atender a um mínimo de condições. Todas elas passam pela tomada de consciência e pela aceitação dos limites, ou mesmo dos efeitos perversos, da máquina midiática.

A primeira condição a atender seria a de modéstia. Não devem pretender ocupar o lugar da própria democracia, como o querem alguns, nem o do próprio espaço público, como sugerem alguns discursos que emanam do mundo profissional. A visão do mundo social, proposta pelas mídias, é ao mesmo tempo fragmentária e obsessiva, para pretender a tanto. As mídias devem aceitar que não podem pretender à transparência, visto que o acontecimento é o resultado de uma construção. Não podem apresentar-se como um transmissor de notícias que se apaga diante do mundo percebido, nem como um simples escrivão que o registra, nem como um espelho que apenas o reflete fielmente. A deontologia, aqui, seria recusar-se a fazer passar como realidade do mundo social o que é apenas representação imaginada.

É preciso também uma condição de *coragem*, pois as mídias devem reconhecer que o alvo ao qual se dirigem é uma incógnita, difícil de dominar, do qual não podem prever as reações pulsionais e nem mesmo as racionais. Por conseguinte, devem reconhecer que todos os sistemas utilizados para mostrar como o alvo reage (pesquisas, sondagens, interatividade) não passam de poeira nos olhos e destinam-se apenas a criar a ilusão de que o conhecem, mantendo-se assim as "indústrias da influência" que são os institutos de sondagem, os serviços de *marketing* e outros. É claro que não se trata de negar a utilidade dessas indústrias. Trata-se somente de recusar a ilusão de "realismo" que elas propõem. Coragem também para não ceder ao canto das sereias "se os outros falam disso, por que não falar?";[52] para não ceder ao fantasma da perda de audiência se não se tratar dos mesmos acontecimentos que os concorrentes, quando é o inverso que poderia garantir a credibilidade.

Uma condição de *inventividade*, por fim, para encontrar fórmulas de tratamento da informação que não satisfaçam nem à ilusão de autenticidade dos fatos, nem à pretensão de querer revelar tudo, nem à corrida à emoção.

---

[52] Isso ocorre particularmente na televisão, quando, nas redações dos jornais, se coloca a questão de mostrar tal ou tal imagem (como na morte do pequeno Mohamed), ou de abrir o jornal com uma determinada notícia e não com outra.

O que supõe ainda ter coragem, pois é possível que a concorrência, em contrapartida, aposte tudo na dramatização.

Em toda sociedade, a relação mídias–democracia implica três instâncias: a instância política, a instância cidadã e, espremida entre as duas, se é que se pode falar assim, a instância midiática propriamente dita. É dessa realidade que é preciso tomar consciência: não há relação dual entre o midiático e o político, como não há relação dual entre o midiático e o cidadão. Trata-se de uma relação triádica entre o político, o midiático e o cidadão, sendo que cada uma dessas entidades se define através das outras, o que traz várias consequências: seria ingênuo acreditar que poderia haver uma relação sem ambiguidade entre a instância de informação e a instância política; além disso, seria presunçoso pensar que é fácil delimitar o que é a consciência cidadã; e, por fim, seria enganoso fazer crer que a instância midiática pode dominar a totalidade dos efeitos que saem da máquina de informar.

No entrecruzamento dos discursos fabricados por essas três instâncias produzem-se múltiplos efeitos que não se deveria desprezar, e sem os quais a informação não teria interesse. Pois não existe sociedade sem rumores, sem imaginários, sem representação do drama e do trágico, sem desejo de captar e de ser captada, sem aspiração em representar a cena da ilusão da verdade. Nós, seres sociais, somos uma mistura de desejo e de racionalidade que nos leva a preferir a desordem à ordem, para poder traçar hipóteses sobre as causas da desordem, imaginar possíveis ordenações, para, no fim das contas, confrontar-nos com nosso próprio destino de seres coletivos. Se tivéssemos de responder à pergunta "vocês querem fatos ou comentários? Fatos felizes ou drama?", a resposta seria "tudo isso ao mesmo tempo"; pois tudo isso remete, no fim das contas, à questão do "o que somos?". Talvez esteja aí a diferença entre o discurso romanesco e o discurso de informação midiática: o primeiro tenta responder à pergunta do "quem somos?", o segundo à do "o que somos?".

Contrariando o que pensam algumas pessoas, sustentamos que nem as mídias em geral nem a televisão em particular constituem um poder. As mídias participam do jogo complexo do poder, mas somente na condição de lugar de saber e de mediação social indispensável à constituição de uma consciência cidadã, o que não é pouco. Criam mais curiosidade do que conhecimento e, com isso, constituem uma máquina maravilhosa de alimentar as conversas dos indivíduos que vivem em sociedade. Grandeza e miséria das mídias cujo discurso de informação se atribui uma aparência de *doxa*, que, na realidade, fica preso nas redes da *paradoxa*.

Referências bibliográficas

Adam J.M., *Les textes : types et prototypes*, Nathan-Université, Paris, 1994.

Anzieu D., « L'illusion groupale : un Moi idéal commun », in *Le Groupe et l'Inconscient. L'imaginaire groupal*, Bordas, Paris, 1987.

Arendt H., *La crise de la culture*, Gallimard, Paris 1972.

Arendt H.,*Le Système Totalitaire*, Le Seuil, 1972.

Aristote, *Rhétorique*, éd. les Belles Lettres, Paris.

Arquembourg, *Le temps des évènements médiatiques*, Ina-De Boeck, Bruxelles, 2003.

Auroux S., in *Journalistes et linguistes, même langue, même langage* ?, revue *Mscope* Hors série, avril 1994, CRDP de Versailles.

Authier J., « Hétérogénéité énonciative », revue *Langages* n° 73, mars 1984.

Bakhtine M., *Esthétique de la création verbale*, Gallimard, Paris, 1984.

Bakhtine M., *Le marxisme et la philosophie du Langage*, Ed. de Minuit, Paris, 1977.

Balandier G., in « Entretiens avec Georges Balandier et Régis Debray », revue *Mscope* n° 6, Décembre 1993, CRDP de Versailles.

Barthélémy M., « Événement et espace public : l'affaire Carpentras », revue *Quaderni*, n° 18, p. 134, Paris, 1992.

Barthes R., « Rhétorique de l'image », revue *Communications* n° 4, Le Seuil, 1964.

Barthes R., « Jeunes chercheurs », revue *Communications* n° 19, Seuil, Paris, 1972.

Barthes R., *Roland Barthes par roland barthes*, p. 181, Paris, Le Seuil, 1975.

Baudru C. et Chabrol C., « Pour en savoir plus » et « Qu'est-ce qu'un bilan de campagne publicitaire », revue *Mscope* n° 8, septembre 1994, CRDP Versailles.

Belisle C., « Image, imaginaire et représentation en formation d'adultes », in *Les savoirs dans les pratiques quotidiennes*, CNRS, 1984.

Benveniste E., *Problèmes de linguistique générale*, Paris, Gallimard, 1969.

Bourdieu P., *La distinction*, Éditions de minuit, Paris, 1979.

Bourdieu P., Sur la télévision, Liber, Raisons d'agir, Paris, 1996.

Bourdieu P., *Contre-feux*, Liber, Raisons d'agir, Paris, 1998.

Boyer H., « Scribe vs Auteur. La place du scripteur dans l'écrit journalistique », in *L'écrit comme enjeu*, coll. Essais, Didier, Paris, 1988.

Boyer H., *Éléments de sociolinguistique*, Dunod, Paris, 1991.

Brugidou M., « L'affaire du sang contaminé : la construction de l'événement dans Le Monde (1989-1992) », revue *Mots* n° 37, Fondation des sciences politiques, Paris, 1993.

Casetti F. et Odin R., « De la paléo à la néo-télévision », revue *Communications* n° 51, Le Seuil, 1988.

Chabrol C., « Réflexions à *propos de l'interaction et de l'interlocution dans les médias* », revue *Sociologie* du Sud-Est n° 37-38, Juillet-décembre 1983, Université de Provence.

Chanial P., « Préface », *Quaderni* n° 18, Université Paris 1-Sorbonne, 1990.

Charaudeau P., *Langage et discours*, Hachette, Paris 1983.

Charaudeau P., « L'interview médiatique : qui raconte sa vie ? », *Cahiers de sémiotique textuelle* n° 8-9, Université de Paris X, 1986.

Charaudeau P., « La critique cinématographique : faire voir et faire parler », in *La Presse, produit, production, réception*, Didier Érudition, Paris, 1988.

Charaudeau P., « La conversation entre le situationnel et le linguistique », revue *Connexions* n° 53, Erès, Paris, 1989.

Charaudeau P. (éd.), *La télévision. Les débats culturels « Apostrophes »*, Didier Érudition, Paris 1991.

Charaudeau P., *Grammaire du sens et de l'expression*, Hachette, Paris, 1992.

Charaudeau P., « Le contrat de communication de l'information médiatique », *Médias : faits et effets*, numéro spécial *Le Français dans le monde*, Juillet 1994, Hachette, Paris.

Charaudeau P., « Le discours publicitaire discursif », revue *Mscope* n° 8, septembre 1994, CRDP Versailles.

Charaudeau P., « Une analyse sémiolinguistique du discours », revue *Langages* n° 117, Larousse, Paris, mars 1995.

Charaudeau P., « Ce que communiquer veut dire » in revue.*Sciences Humaines* n° 51, juin 1995.

Charaudeau P., Lochard G. et Soulages J.C., « La construction thématique du conflit en ex-Yougoslavie par les journaux télévisés français (1990-1994) », revue *Mots*, n° 47, juin 1996, Presses de la Fondation des sciences politiques, Paris.

Charaudeau P., « Les conditions d'une typologie des genres télévisuels d'information », *Réseaux* n° 81, CNET, Paris, 1997.

Charaudeau P. et Ghiglione R., *La parole confisquée, un genre télévisuelle : le talk show*, Dunod, Paris, 1997.

Charaudeau P. (dir.), *La télévision et la guerre. Déformation ou construction de la réalité ? Le conflit en Bosnie (1990-1994)*, Ina-De Boeck, Bruxelles, 2001.

Charaudeau P., « La vérité prise au piège de l'émotion », in *A chacun son 11 septembre ?, Les dossiers de l'audiovisuel* n° 104, Ina, Paris, 2002.

Charaudeau P. et Maingueneau D., *Dictionnaire d'analyse du discours*, Le Seuil, Paris, 2002.

Charaudeau P. (dir.), « Tiers, où es-tu », in *Le non dit du discours. La voix cachée du Tiers*, L'Harmattan, Paris, 2004.

Charaudeau P., *Le discours politique. Les masques du pouvoir*, Vuibert, Paris, 2005.

Charon J.M. (2004), « Information dévoyée et responsabilité du journaliste », *Les cahiers du CREDAM*, n° 4, Clemi-Université de Paris 3, octobre 2004.

Charon J.M. et Mercier A. (dir.), *Armes de communication massives. Informations de guerre en Irak : 1991-2003*, CNRS Éditions, Paris, 2004.

Claquin F., « Approche du phénomène citationnel dans un corpus radiophonique », *mémoire de DEA*, Université de Paris V, 1992.

Darde J.N., « Discours rapporté-Discours de l'information : l'enjeu de la vérité », in Charaudeau P. (éd.), *La presse. Produit, production, Réception*, Didier Érudition, Paris, 1988.

Debray R., *Manifestes médiologiques*, Gallimard, Paris, 1994.

Devos, R., *Ça n'a pas de sens*, Denoël, Paris, 1968.

Ducrot O. et Todorov T., *Encyclopédie des sciences du langage*, Le Seuil, Paris, 1972.

Eco U., *Lector in fabula*, Grasset, Paris, 1985.

Eco U., *L'œuvre ouverte*, trad. franç., Paris, Le Seuil.

Ehrenberg A., *L'individu incertain*, Calman-Lévy, 1995.

Fiala P., « Polyphonie et stabilisation de la référence : l'altérité dans le texte politique », in *Travaux du Centre de recherches sémiologiques*, Université de Neuchâtel, 1986.

Foucault M., *Les mots et les choses*, Paris, Gallimard, 1966.

Foucault M., *Surveiller et punir*, Gallimard, Paris, 1975.

Gauldreault A., *Du littéraire au filmique. Système du récit*, Klincsieck, Paris, 1988.

Ghiglione R. et Charaudeau P. (éd.), *Paroles en images, images en parole*, Didier Érudition, Paris 1997.

Glissant E., *Le discours antillais*, Le Seuil, Paris, 1981.

Goffman E., *Les cadres de l'expérience*, Éditions de Minuit, Paris, 1991.

Goldman S., *Information Theory*, New York, Prentice-Hall, 1953.

Grevisse B., « Les miroirs du Tour de France », revue *Réseaux* n° 57, CNET, Paris, 1993.

Habermas J., « L'Espace Public, 30 ans après », revue *Quaderni* n° 18, Université Paris 1-Sorbonne, 1990.

Habermas J., *L'espace public : archéologie de la publicité comme dimension constitutive de la société bourgeoise*, Payot, Paris, 1978.

Habermas J., *La théorie de l'agir communicationnel*, Fayard, Paris, 1987.

Halliday M.A.K., « The functional basis of language », in Bernstein D. (ed) *Class, codes and control*, vol.2, Routledge and Kegan Paul, London, 1973 Halliday M.A.K., « Dialogue with H. Parret », in Parret H. (ed.), *Discussing language*, Mouton, La Haye, 1974.«

Hamon P., *Analyse du descriptif*, Hachette-Université, Paris 1981.

Houdebine A.M., « Le récit radiophonique et son écoute », in *Aspects du discours radiophonique*, Didier Érudition, Paris, 1984.

Houdebine A.M., in *Travaux de Linguistique. Sémiologie*, Université d'Angers n° 5-6, 1994.

Jacques F., *L'espace logique de l'interlocution*, PUF, Paris, 1985.

Jakobson R., *Essais de linguistique générale*, Ed. de minuit, Paris, 1963.

Jost F., « Le feint du monde », revue *Réseaux* n° 72-73, CNET, Paris, 1995.

Jost F., « Propositions pour une typologie des documents audiovisuels », revue *Sémiotica*, Paris, 1996.

Kant, E., *Œuvres philosophiques*, trad. Masson J. et Masson O., Paris, Gallimard, 1986.

Krieg A., « La « purification ethnique » dans la presse. Avènement et propagation d'une formule », revue *Mots* n° 47, Fondation des sciences politiques, Paris, 1996.

Kundera M., *L'art du roman*, Gallimard-Folio, Paris 1986.

Laurens A., « Le droit à l'information », *Le Monde*, 16-17 avril 1995.

Lavoine Y., « La métamorphose de l'information », *Études de communication* n° 15, Bulletin du CERTEIC, Université de Lille, 1994.

Leblanc G. et Mouchon J., « Le visuel dans l'information », *Études de communication* n° 15, Université de Lille III, 1994.

Lejeune P., *Le pacte autobiographique*, Le Seuil, Paris, 1975.

Leroux P., « Le résumé de la semaine de l'émission 7sur7 : digest de l'actualité ou actualité digest », revue *Mots* n° 37, Fondation des sciences politiques, Paris, 1993.

Livet P., « Les lieux du pouvoir », in *Pouvoir et légitimité*, Raisons pratiques, EHESS, Paris, 1992.

Lochard G. et Soulages J.C., « Les résultats comparés de l'organisation de la mise en scène visuelle », in *Paroles en images. Images de parole*, Didier Érudition, Paris, 1997.

Lochard G. et Soulages J.C., « L'image. Faire voir la parole », in *La télévision. Les débats culturels. « Apostrophes »*, Didier Érudition, Paris 1991.

Lochard G., « Genres rédactionnels et appréhension de l'événement médiatique. Vers un déclin des modes configurants », revue *Réseaux* n° 76, CNET, Paris, 1996.

Lochard G., « La parole du téléspectateur dans le reportage télévisuel », in *La télévision et ses téléspectateurs*, J.P. Esquenazi (éd.), L'harmattan, Paris, 1995.

Lochard G., « Le télévisuel comme objet autonome », revue *Degrés* n° 48, hiver 1986, Bruxelles.

Lochard G., « Les images à la télévision. Repère pour un système de classification », revue *MEI* (Médiations et Informations) n° 6, L'harmattan, Paris 1997.

Marin L., *Des pouvoirs de l'image-Gloses*, Le Seuil, Paris, 1993.

Mathien M., *Les Journalistes et le Système Médiatique*, Paris, Hachette-Communication, 1992.

Mc Combs M. & Shaw, « The agenda setting function of mass media », Public Opinion *Quaterly*, n° 36, 1972.

Mc Lhuan M., *Pour comprendre les médias*, trad. Jean Paré, Mame/Seuil, 1968.

Mehl D., « La télévision compassionnelle », revue *Réseaux* n° 63, CNET, Paris, 1994.

Mehl D., *La télévision de l'intimité*, Seuil, Paris, 1996.

Miége B., « Logiques sociales et information télévisée« , *bulletin du CERTEIC* n° 10, Université de Lille, 1989.

Missika J.L., « les médias et la campagne présidentielle, autour de la notion de fonction d'agenda », *bulletin du CERTEIC*, n° 10 Lille, 1989.

Morin E., « Le retour de l'événement », in *Communication* n° 18, Paris, Le Seuil, 1972.

Mouillaud M. et Tétu J.F., *Le journal quotidien*, Presses universitaires de Lyon, 1989.

Mouillaud M., « L'information ou la part de l'ombre », *Études de communication* n° 15, Bulletin du CERTEIC, Université de Lille, 1994.

Neveu E., « Entretiens avec des journalistes politiques », Revue *Mots* n° 37, Fondation des Sciences politiques, Paris, décembre 1993.

Neveu E., « Pages "Politique" », revue *Mots* n° 37, Fondation des sciences politiques, Paris, 1993.

Paperman P., « Les émotions et l'espace public », revue *Quaderni* n° 18, Automne 1992, Paris.

Paz O., revue *Vuelta*,.n° 231, Mexico, Février 1996.

Perec, G., *L'infra-ordinaire*, Le Seuil, Paris, 1989.

Picard D., *Les rituels du Savoir vivre*, Le Seuil, Paris, 1995.

Porcher L., « Ouverture », in *Représentations en didactique des langues et des cultures*, actes du colloque, CREDIF, 1995.

Quéré L., « L'opinion : l'économie du vraisemblable », revue *Réseaux*, n° 43, Paris, CNET, 1990.

Quéré L., *L'événement en perspective*, Raisons Pratiques 2, Édition de l'EHESS, Paris, 1991.

Richard-Zappella J., « De l'usage politique du discours rapporté », in *Parcours linguistiques des discours spécialisés*, Peter Lang, Berne, 1993.

Ricœur P., « Événement et sens », in *L'événement en perspective*, Raisons Pratiques 2, Édition de l'EHESS, Paris 1991.

Ricœur P., *Temps et Récit*, Tome 1, Le Seuil, Paris, 1983.

Ringoot R., « La mémoire au quotidien. Approche sémiotique de l'événement dans le discours journalistique », *Thèse de doctorat de l'Université de Toulouse* Le Mirail, 1995.

Schannon H. et Weaver W., *Théorie mathématique de la communication*, CEPL, Paris, 1975.

Sobet P., « United pubs of Benetton », revue *Mscope* n° 8, *La publicité : masques et miroirs*, sept. 1994, CRDP de Versailles.

Soulages J.C., *Les mises en scènes visuelles de l'information*, Ina-Nathan, Paris, 1999.

Todorov T., *Les genres du discours*, Le Seuil, Paris, 1978.

Tremblay G., « L'opinion publique, une théorie de la représentation sociale », in *Les savoirs dans les pratiques quotidiennes*, Paris, CNRS, 1984.

Van Dijk T.A., « Structures of news in the press », in Van Dijk (éd.) *Discourse and communication*, Berlin/New York, de Gruyter, 1985.

Véron E., « Il est là, je le vois, il me parle« , revue *Communications* n° 38, Seuil, 1983.

Wiener N., *The Human Use of Human Beings*, Boston, Houghton Mifflin C°, 1950.

Zavalloni M., « L'identité psychosociale : un concept à la recherche d'une science », in *Introduction à la psychologie sociale*, Moscovici S. (ed.), Paris, Larousse, 1972.

A tradutora

Angela M. S. Corrêa é professora adjunta da Faculdade de Letras da UFRJ. Doutora em Linguística, é integrante do corpo docente do programa de pós-graduação em Letras Neolatinas da Faculdade de Letras da UFRJ, no qual é coordenadora do projeto de pesquisa sobre Tradução, Discurso e Comunicação.

Cadastre-se no site da Contexto
e fique por dentro dos nossos lançamentos e eventos.
www.editoracontexto.com.br

Formação de Professores | Educação
História | Ciências Humanas
Língua Portuguesa | Linguística
Geografia
Comunicação
Turismo
Economia
Geral

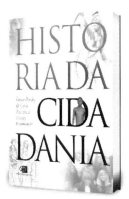

Faça parte de nossa rede.
www.editoracontexto.com.br/redes

Promovendo a Circulação do Saber